決定版！「朝つめるだけ」で簡単！
作りおきのラクうま弁当

平岡淳子 著

350

ナツメ社

prologue

お弁当のおかずはもちろん、
毎日の食事にも。
まとめて作りおきして
おいしく食べましょう。

　母が作ってくれるお弁当にはいつも卵焼きが入っていました。母は『たいしたものは入っていないけど』と毎日お弁当を持たせてくれました。私はそんな母の卵焼きが大好きでした。
　家事や仕事を抱えてのお弁当作りはちょっと面倒に感じられる作業だし、ときには卵焼きを焼く時間さえ上手に取れなかったりもします。だから、そんな面倒を少しでも和らげて、皆さんが手軽にお弁当作りを楽しめるようにと願い、この本を作りました。手間のかからないおかずはもちろんですが、作りおきを上手に用意してお弁当にする方法なども多くご紹介しています。少量作るのもたくさん作るのも同じくらいの手間で済んでしまう料理もあります。そんな料理で冷蔵庫をにぎやかにすれば、お弁当作りが簡単になるだけではなく、お酒のお供にも、家族の朝ごはんや自分のランチにもなるのです。毎日のことだから、『お弁当を作らなきゃ』と腕まくりするのではなくて、力を抜いてお弁当作りを楽しんで下さい。
　毎日のお弁当作りは、『たいしたものは入っていないけど』で、いいのだと思います。私たちの大事な家族が健康で楽しい毎日を過ごせるように願いながら、気持ちを楽にお弁当を作ってみて下さい。そして、この本がお弁当作りを楽しめるきっかけになったら嬉しいです。

　　　　　　　2014年 春　平岡淳子

PART 1 　おいしく活用できる！
作りおきおかず＆健康弁当の基本

PART 2 　忙しい朝も簡単！
肉＆魚介の作りおきおかず

この本のおいしい使い方…12
作りおきおかずで1 week弁当…14
作りおきおかずで
家族の分のお弁当もラクラク！…16
毎日の夕食や忙しい朝・昼ごはんに！…17
作りおきおかずの冷蔵・冷凍保存のコツ…18
おいしいお弁当の詰め方…20
カロリーダウンできるコツ…21

column1
おすすめしたい調味料のこと。…22

〔こんなに食べても500kcal！弁当〕
❶ 鶏ハム弁当…24
❷ 鯛のレモン焼き弁当…25
❸ 豆腐ハンバーグ弁当…26
❹ 鮭の照り焼き弁当…27

〔がっつり肉！弁当〕
❶ ごま衣から揚げ弁当…28
❷ プルコギ弁当…29
❸ サイコロステーキ弁当…30
❹ 豚のしょうが焼き弁当…31

鶏肉 のおかず

〔定番おかずの作り方をマスター〕
★鶏のから揚…32

『から揚げバリエ』…34
　塩から揚げ／ハーブから揚げ／ごま衣から揚げ／
　フライドチキン風味／やわらか塩麹から揚げ

『から揚げアレンジ』…35
　鶏のねぎダレがらめ／チキン南蛮／
　オーロラソースのから揚げ

鶏手羽中のスイートチリソースがらめ／
鶏の親子煮…36
アスパラのチキンロール／
マスタードとはちみつのマリネチキン…37
鶏もも肉のチャーシュー／鶏ハム…38
鶏もも肉のごま照り焼き／
鶏肉とピーマンのカシューナッツ炒め…39
鶏ささみとわかめのすりごまあえ／
鶏の赤ワイン煮…40
鶏のハムチーズフライ／
鶏ささみとそら豆のかき揚げ…41

CONTENTS

豚肉 のおかず

〔定番おかずの作り方をマスター〕
★いんげんとにんじんの肉巻き…42

『肉巻きバリエ』…44
　みょうがの肉巻き／オクラの肉巻き／
　ヤングコーンの肉巻き／トマトの肉巻き／
　アスパラの肉巻き

『肉巻きアレンジ』…45
　野菜の肉巻き　甘辛ダレ添え／
　野菜の肉巻き蒸し　梅ソース／野菜の肉巻きフライ

豚のしょうが焼き／
豚とたけのこ、ザーサイの炒め物…46
オクラと豚しゃぶのサラダ／
豚肉といんげんのXO醤炒め…47
白ねぎとチャーシューのあえ物／揚げ豚の黒酢がらめ…48
豚肉と紅しょうがのかき揚げ／豚の五目春巻き…49
豚きのこ炒め／豚肉とキャベツの甘みそ炒め…50
ジャンボ豚肉シュウマイ／トンテキ…51

牛肉 のおかず

〔定番おかずの作り方をマスター〕
★焼き肉…52

『焼き肉バリエ』…54
　ねぎ塩ダレ／玉ねぎじょうゆ／ディルヨーグルトソース
　／ピリ辛みそダレ／サルサソース

『焼き肉アレンジ』…55
　野菜たっぷり焼き肉丼／焼き肉のサラダのり巻き／
　焼き肉とアスパラの黒こしょう炒め

すき焼き／プルコギ…56
サイコロステーキ／チンジャオロースー…57
牛肉とわかめのしょうゆ炒め／
牛肉と玉ねぎのオイスター炒め…58
野菜たっぷりチャプチェ／ビーフカツレツ…59

ひき肉 のおかず

〔定番おかずの作り方をマスター〕
★定番のハンバーグ…60

『ハンバーグバリエ』…62
　豆腐ハンバーグ／ピーマンの肉詰め／
　スパイシートマトハンバーグ／
　れんこんメンチカツ

『ハンバーグアレンジ』…63
　和風きのこハンバーグ／マスタードクリームハンバーグ／
　チーズハンバーグ／ロコモコ丼

中華風甘酢のミートボール／鶏そぼろ…64
木の芽つくね／しそ巻きつくね…65
牛そぼろ／チリコンカン…66
ガパオ炒め／
豚ひき肉ともやしのエスニック春巻き…67
ミートソースオムレツ／自家製簡単ソーセージ風…68
豆腐ナゲット／れんこんと鶏団子のとろみ煮…69

切り身魚 のおかず

〔定番おかずの作り方をマスター〕
★鮭の照り焼き…70
★『照り焼きアレンジ』
　鮭の照り焼きの竜田揚げ…71

たらのフライ／鮭の白みそ漬け…72
鯛のレモン焼き／和風サーモンバーグ…73
かじき煮／かじきのタンドール…74
かじきのトマト煮込みパスタ／
ねぎとまぐろの煮物…75
金目鯛と焼き豆腐、ごぼうの煮物／
さんまの甘辛煮…76
かつおのしょうが煮／ぶりのから揚げ…77

いか・えび のおかず

〔定番おかずの作り方をマスター〕
★えびフライ…78
★『えびフライアレンジ』
　えびのしそ肉巻きフライ…79

ほたてのハーブ揚げ／たことトマトの煮込み…80
えびとパプリカのペッパーマヨ／
あおさといかの揚げ団子…81
ほたてとじゃがいものお焼き／ほたてののり巻き…82
たこの酢の物／いかの照り焼き…83

column2　買いおきしておきたい食材リスト…84

PART 3

卵&豆・大豆加工品の作りおきおかず

〔のっけるだけ弁当〕
1. すき焼き弁当…86
2. タコライス弁当…87
3. デミグラスソースオムライス弁当…88
4. ポテトコロッケの卵とじ弁当…89

〔彼やパパに愛情弁当〕
1. チキン南蛮弁当…90
2. スパイシートマトハンバーグ弁当…91
3. ジャンボ豚肉シュウマイ弁当…92
4. ぶりのから揚げ弁当…93

卵 のおかず

〔定番おかずの作り方をマスター〕
★甘い卵焼き…94

『卵焼きバリエ』…96
　韓国風卵焼き／わかめとえびの卵焼き／
　トマトとオクラの卵焼き／とうもろこしとハムの卵焼き…96
　牛そぼろと三つ葉の卵焼き／ズッキーニとチーズの卵焼き／
　ひじき煮入り卵焼き／みょうがとほたての卵焼き…97

かに玉／えびと卵のチリソース…98
うずらの漬け玉子／マッシュルームのオムレツ…99
卵茶巾／塩ゆで卵…100
ゆで卵とディルのサラダ／バジル風味のオムレツ…101

豆腐・厚揚げ のおかず

〔定番おかずの作り方をマスター〕
★麻婆豆腐…102

『麻婆豆腐バリエ』
　塩麻婆豆腐／厚揚げ麻婆豆腐…104
　夏野菜とえびの麻婆豆腐／きのこの麻婆豆腐…105

厚揚げと高菜の卵炒め／ごま豆腐のフライ…106
厚揚げと大根の煮物／油揚げの含め煮…107
がんも煮／焼き油揚げ、水菜のごまみそダレ…108
油揚げとふきの煮物／お豆腐シュウマイ…109

豆類 のおかず

〔定番おかずの作り方をマスター〕
★ひたし豆…110

『豆バリエ』…112
　黒豆のメープルしょうゆ漬け／白いんげん豆とオレンジのはちみつ漬け／大豆の酢じょうゆ漬け

枝豆とベーコンと小えびのパスタ／
そら豆とハムのスペイン風オムレツ…113
青豆のたらこカッテージあえ／金時豆の甘煮…114
ひよこ豆のイタリアンサラダ／
そら豆とスモークサーモンのマリネ…115

column3
前日の残り物でリメイクRecipe…116

column4
すき間埋め食材…118

PART 4

\彩りキレイ！/

野菜の作りおきおかず

〔1日の1/3量の野菜がとれるお弁当〕
- ❶ 筑前煮弁当…120
- ❷ れんこんのえび挟み焼き弁当…121
- ❸ トマト肉じゃが弁当…122
- ❹ ゴーヤチャンプルー弁当…123

〔カフェ風弁当〕
- ❶ マスタードクリームハンバーグ弁当…124
- ❷ しめじとマッシュルームのキッシュ弁当…125
- ❸ かぼちゃのハーブチーズコロッケ弁当…126
- ❹ 鶏の赤ワイン煮込み弁当…127

赤 の野菜のおかず

〔定番おかずの作り方をマスター〕
★ パプリカのマリネ…128

『マリネバリエ』…129
　ドライトマトのハーブマリネ／ラディッシュのレモンマリネ／みょうがの甘酢マリネ

にんじんともずくのかき揚げ／赤かぶの千枚漬け風／赤パプリカとなすのポン酢漬け…130
キャロットラペ／にんじんとズッキーニのガレット／にんじんしりしり…131
ミニトマトのツナサラダ詰め／ミニトマトの梅はちみつマリネ／紫キャベツとあんぽ柿、くるみのサラダ…132
パプリカのおかかまぶし／ラタトゥイユ／ミニトマトとハムの卵炒め…133

黄 の野菜のおかず

〔定番おかずの作り方をマスター〕
★ かぼちゃ煮…134

『煮物バリエ』…135
　さつまいものレモン煮／栗の渋皮煮／とうもろこしの塩バター煮

かぼちゃのハーブチーズコロッケ／かぼちゃのムサカ／かぼちゃとレーズンのヨーグルトサラダ…136
揚げさつまいもの蜜がらめ／とうもろこしとえびのオリーブオイル炒め／黄にらともやしの春巻き…137
さつまいもとセロリとハムのサラダ／イエローズッキーニのオリーブオイル焼き／とうもろこしとパプリカのかき揚げ…138
さつまいもの紫たまねぎと青じそのドレッシングあえ／甘栗のフリット／ヤングコーンといんげんのナンプラー炒め…139

緑 の野菜のおかず

〔定番おかずの作り方をマスター〕
★ いんげんのごまあえ…140

『いんげんのあえ物バリエ』…141
　いんげんのたらこあえ／いんげんのおかかじょうゆ／いんげんのみそマヨあえ

芽キャベツのオリーブオイル焼き／ほうれん草の梅マヨあえ／ゴーヤと玉ねぎの梅おかかあえ…142
ブロッコリーのチーズ焼き／たこのキャベツの一口お好み焼き／キャベツときゅうりの浅漬け…143
ほうれん草のおひたし／ピーマンとじゃこの炒め物／アスパラのパルメザンチーズあえ…144
絹さやと車麩の煮物／ゴーヤチャンプルー／水菜の昆布〆…145

白 の野菜のおかず

〔定番おかずの作り方をマスター〕
★ 白菜の彩り漬け…146

『浅漬けバリエ』…147
　かぶの塩昆布漬け／大根の梅酢漬け／大根のゆず漬け

セロリとちくわのサラダ／白ねぎと干し貝柱、豚肉のとろみ炒め／ゆりねの梅あえ…148
れんこんのえび挟み焼き／白菜の五目煮／れんこんの甘酢漬け…149

もやしとベーコンの卵炒め／れんこんの天ぷら／
豆もやしと糸こんにゃくのあえ物…150
カリフラワーのスパイシー炒め／
れんこんのごまきんぴら／ゆりねのたらこ炒め…151

茶 の野菜のおかず

〔定番おかずの作り方をマスター〕
★肉じゃが…152

『肉じゃがバリエ』…153
　塩肉じゃが／トマト肉じゃが／
　牛肉じゃが

スモークサーモンとじゃがいものチーズグラタン／
ごぼうと牛肉のきんぴら／たたきごぼう…154
たけのこのおかか煮／里いものゆずみそチーズ焼き／
里いもと桜麩の煮物…155
筑前煮／じゃがいものハーブ焼き／
マッシュポテト…156
たけのことわかめ炒め／
じゃがいものクミン炒め／ポテトコロッケ…157

野菜 サラダ

〔定番おかずの作り方をマスター〕
★ポテトサラダ…158

『ポテトサラダバリエ』…159
　北欧風ポテトサラダ／タラモサラダ／
　たことじゃがいものサラダ

ミニトマトとチーズのイタリアンサラダ／
れんこん、いんげん、くるみの明太マヨサラダ／
りんごコールスローサラダ…160
ツナとみょうがのサラダ／
ひたし豆とひじきのツナサラダ／
ツナと厚揚げ、きゅうりのサラダ…161
クスクスとミントのサラダ／マカロニサラダ／
ニース風サラダ…162
まぜまぜナムルサラダ／紫キャベツと春菊のサラダ／
スナップえんどうとミニトマトのサラダ…163

きのこ のおかず

〔定番おかずの作り方をマスター〕
★きのこの和風煮込み…164

『きのこの煮込みバリエ』…165
　きのこのデミグラス煮込み／きのこのホワイトソース煮込み／
　きのことベーコンの煮込み

きのこのマリネサラダ／しいたけのえびしんじょう詰め／
えのきの明太子炒め…166
干ししいたけの含め煮／
しめじとマッシュルームのキッシュ／
えのきのベーコン巻き…167

乾物 のおかず

〔定番おかずの作り方をマスター〕
★ひじき煮…168

『乾物煮物バリエ』
　切り干し大根の煮物／五目豆煮／
　高野豆腐と野菜煮…169

割り干し大根と豚肉の炒め煮／
割り干し大根とじゃこのフレンチサラダ／
牛肉と糸昆布のしょうが酢炒め…170
ひじきとベーコンのペペロンチーノ／かに春雨炒め／
ちりめんじゃことなすのきんぴら…171

column5　5分でできるスピードおかず

ハムの青じそチーズ巻き／魚肉ソーセージのフリッター／
ちくわきゅうり／こんにゃくのおかか炒め…172
きゅうり、かまぼこのマヨあえ／
ウインナーのパイ包み焼き／小松菜としらすのあえ物／
えびとディルのレモンマヨあえ／コロコロハムカツ／
ブロッコリーとアーモンドのサラダ…173

column6　カンタンスイーツ…174

PART 5

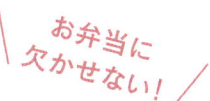

ごはん、パン、麺レシピ

〔具だくさんのごはん＆おにぎり弁当〕
① たけのこと鯛の炊き込みごはん弁当…176
② 海鮮あんかけチャーハン弁当…177
③ カリカリ梅と炒り卵のおにぎり弁当…178
④ 彩りちらし寿司弁当…179

〔サンドイッチ＆バーガー弁当〕
① ハンバーグサンド弁当…180
② ロールパンサンド弁当…181
③ トルティーヤサンド弁当…182
④ 中華風花巻サンド弁当…183

〔野菜たっぷり麺弁当〕
① 上海焼きそば弁当…184
② 目玉焼きのせナポリタン弁当…185

ごはんの定番 料理

〔ごはん料理の作り方をマスター〕
★五目チャーハン…186

『チャーハンバリエ』
　鮭フレークとねぎのチャーハン／
　たらこと野菜のチャーハン／
　レタスとかにのチャーハン／海鮮チャーハン…187

炊き込みチキンライス／炊き込みパエリア…188
炊き込みえびピラフ／塩鮭とコーンの混ぜごはん…189
ひじきごはん／たけのこ鯛の炊き込みごはん…190
鶏五目炊き込みごはん／
トマトとしらすの炊き込みごはん…191

麺・パスタの定番 料理

〔麺料理の作り方をマスター〕
★焼きそば…192

『焼きそばバリエ』
　春菊と卵の塩焼きそば／そばめし／
　上海風たこ焼きそば／アジア風焼きそば…193

たけのことえびのしょうゆ焼きうどん／
卵とトマトのひやむぎチャンプルー…194
ナポリタン／マカロニグラタン…195
バジルソースパスタ／クリームきのこペンネ…196
冷やしたぬきうどん／焼きたらこスパゲッティ…197

column7　おいしいおにぎりRecipe

おかかと卵の酢飯おにぎり／ザーサイ、ハムのおにぎり／
塩昆布とプロセスチーズのおにぎり／
ツナしそマヨおにぎり…198
しらすとおかかのおにぎり／
カリカリ梅と炒り卵のおにぎり／えびそぼろおにぎり／
鮭フレークおにぎり／干物フレークおにぎり…199

column8　おいしいサンドイッチRecipe

卵サンドイッチ／バナナシナモンクリームサンド／
コンビーフサンドイッチ／ツナ、コーン、
枝豆サンド…200
かに入りポテトサラダサンド／
スモークサーモンとクリームチーズのベーグルサンド／
煮りんごとあんぽ柿のヨーグルトクリームサンド／
ハムオムレツマフィンサンド／
ベトナム風バゲットサンド／
しらす、大葉、ハムサンド…201

お弁当のおかずさくいん…202

この本の特長と決まり

作りおきおかずを作って、朝詰めるだけの簡単なお弁当レシピをたくさん紹介しています。
本書の特長を知って、上手においしく使いこなしましょう。

おすすめの小さなおかずも紹介！

たんぱく質のおかずや、ごはん、麺料理に相性のよい小さなおかずも紹介しています。これでお弁当作りもラクラク！

お弁当の定番おかずは詳しいプロセス写真でわかりやすい！

お弁当の定番おかずは、おいしく作れるように詳しいプロセス写真つき！

カロリーは1回分です

カロリーはすべて1回分で『日本食品標準成分表2010』をもとに計算しています。

うれしい！おすすめシーンアイコン

そのおかずがどんな人に向いているかを示すイラストマークつき。参考にしましょう。

 お父さん OL 子ども 中高生 スポーツ

おいしく食べられる保存・調理・食べ方のコツを解説！

それぞれのレシピに関する保存法、調理、食べ方のコツをわかりやすく解説しています。作りおきのおかずもさらにおいしく！

冷蔵・冷凍保存マーク

それぞれの作りおきおかずには冷蔵、冷凍期間を記すマークをつけています。

◎材料はお弁当6回分を基本にしています。
◎計量単位は
　1カップ＝200ml、
　大さじ1＝15ml、
　小さじ1＝5ml、
　米1合＝180mlとしています。
◎電子レンジは600Wを基本としています。500Wの場合は加熱時間を1.2倍にしてください。
◎「少々」は小さじ1/6未満を、「適量」はちょうどよい量を入れること、「適宜」は好みで必要であれば入れることを示します。

定番のおかずのバリエ・アレンジレシピ

衣、ソース、具材などのバリエレシピと、その定番おかずのアレンジレシピを豊富に紹介！

素材別の作りおきおかずを豊富に紹介！

和・洋・中・エスニックと幅広い作りおきレシピが満載！

PART 1

\ おいしく活用できる！ /

作りおきおかず＆
健康弁当の基本

「おかずを作りおきするとき、どうやって保存すればいいの？」
「お弁当をもっとヘルシーに食べるには？」など、
お弁当を楽においしく作るためのヒントをたっぷり盛りこみました。

作りおき
おかずを
活用！

この本の
おいしい
使い方

おかずの作りおきで一番大切なことは
鮮度を保ちながら、
おいしい状態で安全に保存することです。
そこで知っておきたいのが、
作りおきおかずの4つのポイント。
まとめて作るものと毎日作るものを分け、
最低限のがんばりで、
楽しくお弁当を作りましょう。

1週間の
お弁当献立表を作る

　まず、この先1週間の「お弁当献立表（次ページ参照）」を作りましょう。買い物が楽になるほか、栄養バランスを考えやすいのが利点。前日の夜ごはんのおかずをお弁当に流用・応用する前提で、「平日の夜ごはんに食べたいもの」から考えると組み立てやすくなります。

土日にまとめて
お買い物

　献立表を考えたら、日持ちする食材は土日にまとめて買っておくと便利。献立があるので、1週間で必要な食材量を量りやすく、無駄なく購入できるのでお金の節約にもなります。なお、傷みやすい夏場は、生ものの購入タイミングに注意すること。肉や魚介類は買ってきてすぐ冷凍します。

土日に作りおき
するものはこれ！

　時間のある土日にまとめて作れるものを作りおきするのがおすすめ。土日は、ひじきやラタトゥイユなど、1週間ほど日持ちする乾物や煮物、お漬物などを作って保存しましょう。また、下味をつけて冷凍できるハンバーグやフライも、土日に作って冷凍するのがおすすめです。

毎日1〜2品の
主菜・副菜を作る

　毎日、日持ちしにくい料理を1〜2品（主菜＋副菜）追加しましょう。お弁当用だけと思うと大変なので、これを夕飯のおかずに使い、翌日のお弁当に流用を。基本は、夕食のおかずの残りものを次の日のお弁当に詰めるつもりで作ると、気持ちが楽です。

13

実践！

作りおきおかずで1week弁当

献立表は、いかに無駄なくおかずを流用するかが大切！ そのまま翌日に使うより、少しアレンジするとベター。
折り返し地点の水曜日は、少し頑張って多めにおかずを作ると、おかずの幅が広がります。

	Monday	**Tuesday**	**Wednesday**
	朝詰めるだけ！弁当 	2種のサンドイッチ弁当 	肉巻きフライ弁当 
point	慌ただしい月曜の朝は、土日に作りおきしたおかずを中心に詰めて。豚肉巻きとポテトサラダは前日の夕飯で食べ、それを翌日のお弁当で流用しましょう。	ほぼ前日のおかずをアレンジして流用。サンドイッチに仕立てることで、使い回して味に飽きるのを防いで。木曜に使うデザートをここで作り、保存を。	月曜に作ったオクラの肉巻きをフライにすることで、気分を一新。折り返しの水曜なので、少し頑張って木曜・金曜に流用するおかずを作り、追加しましょう。
主菜	オクラの肉巻き		アレンジ／衣をつけて揚げるだけ！ オクラの肉巻きフライ
主菜	塩ゆで卵	アレンジ／潰してマヨネーズであえて！ 卵サンド	追加 ちりめんじゃことなすのきんぴら…P171 
副菜	ラタトゥイユ	アレンジ／ぶつ切りたこをプラス！ ラタトゥイユたこ煮	追加 さつまいもとセロリとハムのサラダ…P138 
副菜	北欧風ポテトサラダ 	アレンジ／かにのほぐし身を混ぜて！ かにのポテサラサンド	追加 とうもろこしの塩バター煮…P135 
主食	トマトとしらすの炊き込みごはん	追加 マシュマロとドライマンゴーのヨーグルトクリームあえ…P174	アレンジ／炊き込みごはんはおにぎりに！ トマトとしらすの炊き込みおにぎり 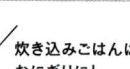

土日に作りおきする
おかずはこれ!!

土日に作りおきするものは、「乾物」「煮物」「漬物」「下味をつけて冷凍するもの」の4種類です。作ったら、下味をつけたおかず以外は冷蔵庫で保存を。また、ごはんも多めに炊いて冷凍しておくと便利です。

オクラの肉巻き ▶▶P44

塩ゆで卵 ▶▶P100

ラタトゥイユ ▶▶P133

北欧風ポテトサラダ ▶▶P159

トマトとしらすの炊き込みごはん ▶▶P191

かぶの塩昆布漬け ▶▶P147

Thursday

ハンバーグとオムレツ弁当

point
下味をつけて冷凍しておいたハンバーグが登場。前日の夜に解凍して朝に焼くか、前日の夕飯として作って。かぶの塩昆布漬けは、土日に作っておいたものを。

【追加】定番のハンバーグ ▶▶P60

【追加】そら豆とハムのスペイン風オムレツ ▶▶P113

【水曜日の流用】さつまいもとセロリとハムのサラダ

【副菜】かぶの塩昆布漬け

【火曜日の流用】マシュマロとドライマンゴーのヨーグルトクリームあえ

【追加】雑穀ごはん

Friday

ピーマンの肉詰め弁当

point
冷凍していたハンバーグのタネを使えば、肉詰めも簡単にできます。疲れがたまっている金曜日は無理せず、ほとんどを前日までの流用で済ませたほうが楽。

【アレンジ】ピーマンの肉詰め

【木曜日の流用】そら豆とハムのスペイン風オムレツ

【水曜日の流用】じゃことなすのきんぴら

【木曜日の流用】かぶの塩昆布漬け

【アレンジ】コーンと鮭の混ぜごはん

Sat / Sun

買い出し&作りおき

point
土日は1週間の献立を考え、食材の買い出しと保存の効くおかずの調理に回す日。この日は無理せず、金曜までの間に余ったおかずがあれば、アレンジを加えて食べて。煮込んでみたり、揚げてみたり、ソースをかけてみたりすることで、飽きずに食べることができます。

毎朝カンタン！

作りおきおかずで家族の分のお弁当もラクラク!!

家族の分までお弁当を作る方は、同じおかずを数個のお弁当に分けて詰めるはず。
でも、小さな子どもと部活を頑張る中高生と忙しく働くお父さんでは、お弁当の内容も変化をつけたいところです。

家族に合わせて形や味つけなどをアレンジ

家族のお弁当は、相手が食べる状況を考えてアレンジ！たとえば同じハンバーグでも、仕事の片手間に食べるなら「ハンバーグサンド」、外での仕事が長い相手には傷みにくいように「煮込みハンバーグ」など工夫して。また、相手に合わせてサイズも変えると食べやすくなります。

作りおきおかずを「お父さん用」「中高生用」「幼児用」にアレンジ！！

鶏のから揚げ ▶▶P32

甘い卵焼き ▶▶P94

れんこん、いんげん、くるみの明太マヨサラダ ▶▶P160

かぶの塩昆布漬け ▶▶P147

お父さん用

point
健康に気遣うお父さんのお弁当は、から揚げにねぎのソースをのせて、さっぱりと。鮭フレークやひじき煮もあわせて、全体的に和風に仕上げて。

中高生用

point
育ち盛りで、放課後も部活や塾に忙しい中高生男子のお弁当は、ボリューム満点。から揚げの量は多めにし、おまけでハンバーグを添える優しさを。

幼児用

point
幼児用のお弁当は食べやすさが大切。口が小さいので、おかずは小さくカットし、ごはんもおにぎりに。開けてうれしい、かわいいウインナーも添えて。

余ったおかずは 毎日の夕食や忙しい朝・昼ごはんに！

お弁当のためだけに毎朝おかずを作るのは大変！　せっかく作るなら、それを毎日の食事に活用しましょう。
お弁当は見映えが大切なので、切れ端やキレイにできなかったものは、家で食べる分に回して。

朝　朝はお弁当の残りもので、パパッと朝ごはんに！

お弁当作りもしながら、自分や家族の朝食も用意する朝は大忙し！　わざわざ朝食用に別のメニューを作るより、卵焼きの端っこや、切り落として余った切れ端など、お弁当の残りを盛り合わせてささっと食べましょう。

昼　作りおきおかずを盛り合わせて、お昼はカフェ風ランチに！！

作ったおかずの味を自分で確認することも大切。作りたてと冷めた状態では味も変わります。お弁当作りには冷めたときにおいしく作るための工夫が最大のポイント。作りおきおかずを盛り合わせてカフェ風ランチにすることで味を確かめましょう。

夕　突然のお客様にも出せる、おつまみワンプレート

本書のレシピは普段の夕飯おかずやお酒のおつまみにも使えるものばかり。作りおきおかずを組み合わせれば、急なお客様用のプレートにも対応できます。お酒のおつまみでは、日本酒は西京焼きや卵焼き、白ワインには鶏ハム、赤ワインには煮込み料理がおすすめ。

> しっかり
> 長持ち！

作りおきおかずの
冷蔵・冷凍保存のコツ

おかずを作りおきで保存する場合、できるだけ風味を落とさず、傷まず長持ちするように工夫をしたいところ。調理や保存容器に詰めるところから、お弁当に詰めるところまで、さまざまなコツを伝授します。

調理するときのコツ

梅干し・レモン・お酢・ハーブ類を上手に利用

殺菌作用のある調味料や素材を使って。梅干し、レモン、お酢、タイムやミント、ローズマリーなどハーブ類が効果的。

汁けのあるお料理にはとろみを強めにつける

おかずは水分によって傷んでいく。汁けの多い料理は水分を飛ばすように調理するか、水溶きでない片栗粉を使う。

容器に詰めるときのコツ

粗熱をしっかり取って、空気を抜いてから保存

粗熱を取らないと水滴がつき、保存容器の中で傷みやすい。また、保存袋の空気をきちんと抜くことも大切。

保存容器・瓶は水けをきり、消毒を

保存容器は水けをよくきって。瓶を使う場合は、事前に熱湯に5分ほど煮沸消毒して、きれいな乾いた布でしっかりふくこと。

冷蔵保存のコツ

冷蔵庫には4割程度のゆとりを持たせる

冷蔵庫がパンパンに詰まっていると庫内が冷えにくくなります。6割程度に抑えて、4割は余裕のある状態に。

作りおきおかずを冷蔵するときは早めに食べきる

冷蔵した作りおきおかずは、できるだけ早めに食べきって。加熱していないおかずは、1〜2日で食べるのが理想。

> **memo**
> **調味料・麺類は冷蔵保存する**
>
> うっかりしやすいのが、パン粉や薄力粉など粉物、調味料の消費期限。それ自体が傷んでいるだけで日持ちしにくくなるので、冷蔵保存する。小さいサイズを買って早めに使いきることがおすすめ。

冷凍保存するなら…

下味をつけた状態で冷凍保存を!

下味をつけて冷凍保存するおかずは、空気をしっかり抜いて冷凍すること。小分けで保存するものは、ひとつずつラップで包みましょう。使用する際は、冷蔵庫で一晩〜半日かけて解凍してから使って。冷凍のままだと中まで火を通すのに時間がかかってしまうため要注意です。

おすすめレシピ

えびしんじょうのたね 作り方 ▶▶P166

そのまま団子状に丸めて食べるのはもちろん、ピーマンに詰めたり、れんこんで挟んだりして食べてもおいしいえびしんじょう。さまざまな形に成形して使える便利なタネなので、冷凍時には成形せず、まとめて保存袋に入れて冷蔵庫へ(1回分ずつラップに包んで小分けにしてもOK)。包むときも、保存袋に入れるときも、空気をしっかり抜くことが大切。

鶏五目炊き込みごはんのもと 作り方 ▶▶P191

五目炊き込みのもとは、こんにゃくは冷凍するとチリチリになるので、冷凍したいときには入れずに作ること。解凍してから、レンジや鍋で火を通してから炊飯器に入れて炊く。入れるタイミングは、お米が炊き上がる10分前。投入したら10分蒸らす。

他にもおすすめ!下味冷凍!

ハンバーグのたね 作り方 ▶▶P61

1個分の大きさに成形し、ラップで包んで保存。食べる相手に合わせて、サイズは変えておく。

つくねのたね 作り方 ▶▶P65

1個分に成形し、ラップで包んで保存。好みに合わせ、小さく丸めて2個ずつ包んでも。

豚のしょうが焼き(下味) 作り方 ▶▶P46

成形の必要がないので、まとめて保存袋へ。数回分作ったなら、1回分ずつ小分けにしてもOK。

えびフライ(揚げる前) 作り方 ▶▶P79

パン粉をつけた状態で保存するため、保存袋の中に水分が残っていると傷みやすいので注意。

お弁当に詰めるコツ

お弁当に詰めるときは必ず再度火を通す

作りおきおかずを入れるときは、必ず再度火を通し、粗熱を取ってから入れると傷みにくい(電子レンジでもOK)。たとえば揚げ物はホイルに包み、トースターで温める。焼き物や炒め物なら、レンジにかけて火を通す。

memo
開封したら1週間程度で食べきる

漬物や豆類は、瓶詰にすると長持ちに。煮沸消毒した瓶に入れてしっかり蓋をすれば、開封しなければ1ヶ月ほど保存可能。開封して一度空気が入ったあとは、1週間程度で食べきる。

あとは詰めるだけ!
紹介したポイントを押さえれば
味もそのままおいしい!

今回紹介したポイントを押さえ、水けをしっかりふいたお弁当箱に、再加熱してから粗熱を取ったおかずを詰めれば、傷みにくいお弁当の完成!

> 片寄らず
> おいしさを
> キープ！

おいしい
お弁当の詰め方

持ち運ぶうちに片寄ってしまうと、せっかくキレイに詰めたお弁当が台なし！ すき間ができないようにきっちりと、でも見映えよく詰め込むことが大切です。詰める順番もコツがあるので覚えましょう。

仕切りやカップを使う

片寄ってしまったときに味が混ざらないよう、仕切りやカップを使用。笹の葉や経木は形を自在に変えることができ、殺菌作用もあるのでおすすめです。

詰める順番は、❶ごはん→❷主菜→❸副菜→❹すき間埋め食材

最初にごはんを詰め、そのあとに主菜を詰めましょう。空いたスペースに副菜を詰め、さらに「すき間埋め食材（P118）」を入れて固定させて。

しっかりとすき間がないように詰める

詰め方がゆるいと、持ち運ぶ間に傾いて片寄ってしまいます。すき間がないように、しっかりとおかずを組み合わせて詰めること。

ごはんは温かいうちに詰める

ごはんは温かいうちに詰めたほうが、形を整えやすいのでおすすめ。温かいものをお弁当箱に詰めて整えてから、冷まして粗熱を取ること。

彩りや家族に合わせてお弁当を詰める

お弁当は「主菜1＋副菜3＋主食」が基本ですが、相手に合わせて調整を。「緑・赤・黄・白・茶」の5色を1品ずつ入れていくと彩りが美しく、栄養面でのバランスも整います。

汁けのあるものは汁けをよくきってから詰める

お弁当の詰め方の中で大切なポイントは、汁けのあるものは汁けをきってから詰めること。ペーパータオルなどで汁けをきりましょう。

> ダイエット中なら！

カロリーダウンできるコツ

健康やダイエットのためにカロリーが気になる場合は、お弁当の総量を減らしがちですが、実は調理方法を変更するだけでもカロリーダウンに。以下のコツを使えば、健康的にカロリーを減らせます。

肉は皮や脂身を取り除く

お肉は皮や脂身が高カロリー。気になる場合は、少々面倒でも鶏肉の皮や肉全般の脂身を取り除きましょう。なお、赤身肉はカロリーも低く、ヘルシーなのでおすすめ。

ゆでたり、蒸したりする調理法を選ぶ

油を使わずに肉をゆでたり蒸したりすると、食材の余分な脂が落ちるため、サッパリとした味わいになって、カロリーカットできます。

バターよりもオリーブオイルを使用する

乳製品であるバターはコクが出ておいしいが高カロリー。オリーブオイルはオレイン酸が含まれていて、中性脂肪がつきにくく、整腸作用にも効果的。

体を温める食材を選んで代謝をUP！

鶏や牛、根菜、しょうがなど、体を温める食材を日々食べるようにすると、体内の代謝が上がり、脂肪を燃焼しやすくなります。

パン粉は細目、粉は粒子の細かい強力粉を使う

パン粉は細目なら油の吸収が少なくて済み、カロリーダウンに。また、薄力粉より強力粉だと粒子が細かいので、少量で済みます。

フッ素樹脂加工のフライパンでも、少量の油をひく

油をひかずに使いがちですが、実は油をひいてからお肉を焼いたほうが、脂がよく出ます。それをふき取れば、結果的にカロリーダウン。

column_1

おすすめしたい調味料のこと。

調味料はどのブランドのものを使うかで、かなり味が変わります。余分なものが入っていない自然に近いものを選ぶと、安心です。鮮度が大切なので冷蔵庫で保存し、早めに使いきること。

きび砂糖
本書では砂糖はきび砂糖を使っています。ミネラルが豊富で、味にコクが出ます。色をつけたくないおかずには、白い砂糖を使用。

天然塩
古来の製法でつくられたミネラル豊富な天日塩がおすすめ。味つけのポイントは藻塩を使い、海の素材を使った料理には海塩、山の素材には岩塩を使ったりしています。

しょうゆ
天然醸造のものを使っています。うまみと香りがあり、風味豊かな生絞りのもの、また、天然杉で三年ほど熟成させたものがおすすめです。

日本酒
料理酒として使用するなら、辛口の日本酒がベスト。料理酒としても売られているものもありますが、750mlで800〜1000円程度のものを。

本みりん
本書ではクセのないすっきりとした甘みの三年熟成の本みりんを使っています。みりんがないときは、日本酒と砂糖を混ぜて代用してもよいでしょう。

菜種油
癖のない油を使いたいときは、菜種油がベター。とくにさっぱりした味つけの和食を作るときは、おいしい菜種油がよく合います。

エクストラ・バージン・オリーブオイル
オリーブオイルは果実をそのまま搾ったものと、そこに精製油を加えたものがあります。本書ではフレッシュでさわやかなエクストラ・バージンを使っています。

---

memo
オリーブオイルの種類について
日本では一般的に、果実をそのまま搾った「エキストラ・バージン・オリーブオイル」と、精製オイルと混ぜた「オリーブオイル」の2種がある。調理用は後者を使うことが多いが、前者のほうが風味豊かで、栄養価も高い。

PART 2

＼ 忙しい朝も簡単! ／

肉＆魚介の 作りおきおかず

お弁当のメインのおかずとなることも多い、食べごたえのある肉＆魚介のおかず。
ボリューム満点のものから、ヘルシーでさっぱりしたものまで、
短時間でも簡単に作れる、おいしい主菜をたくさん紹介します！

こんなに食べても500kcal!弁当 ①

鶏ハム弁当

ヘルシーなむね肉のハムを中心にしたお弁当。鶏ハムはやわらかくてジューシーなので食べごたえ満点! さらに野菜をたっぷり使ったにんじんしりしりと、たこの酢の物でさっぱり仕上げました。

鶏ハム ▶▶ P38
[コツ] 鶏ハムは少量でも食べごたえがあるおかず。1cm程度の厚みのものを2枚ほど入れ、傷み避けにローズマリーを添えて。
105 kcal

にんじんしりしり ▶▶ P131
[コツ] 炒めものは冷めたときにべちゃっとしやすいので、お弁当に詰めるときは必ず全体の粗熱を取ってから入れること。
84 kcal

さっぱりだけど食べごたえ満点

総エネルギー
566 kcal

白ごはん180g
(梅干し＋黒ごま)
311 kcal

たこの酢の物 ▶▶ P83
[コツ] 酢の物はカップに入れるなど、ほかの料理に味が移らない工夫をしたほうがよい。写真のように笹の葉で包んでも。
66 kcal

memo
ヘルシーなお弁当は曲げわっぱで満足感をアップして
ダイエット中のお弁当は、どうしても物足りなさを感じてしまうもの。そんな場合は、曲げわっぱのお弁当箱に丁寧に詰めるだけで、とてもおいしそうに見えます。また、先の細い盛りつけ箸はとても扱いやすく、おかずをキレイに盛りつけやすいのでおすすめです。

こんなに食べても500kcal！弁当 ❷

鯛のレモン焼き弁当

レモンでさっぱりと仕上げた鯛をメインに、バジルのパスタをたっぷり入れたパスタ弁当。レモンの風味が強いので、淡白な味ながら満足感があるはず。ペンネはナッツと松の実が入り、コクのある仕上がりです。

鯛のレモン焼き ▶▶P73
[コツ] 鯛は小骨が多いので、詰める前に取り除いておくと食べやすくなる。
70 kcal

お肉はないのにコクがある！

総エネルギー 454 kcal

いちご
彩りが地味に感じたら、明るい色合いのデザートを。いちごはヘルシーなのでおすすめ。
14 kcal

バジルソースパスタ ▶▶P196
[コツ] パスタの種類は、スクリュータイプの「フィジッリ」を選ぶと、ソースがよく絡むので、お弁当内にソースが漏れにくい。
272 kcal

ミニトマトのツナサラダ詰め ▶▶P132
[コツ] ツナサラダを詰める前に、ミニトマトの底が平らになるよう少し切り落としておくと、お弁当に詰めたときに安定する。
98 kcal

memo
食べごたえが足りないときは味の「コク」を重視する

今回のように、肉類がまったく入っていないお弁当の場合、満足感につながらないことも。そんなときは「コクのある味つけ」を意識しましょう。たとえばバジルパスタには、ナッツと松の実を入れれば、ぐっとコクが出ますよ。

25

こんなに食べても500kcal！弁当 ③

豆腐ハンバーグ弁当

しっかり食べたいけれど、低カロリーを心がけたい……そんなときは、豆腐を使ってふんわり仕上げたハンバーグをメインに。甘みのある豆料理と梅風味のおかずで、ヘルシーながらも飽きのこないお弁当です。

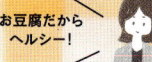 お豆腐だからヘルシー！

 総エネルギー **567 kcal**

ラディッシュのレモンマリネ ▶▶P129
[コツ] 味の変化をつけるために、酸味のきいたラディッシュのマリネを詰めて。 **2 kcal**

豆腐ハンバーグ ▶▶P62
[コツ] ヘルシー弁当は少量になりがちだが、低カロリーな豆腐ハンバーグであれば普通のお弁当と同じように2〜3個入れてもOK。 **164 kcal**

もちきびごはん160g（しば漬け添え）
[コツ] 白米2合にもちきび大さじ2を混ぜて普通に炊く。 **269 kcal**

ゴーヤと玉ねぎの梅おかかあえ ▶▶P142
[コツ] 梅の風味によって、シンプルなサラダもパンチの効いた味わいに。お肉料理をメインに入れるときは野菜の副菜でさっぱりさせて。 **8 kcal**

白いんげん豆とオレンジのはちみつ漬け ▶▶P112
[コツ] 甘みのある白いんげん豆のマリネを添えると、箸休めになっておすすめ。 **124 kcal**

memo 味が単調になりそうなら酸っぱさや甘みを足して

ハンバーグやから揚げなど、味の濃いものをメインにする場合、似たような味のおかずを入れてしまうと、味が単調になってしまいます。甘さや辛さ、酸っぱさなど、異なる味わいを足すことで、全体のバランスを取って。

こんなに食べても500kcal！弁当 ④

鮭の照り焼き弁当

お弁当の定番・鮭の照り焼きを主菜に、マヨネーズの味わいがしっかりついたほうれん草と、噛みごたえがあって満足できるごぼうを添えたお弁当。500kcal程度と思えないほど、食べがいのある仕上がりです。

和風仕上げで栄養もばっちり

総エネルギー **569 kcal**

ほうれん草の梅マヨあえ ▶▶P142
[コツ] マヨネーズの味が別のおかずに移ってしまわないよう、必ずカップなどに入れること。マヨネーズは少量を心がけて。 **33 kcal**

たたきごぼう ▶▶P154
[コツ] ごぼうはよく噛んで食べることで満腹感を得やすいので、ヘルシー弁当のときに入れるとよいおかずのひとつ。 **124 kcal**

塩ゆで卵 ▶▶P100
[コツ] 彩りを足すために、栄養満点のゆで卵は便利。このお弁当の場合、ほかのおかずの塩気が強いので、卵には塩は少なめで。 **38 kcal**

鮭の照り焼き ▶▶P70
[コツ] 鮭の照り焼きは、いくつも入れてしまうとカロリーオーバーに。大きめのものをひとつだけ入れること。 **85 kcal**

雑穀ごはん 180g ＋たくあん
雑穀米は白米に混ぜて炊く。白米2合に対し、雑穀米大さじ2を加えて、軽く混ぜる。水加減は白米の目盛りでOK。 **285 kcal**

memo ヘルシーなお弁当の場合「食べごたえ」が重要に
カロリーを抑えるために、全体量が少なくなりがちだからこそ「食べごたえ」を重視しましょう。やわらかいおかずが多いときは、ごぼうのようによく噛む必要のあるおかずを一品入れることで、満腹感を得られる工夫を。

がっつり肉！弁当 ❶

ごま衣から揚げ弁当

がっつりお肉を食べたいときの定番、から揚げ！ ごまの風味が豊かで、満足感を得られるはず。付け合わせは、いんげんと里いも。いずれもお腹に優しい食物繊維が豊富で、たくさん食べるときの必須食材です。

ごまの風味が食欲をそそる

総エネルギー **683 kcal**

里いものゆずみそチーズ焼き▶▶P155
[コツ] 里いもは買う段階で、お弁当箱に入れるのにちょうどよいサイズのものを選ぶこと。可能であれば食べる前に加熱を。 **63 kcal**

いんげんのたらこあえ▶▶P141
[コツ] いんげんは、種の大きくない細めのものを選ぶと食べやすいのでおすすめです。 **54 kcal**

白ごはん180g（梅干し）
304 kcal

ごま衣から揚げ▶▶P34
[コツ] お弁当に詰める前に、しっかり粗熱を取ること。揚げたてを入れる場合は、余熱でも火を通しながら粗熱を取る。 **262 kcal**

memo
から揚げは電子レンジで火を通してから詰める
数日前に作りおきしておいたから揚げをお弁当に入れる場合は、電子レンジやトースターで一度火を通してから詰めたほうが傷みにくくなり安心です。このときも、必ず粗熱を取って冷ましてから、お弁当箱に詰めましょう。

がっつり肉!弁当 ❷

プルコギ弁当

プルコギとは、牛肉と野菜をたっぷり炒め煮した韓国料理のこと。このお弁当では、プルコギを中心に、風味豊かなごま油で焼いた卵焼きと、野菜いっぱいのナムルを添え、とことん韓国風にこだわりました。

お肉も野菜もた〜っぷり!

総エネルギー **661 kcal**

韓国風卵焼き ▶▶ P96
[コツ] お弁当に詰める卵焼きは半熟の部分がないように、しっかり火を通すこと。その場合も、必ず粗熱を取ってから詰める。 **79 kcal**

プルコギ ▶▶ P56
[コツ] ごはんにのせて丼にした際に、煮汁が多いとベチャッとしてしまう。炒め煮するときには、煮汁をしっかり飛ばすこと。 **194 kcal**

黒米ごはん180g
白米1合に対し、黒米大さじ1程度がバランスがよい。黒米は表面がかたいため、水で洗ってから一晩水(黒米と同量)につける。水加減は白米の目盛通りでOK。 **302 kcal**

まぜまぜナムルサラダ ▶▶ P163
[コツ] 今回のように、丼状態で食べる場合、ナムルをごはんに直にのせて、プルコギと一緒に混ぜながら食べてもおいしい。 **86 kcal**

memo
がっつり肉を食べるなら野菜の量も工夫して
お肉をたくさん食べたいときほど、野菜もたっぷり入れましょう。今回のお弁当のように、すっきりした味わいの野菜を使ったおかずをバランスよく詰めるのがポイントです。

がっつり肉！弁当 ③

サイコロステーキ弁当

お弁当だって、たまには贅沢にとびきりおいしいステーキを！サイコロステーキなら、お弁当にピッタリ！付け合わせは、消化酵素をたっぷり含んだ野菜のおかずを選んで。胃の脂っこさをやわらげます。

ジューシーで豪華なお弁当

総エネルギー **596 kcal**

サイコロステーキ ▶▶ P57
[コツ] 2個ずつ串で刺してお弁当箱に詰めると、持ち運んでも片寄りにくい。なお、上等な肉であれば、味つけはシンプルに。 **193 kcal**

ミニトマト
[コツ] 生のミニトマトには、脂肪分の消化を促進させる消化酵素がたっぷり。肉料理の付け合わせには最適のおかず。 **6 kcal**

白ごはん180g（桜の塩漬け添え） **303 kcal**

赤かぶの千枚漬け風 ▶▶ P130
[コツ] トマトやキャベツ同様、かぶにも消化酵素が多く含まれており、さらに漬物にすることでより効果が期待できる。 **49 kcal**

芽キャベツのオリーブオイル焼き ▶▶ P142
[コツ] キャベツにも消化酵素が含まれており、肉料理と一緒に食べたい。サイズが大きい場合は、調理後に切って詰める。 **45 kcal**

---

memo
肉料理の付け合わせは消化を促進する野菜を

メインとなるサイコロステーキをたっぷり食べるためにも、付け合わせは消化を促進する成分を含んだ野菜を選ぶとよいでしょう。パイナップルやパパイアは、タンパク質を分解する消化酵素を含んでいるのでおすすめです。

がっつり肉！弁当 ④
豚のしょうが焼き弁当

子どもから大人まで、大好きな人が多い豚のしょうが焼き。甘辛いタレもおいしいので、豪快にごはんにのせていただきましょう。甘みのあるポテトサラダとの相性がよく、味わいを引き立て合います。

甘みのある
やさしい味わい

総エネルギー
794 kcal

ポテトサラダ ▶▶ P168
［コツ］サラダは傷みやすいので、お弁当の粗熱が取れたあと、最後に詰めること。できるだけ保冷剤を添えて持ち運んで。
252 kcal

大根の梅酢漬け ▶▶ P147
［コツ］発酵食品である漬物には、消化を促す消化酵素が含まれている。とくに生の大根は、もともと消化酵素が豊富。
24 kcal

とうもろこしごはん Recipe
3合程度を炊く場合、といだ白米3合に酒大さじ1、塩小さじ1、10cm角のだし昆布、とうもろこし1本分からこそげ取った実を入れ、3合分の水を入れて炊く。
307 kcal

豚のしょうが焼き ▶▶ P46
［コツ］食べやすく切ってもいいですが、がっつり食べたいときはそのままドーンとのせると見た目にもボリューミーでおすすめ。お好みで、すだちやレモンを添えても。
211 kcal

memo
ポテトサラダなどのサラダを持ち運ぶ工夫

このお弁当にあるポテトサラダのような生のサラダは、本来冷蔵が必要なおかず。保冷剤を持ち歩くことも大切ですが、ほかのおかずの余熱がサラダに伝わって傷むことも。全体の粗熱を取ってから、最後に詰めましょう。

鶏肉の
おかず

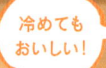 冷めても おいしい！

定番おかずの作り方をマスター

鶏のから揚げ

お弁当の定番、鶏のから揚げ。外の衣はカリッと香ばしく、中のお肉はふわっとジューシーに仕上がるのが理想です。そこで、冷めても味がしっかりと染みこんだ、おいしいから揚げの作り方を教えます。

空気に触れさせながら
揚げると
二度揚げのように
カリッと仕上がる

これが
1人分！

 1回量 244 kcal

 冷蔵 2日

 冷凍 2週間
 (揚げずに衣を
つけた状態で)

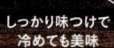 しっかり味つけで
冷めても美味

• 材料（6回分）

鶏もも肉…大きめを2枚
にんにく（つぶす）…1かけ分
しょうが（皮をつけたまま薄切り）…1かけ分
長ねぎ（青い部分）…1本分
A ┌ しょうゆ…大さじ1½
　│ 酒…大さじ1½
　└ 砂糖（できればきび砂糖）…小さじ1
卵…1個
薄力粉…山盛り大さじ3
片栗粉…山盛り大さじ3
揚げ油…適量

＊おすすめ！ 小さなおかず＊

りんごコールスロー
サラダ→P160

ゴーヤと玉ねぎの
梅おかかあえ→P142

筑前煮
→P156

いんげんのごまあえ
→P140

鶏肉のおかず

• 作り方

1　鶏もも肉の下処理をする

鶏肉の余分な脂身や筋などをキレイに切り取る。

5　衣をつけて揚げる

薄力粉と片栗粉を合わせて④にまぶして、170℃の揚げ油に入れて揚げる。

2　鶏もも肉を一口大に切る

鶏肉を横に3等分したあと、食べやすいように一口大に切る。

6　きつね色になるまで揚げる

途中で空気に触れさせながら、きつね色になるまでカラッと揚げる。

3　下味をつける

ボウルに②、にんにく、しょうが、長ねぎをAと一緒に入れ、よくもみ込むように混ぜる。

4　卵をもみ込み、寝かせる

③に卵を加え、よくもみ込み、冷蔵庫に30分ほど寝かせる（時間があれば半日が理想）。

保存のコツ

網の上で、しっかりと粗熱を取って

保存する前に、粗熱を完全に取ってから冷蔵庫に入れること。そうしないと水滴がついて傷んでしまいます。必ず、網の上で粗熱と油をしっかりきりましょう。こうすることでカリッと仕上がります。

から揚げバリエ

衣がいろいろ！

冷凍 2週間 （揚げずに衣をつけた状態で）

塩から揚げ

塩で味つけした、さっぱりテイストの一品！

あっさり味で食べやすい！

1回量 **250 kcal**

冷蔵 2日

材料（6回分）
鶏もも肉2枚、A【ごま油小さじ2、塩小さじ1、酒大さじ1、こしょう少々、卵小さめ1個】B【片栗粉・薄力粉各大さじ3】、揚げ油適量

作り方
鶏肉を食べやすく切ってボウルに入れ、Aをもみ込み30分ほどおく。合わせたBをまぶしてP33同様に揚げる。

フライドチキン風味

スパイスたっぷりで、お店のチキンみたい！

スパイシーであとを引く味

1回量 **227 kcal**

冷蔵 2日

材料（6回分）
鶏もも肉2枚、A【塩・ガーリックパウダー・はちみつ各小さじ1、しょうが（すりおろし）・オールスパイス各小さじ¼、こしょう少々、チキンコンソメ（固形）・卵各1個】、薄力粉・揚げ油各適量

作り方
鶏肉を食べやすく切ってボウルに入れ、Aをもみ込み1時間ほどおく。薄力粉をまぶし、P33同様に揚げる。

ハーブから揚げ

タイムとバジルが入って、爽やかな味わいに

ハーブの香りにホッとする

1回量 **238 kcal**

冷蔵 2日

材料（6回分）
鶏もも肉2枚、A【にんにく（すりおろし）・乾燥タイム・塩各小さじ1、乾燥バジル小さじ½、卵1個】B【薄力粉・片栗粉各大さじ山盛り3】、揚げ油適量

作り方
鶏肉を食べやすく切ってボウルに入れ、Aをもみ込み30分ほどおく。合わせたBをまぶしてP33同様に揚げる。

やわらか塩麹から揚げ

うまみたっぷりの塩麹で、やわらかな仕上げ！

塩麹を入れるとうまみが変わる

1回量 **242 kcal**

冷蔵 2日

材料（6回分）
鶏もも肉2枚、A【塩麹大さじ2、にんにく・しょうが（すりおろし）½かけ分、しょうゆ小さじ1、こしょう少々、卵1個】B【片栗粉・薄力粉各大さじ3】、揚げ油適量

作り方
鶏肉を食べやすく切ってボウルに入れ、Aをもみ込み30分ほどおく。Bをまぶしてp33同様に揚げる。

ごま衣から揚げ

香ばしいごまの風味が食欲をそそる一品

ごまのプチプチ食感も楽しい！

1回量 **262 kcal**

冷蔵 2日

材料（6回分）
定番のから揚げの材料すべて（P33参照）
白炒りごま適量

作り方
定番のから揚げ（P33）の作り方の⑤で白炒りごまをまぶして、P33同様に揚げる。

---

memo
から揚げの衣をカリカリに仕上げるコツ

P33のレシピでは片栗粉と薄力粉は同量ですが、片栗粉を多めにすればカリカリの衣に、薄力粉を多めにすればやわらかめの衣に仕上がります。タレをかけて衣がしんなりするのが気になる場合、片栗粉を多めにしてバリバリに揚げたあとタレをかけると、やわらかくなりすぎません。

定番の鶏のから揚げに一工夫！

から揚げアレンジ

冷凍 2週間 （タレをからめずに冷凍）

鶏肉のおかず

鶏のねぎダレがらめ
ピリ辛のねぎダレとあわせて、さっぱりと！

濃厚なタレがごはんにも合う

材料（6回分）
塩から揚げ(P34)…6回分
ねぎダレ（作りやすい分量）
A ┌ 長ねぎ(みじん切り)…½本分
　├ 砂糖…大さじ2
　├ しょうゆ…100㎖
　├ 酢…50㎖
　├ ごま油…大さじ1
　└ 赤唐辛子(輪切り)…小さじ1

作り方
Aを混ぜ、塩から揚げをからめる。
＊だいたい鶏もも肉2枚分で作った塩から揚げ全量をからめるのに、ちょうどよいくらいの量です

1回量 301 kcal　冷蔵 2日

チキン南蛮
ゆで卵とディルのサラダをのせた、爽やかな一品

卵たっぷりでまろやかタルタル

1回量 323 kcal　冷蔵 2日

材料（6回分）
塩から揚げ(P34)…6回分
ゆで卵とディルのサラダ(P101)…適量
甘酢ダレ
A ┌ しょうゆ…大さじ3
　├ 酢…大さじ2
　├ 砂糖…大さじ1
　├ ごま油…小さじ2
　└ 赤唐辛子(輪切り)…小さじ½

作り方
1 小鍋にAを合わせてひと煮立ちさせ、甘酢ダレを作る。
2 塩から揚げに1をからめ、上にゆで卵とディルのサラダをのせる。

こってりソースが食欲をそそる

オーロラソースのから揚げ
たまには、マヨネーズとケチャップのソースで、こってりと！

材料（6回分）
鶏のから揚げ(P33)…6回分
A ┌ マヨネーズ・トマトケチャップ
　│　…各大さじ2
　└ コンデンスミルク
　　　…小さじ½

作り方
1 Aを混ぜ合わせておく。
2 鶏のから揚げに1のオーロラソースを適量からめる。

1回量 285 kcal　冷蔵 2日

鶏手羽中のスイートチリソースがらめ

> ぷるぷる食感の手羽中に夢中!

甘辛いソースたっぷりのジューシーな手羽中を

材料（6回分）
- 鶏手羽中…12本
- 塩・こしょう…各少々
- 太白ごま油…小さじ1
- スイートチリソース…大さじ2

作り方
1. 鶏手羽中に塩、こしょうをふる。
2. フライパンにごま油を熱し、1を皮目からおいしそうな焼き色をつけるように焼く。仕上げにスイートチリソースを加えて煮からめる。

＊おすすめ！小さなおかず＊

まぜまぜナムルサラダ→P163

ヤングコーンといんげんのナンプラー炒め→P139

調理のコツ　塩はしっかりめに振り、全体にまぶすこと。皮目を下にして焼くと、皮がパリッと仕上がる。ソースを煮からめるときは、水分を飛ばすようにしっかりと。

1回量 80kcal / 冷蔵 2〜3日 / 冷凍 2週間

これが1人分！

鶏の親子煮

鶏ももと卵がからんでおいしい

おかずとして食べても、ごはんにのせて丼にしても

材料（6回分）
- 鶏もも肉…大きめ1枚
- 玉ねぎ…1/2個
- 三つ葉…1/2束
- 菜種油…小さじ1
- A【だし汁50㎖、酒大さじ1、しょうゆ・砂糖各大さじ1/2、みりん小さじ2】
- 卵…3個

作り方
1. 鶏もも肉は一口大に切り、塩小さじ1/2（分量外）をまぶす。玉ねぎは薄切り、三つ葉はざく切りにする。
2. フライパンに菜種油を熱し、1の鶏もも肉を皮目から入れ、カリカリに焼く。玉ねぎ、Aを入れて煮込む。
3. 玉ねぎがしんなりしたら、溶き卵を流し入れ、蓋をし、卵がかたまるまで待つ。最後に1の三つ葉を散らす。

＊おすすめ！小さなおかず＊

セロリとちくわのサラダ→P148

里いものゆずみそチーズ焼き→P155

調理のコツ　卵はしっかり溶きほぐさず、軽く溶いてから回しかけると、ふんわりと仕上がる。鶏皮のぷるぷるとした食感が苦手なら、皮目をパリッと焼いてから煮込む。

1回量 154kcal / 冷蔵 2〜3日 / 冷凍 2週間

これが1人分！

鶏肉のおかず

アスパラのチキンロール
アスパラの緑がキレイに映える

やわらかいチキンとアスパラの歯ごたえがマッチ

材料（6回分）
鶏もも肉…2枚
グリーンアスパラガス
　（できれば細め）…4本
塩…小さじ1
こしょう…少々
オリーブオイル…大さじ2
白ワイン…小さじ2

作り方
1 鶏もも肉は厚さを均等になるように開く。
2 アスパラガスはさっと塩ゆで（分量外）しておく。
3 1に塩、こしょうをしっかりめにふり、2を巻き、タコ糸でしばる。表面にもしっかり塩、こしょうをする。
4 厚手のフライパンか鍋にオリーブオイルを熱し、3を入れて中火で表面をきつね色に焼いたら、白ワインを加え、蓋をして弱火で15分ほど、時々ひっくり返しながら焼きあげる。粗熱が取れるまでそのまま置き、1本につき6等分にする。

＊おすすめ！小さなおかず＊

えのきの明太子炒め →P166 
スナップえんどうとミニトマトのサラダ→P163

これが1人分！

1回量 232 kcal　冷蔵 2〜3日　冷凍 NG

マスタードとはちみつのマリネチキン
はちみつの甘さがアクセント！

やさしい味わいのマリネ液が染みこんでおいしい

材料（6回分）
鶏もも肉…2枚（余分な脂を取り除き、フォークで穴を開ける）

マリネ液
A【はちみつ大さじ4、マスタード・オリーブオイル各大さじ2、塩少々】

作り方
1 鶏もも肉の下処理をして、Aのマリネ液に入れ、1時間ほど漬ける。
2 魚焼きグリルの一番強い火で10〜15分ほど焼き、食べやすく切る。

＊おすすめ！小さなおかず＊

紫キャベツとあんぽ柿、くるみのサラダ→P132
さつまいもとセロリとハムのサラダ→P138 

調理のコツ：鶏肉にフォークで穴を開けてからマリネ液に漬けこむのが、味を染みこませるポイント。漬けた状態で冷凍すれば、2週間ほど日持ちする（自然解凍後に焼く）。

これが1人分！

1回量 247 kcal　冷蔵 2〜3日　冷凍 2週間（焼く前の漬けた状態で）

37

鶏もも肉のチャーシュー

そのまま食べても、おかずの具にしてもOK!

これが1人分！
ほかのおかずに加えてアレンジも

材料（6回分）

鶏もも肉…2枚
しょうが…1かけ分
にんにく…1かけ分

A【長ねぎ（青い部分）1本分、紹興酒・しょうゆ各200㎖】

作り方

1. 鶏もも肉を巻き、タコ糸でしばる。しょうがは皮ごと2㎜幅にスライスし、にんにくはつぶす。
2. 鍋に1のしょうがとにんにく、Aを入れて火にかける。沸騰したら1の鶏肉を入れて時々ひっくり返しながら、蓋をして弱めの中火で15分ほど煮込む。
3. 火を止めて、粗熱が取れるまでそのまま置き、1本につき、6等分する。

調理のコツ
調理のポイントは、タコ糸でしっかりと巻くことと、鍋に入れたままきちんと冷ますこと。煮汁から鶏が出ているときは、時折引っくり返して均等に煮汁に浸す。

1回量 **220kcal**
冷蔵 5日（切り始めたら早めに）
冷凍 2週間

鶏ハム

ハーブの風味で飽きない味！

ハーブが効いたマリネ液が染みこんでおいしい

これが1人分！

材料（6回分）

鶏むね肉…2枚

A【水500㎖、白ワイン100㎖、塩大さじ1強、はちみつ小さじ2、にんにく1かけ、玉ねぎ½個、ローズマリー1枝、ローリエ2枚、タイム2枝】

作り方

1. 鶏肉を巻き、タコ糸でしばる。鍋にAのマリネ液を入れて煮たてて冷ます。保存袋に合わせて入れ、冷蔵庫に丸1日ほど置く。
2. お湯を沸騰させないギリギリを保ちながら（70℃弱）、1を入れ、30分ほど、ときどき向きを返しながら、ゆっくり加熱して火をとめ、そのまま鍋の中で完全に冷ます。1本につき、6等分する。

＊おすすめ！小さなおかず＊

ツナと厚揚げ、きゅうりのサラダ →P161

ひじき煮 →P168

調理のコツ
漬けこむときはマリネ液が冷めてから保存袋に入れ、しっかりと空気を抜くこと。時間はかかるが、実際に手を動かす時間は10分ほど。とても簡単なのでおすすめ。

1回量 **191kcal**
冷蔵 3〜4日
冷凍 2週間

鶏もも肉のごま照り焼き
しょうゆダレとごまの風味がベストマッチ！

濃厚照り焼きでごはんが進む！

材料（6回分）
- 鶏もも肉…2枚
- A【しょうゆ大さじ2½、みりん大さじ2、砂糖小さじ2】
- 菜種油…大さじ½
- 白炒りごま…適量

作り方
1. 鶏肉は皮目にフォークで穴を開ける。
2. Aを混ぜておく。
3. フライパンに菜種油を熱し、1の鶏もも肉を両面こんがり焼く。2を入れ、弱火で7〜8分ほどからめ焼く。
4. 最後に強火にしてタレを煮詰め、白炒りごまを散らす。

＊おすすめ！小さなおかず＊
- ほうれん草の梅マヨあえ →P142
- とうもろこしとパプリカのかき揚げ →P138

調理のコツ：ごまは、炒りごまを使うときでも、フライパンでさっと炒めてから使うと、香りのよさが変わる。鶏皮はパリパリに焼いてから、タレを絡めるとおいしい。

これが1人分！ 鶏肉のおかず

1回量 **223 kcal** ／ 冷蔵 2〜3日 ／ 冷凍 2週間

鶏肉とピーマンのカシューナッツ炒め
ナッツの甘みとピーマンの苦みが鶏肉によく合う

歯ごたえのあるナッツが美味

材料（6回分）
- 鶏もも肉…1枚
- 塩…少々
- ピーマン（緑・赤）…各1個
- カシューナッツ…60g
- 菜種油…大さじ2
- 酒…大さじ1
- A【しょうゆ小さじ1、砂糖ひとつまみ、中華スープの素（練りタイプ）小さじ½】

作り方
1. 鶏肉を2cm角に切って塩少々をまぶしておく。ピーマンは1cm角に切り、カシューナッツはローストしておく。
2. フライパンに菜種油を熱し、1の鶏肉を炒める。鶏肉に火が通ったら、酒を加え、ピーマンとカシューナッツを加えて炒める。Aで調味する。

＊おすすめ！小さなおかず＊
- わかめとえびの卵焼き→P96
- 豆もやしと糸こんにゃくのあえもの→P150

調理のコツ：ピーマン以外に黄のパプリカも使えば、見た目が鮮やかに仕上がる。なお、調味料と合わせて炒めるときは、水分を飛ばすように炒めて、とろみをつける。

これが1人分！

1回量 **199 kcal** ／ 冷蔵 2〜3日 ／ 冷凍 2週間

鶏ささみとわかめのすりごまあえ

低カロリーうれしいおかず

さっぱりした具材で、すりごまの風味が引き立つ

材料（6回分）
鶏ささみ…3本
乾燥わかめ…7g
白すりごま…大さじ3
しょうゆ…大さじ1
塩…少々

作り方
1 鶏ささみは、酒を少し加えた熱湯で弱火で5分ほどゆで、そのまま鍋の中で冷ます。
2 乾燥わかめを戻し、しっかりと水けをきっておく。
3 1のささみをほぐし、ボウルに入れて、2のわかめを加え、しょうゆ、塩で調味し、白すりごまであえる。

＊おすすめ！小さなおかず＊

かぼちゃのハーブチーズコロッケ→P136
トマトとオクラの卵焼き→P96

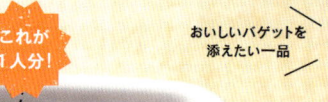

これが1人分！

1回量 75kcal
冷蔵 2〜3日
冷凍 NG

鶏の赤ワイン煮

おいしいバゲットを添えたい一品

赤ワインでやわらかく煮込んだ、上品な味わい

材料（6回分）
A【赤ワイン400㎖、ローリエ（生のもの）1枚】
鶏もも肉…2枚
塩・こしょう…各少々
薄力粉…大さじ2
バター…15g
B【ブロックベーコン（1㎝幅）25g、ペコロス（皮をむく）12個分、セロリ（筋を取り薄切り）½本分、マッシュルーム（半分に切る）6個分】
C【水300㎖、チキンコンソメ1個】
はちみつ…小さじ1

作り方
1 Aを小鍋に入れて半量になるまで煮詰める。
2 鶏肉は一口大に切り、塩、こしょうをし、薄力粉を薄くまぶしておく。
3 鍋にバターを溶かし、2を両面、きつね色になるまで中火でソテーし、Bを順に加えて炒める。Cを入れて水分が半量になるまで煮込む。
4 1とはちみつを加え、5分ほど煮込む。

調理のコツ：チキンコンソメは、できるだけ無添加のものを使うのがおすすめ。赤ワインはしっかりと煮詰めてアルコール分を飛ばすと、ぶどうのうまみが凝縮されて美味。

これが1人分！

1回量 305kcal
冷蔵 2〜3日
冷凍 2週間

鶏肉のおかず

鶏のハムチーズフライ

そのままでもソースでも美味

鶏むね肉と青じそで、チーズフライもさっぱり！

材料（6回分）
- 鶏むね肉…1枚
- 青じそ…3枚
- ハム…3枚
- 塩・こしょう…各適量
- プロセスチーズ（2mm幅にスライスしたもの）…6枚
- 薄力粉・溶き卵・パン粉・揚げ油…各適量

作り方
1. 鶏むね肉を6つに切り、薄く叩く。青じそとハムは半分に切る。
2. 1の鶏肉の両面に塩、こしょうをふり、左半分にハム、青じそ、チーズをのせ、折りたたむ。
3. 薄力粉、溶き卵、パン粉で衣をつけて、170℃の揚げ油で揚げる。

調理のコツ：チーズはとろけないものを使うこと（揚げるととけてしまう）。温め直すときは、ペーパータオルで包んでからホイルに包み、オーブントースターで温める。

これが1人分！

1回量 285kcal ／ 冷蔵 2日 ／ 冷凍 2週間（揚げずに衣をつけた状態で）

鶏ささみとそら豆のかき揚げ

揚げ物でもさっぱりと！

ほくほくしたそら豆の甘みがアクセントに！

材料（6回分）
- 鶏ささみ…2本（筋を取り、1cm角に切り、塩少々と酒小さじ1で下味をつける）
- そら豆…6さや
- 天ぷら粉…山盛り大さじ2
- 水…大さじ2
- 揚げ油…適量
- 塩…少々

作り方
1. 鶏ささみの水けをペーパータオルで軽く取り除く。そら豆はさやから豆を取り出し、さっと塩ゆでして薄皮をむく。
2. ボウルに1を入れ、天ぷら粉をまぶし、水を少しずつ加えて混ぜていく。
3. 180℃の揚げ油で揚げて油をきり、塩をふる。

＊おすすめ！小さなおかず＊
- 牛そぼろと三つ葉の卵焼き →P97
- キャロットラペ →P131

これが1人分！

1回量 147kcal ／ 冷蔵 2〜3日 ／ 冷凍 NG

豚肉のおかず

冷めてもおいしい！
定番おかずの作り方をマスター

いんげんとにんじんの肉巻き

お肉を食べたいけれど、野菜もしっかり食べたい……そんなときは、具材を豚の薄切り肉でくるりと巻いた肉巻きが大活躍！野菜嫌いでも肉巻きなら食べやすいので、お弁当から始めてみましょう。

好きな野菜を豚肉でくるりと包んで焼くだけ

これが1人分！

1回量 123 kcal

冷蔵 2日

冷凍 NG
（野菜を冷凍すると食感が変わるため）

野菜の歯ごたえも楽しい！

豚肉のおかず

• 材料（6回分）

さやいんげん…24本
にんじん…中1本
豚ロースしゃぶしゃぶ用…12枚
エキストラバージンオリーブオイル…小さじ1
塩…少々
粗びき黒こしょう…少々

＊おすすめ！小さなおかず＊

- ポテトサラダ →P158
- 甘栗のフリット →P139 
- きゅうり、かまぼこのマヨあえ →P173 
- ちりめんじゃことなすのきんぴら →P171 

• 作り方

1　さやいんげんの筋とヘタを取り除く
さやいんげんは両端をポキッと折って、筋があれば取る。

2　にんじんを棒状に切る
にんじんは皮をむき、さやいんげんと同じ長さ、同じ太さに切る。

3　野菜をゆでる
鍋に湯を沸かし、塩小さじ2（分量外）を加え、②をさっとゆでる。沸騰したらザルにあげる。

4　豚肉に下味をつける
豚ロースしゃぶしゃぶ用肉をまな板に広げ、塩、こしょうをふる。

5　豚肉で野菜を巻く
④1枚に③のいんげん2本、にんじん3本をのせ、キュッとしっかりと巻き、巻き終わりを下に置き、軽く塩、こしょうをふる。

6　フライパンで焼く
フライパンにエキストラバージンオリーブオイルを熱し、⑤の巻き終わりを下にして弱めの中火で全体をこんがりと焼く。

保存のコツ　保存するときは、最後に油を振りかける 
豚肉の脂肪分が少ない場合は、油をひかずに、お肉から出る脂だけで焼いてもOK。ただし、保存するときには、最後に豚肉巻きの上から上質なオリーブオイルを軽くふりかけて。乾燥を防ぎます。

具材がいろいろ！

「肉巻きバリエ」

冷凍 NG （野菜を冷凍すると、食感が変わるため）

みょうがの肉巻き
シャキシャキした歯ごたえが楽しいおかず！

さっぱりみょうがで爽やかな味に

材料（6回分）
みょうが(せん切り)…6本分
豚肩ロースしゃぶしゃぶ用…12枚
塩・こしょう…各少々
オリーブオイル…小さじ2

作り方
1 豚肉を広げ、2枚を重ねて塩、こしょうを軽くふる。みょうがをのせて巻く。
2 フライパンにオリーブオイルを熱し、P43同様に焼く。

1回量 **116 kcal**　冷蔵 2日

トマトの肉巻き
トマトのジューシーな果肉と豚肉がベストマッチ

あふれ出てくる果肉がおいしい

材料（6回分）
ミニトマト…6個
豚肩ロースしゃぶしゃぶ用…12枚
塩・こしょう…各少々
オリーブオイル…小さじ2

作り方
1 豚肉を広げ、2枚を重ねて塩、こしょうを軽くふる。ヘタをとったミニトマトをのせて巻く。
2 フライパンにオリーブオイルを熱し、P43同様に焼く。

1回量 **118 kcal**　冷蔵 2日

オクラの肉巻き
オクラをまるごと挟んでヘルシー

ねばねば食感とお肉がよく絡む

材料（6回分）
オクラ…6本
豚肩ロースしゃぶしゃぶ用…12枚
塩・こしょう…各少々
オリーブオイル…小さじ2

作り方
1 オクラはまな板に置き、塩をふり板ずりし、さっとゆでる。
2 豚肉を広げ、2枚を重ねて塩、こしょうを軽くふる。ゆでたオクラをのせて巻く。
3 フライパンにオリーブオイルを熱し、P43同様に焼く。

1回量 **116 kcal**　冷蔵 2日

アスパラの肉巻き
歯ごたえを残したアスパラが爽やか！

癖のない味で食べやすい！

材料（6回分）
グリーンアスパラガス…6本
（細めのもの）
豚肩ロースしゃぶしゃぶ用…12枚
塩・こしょう…各少々
オリーブオイル…小さじ2

作り方
1 アスパラガスは、下の固い部分を切り落とし、はかまを取り、半分に切ってさっと塩ゆでする。
2 豚肉を広げ、2枚を重ねて塩、こしょうを軽くふる。ゆでたアスパラガスをのせて巻く。
3 フライパンにオリーブオイルを熱し、P43同様に焼く。

1回量 **119 kcal**　冷蔵 2日

ヤングコーンの肉巻き
コーンの甘みとお肉のうまみが相性抜群

コーンの味が引き立つ！

材料（6回分）
ヤングコーン…6本
豚肩ロースしゃぶしゃぶ用…12枚
塩・こしょう…各少々
オリーブオイル…小さじ2

作り方
1 ヤングコーンは、水煮ならそのまま、生ならさっと塩ゆでする。
2 豚肉を広げ、2枚を重ねて塩、こしょうを軽くふる。ヤングコーンをのせて巻く。
3 フライパンにオリーブオイルを熱し、P43同様に焼く。

1回量 **117 kcal**　冷蔵 2日

---

memo
ほかにもまだある！ 肉巻きに合う具材

上記のほかにも、白ねぎや万能ねぎを巻いたり、春は菜の花、秋はエリンギ、マッシュしたポテトやかぼちゃを巻いたりしてもおいしい。野菜と一緒に、チーズやしそを入れてもよく合います。肉は薄めの方が野菜の味をしっかりと感じることができるので、しゃぶしゃぶ用肉がおすすめ。

定番の肉巻きに ひと工夫!

「肉巻きアレンジ」

豚肉のおかず

野菜の肉巻き 甘辛ダレ添え

甘辛いタレを絡めただけで、大人の味わいに

たれの味わいで濃厚にいただく

材料（6回分）
- さやいんげん…24本
- にんじん…中1本
- 豚ロースしゃぶしゃぶ用…12枚
- 塩・粗びき黒こしょう…各少々
- オリーブオイル…小さじ1

甘辛だれ
- A【しょうゆ・酒各小さじ2、きび砂糖小さじ1½】

作り方
1 P43のいんげんとにんじんの肉巻きの作り方 1～6 と同様にして焼く。
2 1に合わせたAを加えて煮からめる。

1回量 129 kcal　2日

野菜の肉巻き蒸し 梅ソース

梅の風味でさらにさっぱり

そのまま蒸すだけで、一気にカロリーダウン！

材料（6回分）
- さやいんげん…24本
- にんじん…中1本
- 豚ロースしゃぶしゃぶ用…12枚
- 塩・粗びき黒こしょう…各少々
- オリーブオイル…小さじ1

梅ソース
- 梅干し(細かく叩いたもの)…大さじ1
- しょうゆ・みりん…各小さじ2

作り方
1 梅ソースを作る。梅干しをたたき、しょうゆとみりんと混ぜる。
2 P43のいんげんとにんじんの肉巻きの作り方 1～5 と同様にして巻き、蒸気の上がった蒸し器で5分ほど蒸す。梅ソースをかける。

1回量 129 kcal　2日

野菜の肉巻きフライ

いつもの肉巻きに飽きたら、揚げてみるのも手！

材料（6回分）
- さやいんげん…24本
- にんじん…中1本
- 豚ロースしゃぶしゃぶ用…12枚
- 塩・粗びき黒こしょう…各少々
- 薄力粉・溶き卵・パン粉・揚げ油…各適量

作り方
1 P43のいんげんとにんじんの肉巻きの作り方 1～5 と同様にして巻き、しっかりめに塩、こしょうをする。
2 1に薄力粉、溶き卵、パン粉を順につけて、180℃の揚げ油でカラッと揚げる。

1回量 251 kcal　2日

しっかり食べたい日は揚げものに

45

豚のしょうが焼き

ごはんが進むしっかり味！

お弁当の定番・しょうが焼きをもっとおいしく！

これが1人分！

材料（6回分）
豚しょうが焼き用肉…12枚
塩・こしょう…各少々
太白ごま油…小さじ2
A【しょうゆ大さじ3、みりん大さじ2、しょうが（すりおろし）大さじ1】

作り方
1 豚肉に塩、こしょうをしてAをからめ、10分ほどおく（この状態で冷凍しても可）。
2 フライパンにごま油を熱し、1を両面こんがりと焼く。

＊おすすめ！小さなおかず＊

さつまいもの紫たまねぎと青じそのドレッシングあえ →P139

キャベツときゅうりの浅漬け→P143

食べ方のコツ　しょうが焼きが余ったときは、細かく切って、焼きうどんの具にするのも手。キャベツとスクランブルエッグと一緒に、ゆでたうどんを炒めてからめればOK。

1回量 211kcal　冷蔵 2〜3日　冷凍 2週間

豚とたけのこ、ザーサイの炒め物

ザーサイの味がアクセント

これが1人分！

たけのこの歯ごたえとやわらかい豚肉がよく合う

材料（6回分）
豚肩ロース肉…150g
ゆでたけのこ…100g
ザーサイ（塩抜き）…30g
長ねぎ（斜め薄切り）…1本分
塩…少々
太白ごま油…小さじ1
A【しょうゆ小さじ2、酒小さじ1】

作り方
1 豚肉、たけのこは薄切り、ザーサイは細切りにする。
2 1の豚肉に塩をふり、ごま油を熱したフライパンで炒める。肉に火が通ったら、たけのこ、ザーサイ、長ねぎを順に加えて炒める。
3 しんなりしてきたら、Aを加えて炒め、塩で味をととのえる。

＊おすすめ！小さなおかず＊

れんこん、いんげん、くるみの明太マヨサラダ →P160

うずらの漬け玉子 →P99

食べ方のコツ　たけのこは春がおいしい季節なので、春におすすめのおかず。初夏ならそら豆、夏はズッキーニやなす、とうもろこしを合わせて炒めてもおいしい。

1回量 116kcal　冷蔵 2〜3日　冷凍 2週間

オクラと豚しゃぶのサラダ

ごまダレがよく合う、さっぱりとした豚肉サラダ

材料（6回分）
オクラ…6本
ミニトマト…6個
豚しゃぶしゃぶ用肩ロース肉
　…12枚
A【ポン酢しょうゆ大さじ2、すりごま大さじ1、オリーブオイル小さじ2】

作り方
1. オクラは板ずりし、さっとゆでて上下を切り、斜め半分に切る。ミニトマトはヘタを取り、横半分に切る。
2. 豚肉は酒（分量外）を加えた熱湯でさっとゆでて水けをきり、1と合わせ、混ぜたAであえる。

＊おすすめ！小さなおかず＊

甘い卵焼き →P94
がんも煮 →P108

保存のコツ：保存するときは、保存容器にペーパータオルを敷き、ゆでた食材をその上にのせて冷蔵保存を。タレはお弁当に詰める前に、その都度あえるようにする。

オクラとトマトで健康面も◎

これが1人分！

豚肉のおかず

1回量 142kcal
冷蔵 2〜3日（タレをかけない状態で）
冷凍 NG

豚肉といんげんのXO醤炒め

XO醤の上品な香りが際立つ、風味豊かな一品

材料（6回分）
豚肩ロースかたまり肉
　…130g
塩・こしょう…各少々
さやいんげん…1袋
太白ごま油…小さじ1
XO醤…大さじ1
しょうゆ…小さじ½

作り方
1. 豚肉は食べやすく切り、塩、こしょうをまぶしておく。さやいんげんは筋を取り、4cm幅に切っておく。
2. フライパンにごま油を熱し、1の豚肉を炒める。豚肉の色が変わり始めたらいんげんを加えて炒め、いんげんに透明感が出てきたらXO醤を加え炒める。最後にしょうゆを加え、塩で味をととのえる。

＊おすすめ！小さなおかず＊

ほたてとじゃがいものお焼き →P82
とうもろこしとハムの卵焼き →P96

調理のコツ：中国料理の調味料のひとつであるXO醤は、おかずの味がマンネリ化したときに使うと新鮮。具を炒めてから、XO醤を加えてコクを出して。

中華風味つけが食欲をそそる

これが1人分！

1回量 83kcal
冷蔵 2〜3日
冷凍 2週間

47

白ねぎとチャーシューのあえ物

噛むほどに広がるねぎの風味がチャーシューに最適

これが1人分！
ねぎの甘辛さがよく引き立つ！

材料（6回分）
長ねぎ（白い部分）…1本分
チャーシュー…200g
A【しょうゆ・白炒りごま・ラー油各大さじ1、オイスターソース小さじ½、砂糖ひとつまみ】

作り方
1 長ねぎは斜め薄切りにし、氷水にさらし、水けをよくきる。
2 チャーシューは細切りにし、1のねぎと合わせたAであえる。

＊おすすめ！小さなおかず＊

卵茶巾 →P100
水菜の昆布〆 →P145

1回量 94kcal　2～3日　冷凍NG

調理のコツ　白ねぎはしっかりと氷水にさらすと、シャキッとするほか、辛みを取り除くこともできる。また、このおかずはゆでた中華めんを一緒にあえてもおいしい。

揚げ豚の黒酢がらめ

黒酢の甘酸っぱさが豚肉のうまみを引き立てる

これが1人分！
ごろごろ入った豚肉がうれしい

材料（6回分）
豚肩ロースかたまり肉…400g
A【酒大さじ1、塩ふたつまみ、こしょう少々】
揚げ油…適量
片栗粉…大さじ3
B【黒酢50㎖、砂糖大さじ3、紹興酒大さじ2、しょうゆ小さじ2】

作り方
1 豚肩ロース肉を一口大に切り、筋を切っておく。Aをもみ込み、30分ほどおく。
2 1に片栗粉をまぶし、170℃の揚げ油で色よく揚げる。
3 Bをフライパンに合わせて火にかけ、2を入れて、10分ほど煮からめる。

＊おすすめ！小さなおかず＊

たこの酢の物 →P83
青豆のたらこカッテージあえ →P114

1回量 246kcal　2～3日　2週間

調理のコツ　黒酢は沖縄や鹿児島産のものがおいしいので、おすすめ。豚肉だけ前日のうちに揚げておき、翌朝お弁当に詰める際に、黒酢ダレで炒めて、からめてもよい。

豚肉と紅しょうがのかき揚げ
紅しょうが入りで、揚げ物もさっぱり食べられる

複雑な味わいがあとを引く！

これが1人分！

材料（6回分）
豚肩ロースかたまり肉…100g
万能ねぎ…1/3束
紅しょうが…大さじ2
天ぷら粉…大さじ3〜4
水…大さじ3
揚げ油…適量

作り方
1 豚肩ロース肉は薄く切ってから細切りにする。万能ねぎは小口切りに、紅しょうがは水けをきっておく。
2 ボウルに1と天ぷら粉を入れてよく混ぜる。水を少しずつ加えてねっとりさせる。
3 揚げ油を170℃に熱し、2を大さじ1ずつすくって落とし入れ、色よく揚げる。

＊おすすめ！小さなおかず＊

厚揚げと大根の煮物 →P107

かぶの塩昆布漬け →P147

1回量 146kcal ／ 冷蔵 2日 ／ 冷凍 NG

豚肉のおかず

豚の五目春巻き
豚肉入りだから、ジューシーに仕上がる春巻き！

具だくさんで食べごたえ満点

これが1人分！

材料（作りやすい分量：10本分）
春雨…25g
太白ごま油…小さじ1
豚バラ薄切り肉（1cm幅）…70g
A【にんじん（細切り）中1/3本分、たけのこ水煮（細切り）60g】
揚げ油…適量
B【もやし1/2袋、ピーマン（細切り）1個分、しいたけ（細切り）3枚分】
C【水100㎖、酒大さじ2、しょうゆ小さじ2、中華スープの素（練りタイプ）小さじ1】
水溶き片栗粉…大さじ1
春巻きの皮…10枚

作り方
1 春雨は熱湯で戻して約10cm幅に食べやすく切っておく。
2 フライパンにごま油を熱し、豚バラ肉を炒め、Aを加えて炒める。材料に火が通ったら、Bを加えて炒める。
3 野菜に火が通ったら、1を加えてさっと炒め、Cを加え煮込む。水溶き片栗粉でとろみをつけて、粗熱を取る。
4 春巻きの皮で3を包み、160〜180℃の揚げ油で揚げる。

調理のコツ：具の粗熱を取ってから春巻きの皮で包むのがポイント。色よく揚がったら、最後に強火にして1分ほど揚げてからバットに取る。

1回量 265kcal ／ 冷蔵 2日 ／ 冷凍 2週間（揚げずに冷凍）

49

豚きのこ炒め

きのこ満載でヘルシーおかず

数種類のきのこと豚肉のうまみがダブルで美味！

材料（6回分）

豚もも薄切り肉
（しゃぶしゃぶ用）…130g
しめじ…1パック
えのきだけ…½袋
エリンギ…1パック
太白ごま油…小さじ2

にんにく（みじん切り）
…小さじ2
塩・こしょう…各少々
A【ナンプラー小さじ2、オイスターソース小さじ1】

作り方

1 豚肉は半分の長さに切る。しめじは石づきを、えのきだけは根元を切り落とし、ほぐしておく。エリンギは4cmの長さの短冊切りにする。
2 フライパンにごま油とにんにくを入れて、弱火にかけ、香りが出るまで炒め、1のきのこを加えて炒める。
3 きのこに火が通ったら塩、こしょうをふり、1の豚肉を加えて炒める。
4 豚肉に火が通ったら、Aを加えて味をととのえる。

調理のコツ きのこは水分を飛ばすように炒める。数時間ザルにのせて外で干してから炒めると、きのこの風味が凝縮されて美味。春巻きの皮で包んで揚げてもおいしい。

1回量 69kcal　冷蔵2〜3日　冷凍2週間

豚肉とキャベツの甘みそ炒め

中華風のタレがおいしい一品！

しんなりとやわらかいキャベツとみそがよく合う

材料（6回分）

豚バラかたまり肉…160g
塩・こしょう…少々
片栗粉…大さじ1〜2
キャベツ…¼個
太白ごま油…小さじ2
すりごま…大さじ2

A【甜麺醤・紹興酒各大さじ1、みそ・しょうゆ・中華スープの素（練りタイプ）・にんにく（すりおろし）各小さじ1、赤唐辛子（輪切り）少々】

作り方

1 豚肉は薄く切り、塩、こしょう、片栗粉をまぶしておく。キャベツはざく切りにする。
2 フライパンにごま油を熱し、1の豚肉を炒め、色が変わったら、キャベツを加えて炒める。
3 Aを加えて水分を飛ばすように炒めていく。最後にすりごまを加え、さっと混ぜる。

＊おすすめ！小さなおかず＊

白いんげん豆とオレンジのはちみつ漬け →P112

ラディッシュのレモンマリネ →P129

1回量 179kcal　冷蔵2〜3日　冷凍2週間

ジャンボ豚肉シュウマイ

豚肉たっぷり！ボリューム満点でジューシー

干し貝柱の風味がアクセント！

材料（6回分）

- 豚ひき肉…300g
- 玉ねぎ（みじん切り）…1個分
- かに（むき身）…80g
- 卵…1個
- A【片栗粉大さじ3、しょうゆ大さじ1½、しょうが（すりおろし）大さじ1、砂糖小さじ2、塩小さじ1、こしょう少々】
- 干し貝柱（ひたひたの水で半日かけて戻す）…4個分
- シュウマイの皮（大判）…1袋

作り方

1. ボウルに豚ひき肉と玉ねぎ、かにを入れて、卵を割り入れて混ぜ、Aと戻してほぐした干し貝柱と戻し汁大さじ2〜3を入れてよく混ぜる。
2. シュウマイの皮で1を大さじ1杯分ずつ包む。
3. 蒸気の上がった蒸し器に白菜やキャベツの葉（分量外）を敷いて、2を並べ、15分ほど蒸す。

調理のコツ　蒸してから、1つずつラップで包み、保存袋に入れて冷凍すれば、2週間ほど日持ちする。さっと揚げて、揚げシュウマイにして食べてもおいしい。

これが1人分！

1回量 196kcal　冷蔵2〜3日　冷凍2週間

豚肉のおかず

トンテキ

たっぷりのにんにく×分厚い豚肉のステーキ！

ごろごろ入ったお肉がジューシー

材料（6回分）

- 豚ロース厚切り肉（1.5cm厚さ）…2枚
- 塩・こしょう…各少々
- 菜種油…小さじ1
- にんにく（薄切り）…1かけ分
- A【しょうゆ・みりん各大さじ1、はちみつ小さじ1】

作り方

1. 豚肉は筋を切るように包丁で切り目を入れ、食べやすい大きさに切り、塩、こしょうをふっておく。
2. フライパンに菜種油とにんにくを入れ、弱火にかける。にんにくが色づいたら取り出す（焦がさないように注意）。
3. 2のフライパンに1の豚肉を入れ、弱めの中火で蓋をして両面カリッと焼き目をつけたら、余分な脂をペーパータオルで取り除きながら5分ほど焼く。
4. 3にAを加え、タレがとろりとなるまで煮からめる。

＊おすすめ！小さなおかず
- 五目豆煮 →P169
- 小松菜としらすのあえ物 →P173

これが1人分！

1回量 82kcal　冷蔵2〜3日　冷凍2週間

| 牛肉の
| おかず |

冷めても おいしい！

定番おかずの作り方をマスター

焼き肉

牛肉をシンプルにおいしく食べるには、やっぱり「焼き肉」。単純にお肉を焼けばいいと思いがちですが、お弁当では冷めてもおいしく食べられるコツが必要です。また、簡単なタレも作りましょう。

タレを煮詰めて
炒め焼きした
濃厚な味が特徴

これが1人分！

1回量 182 kcal

冷蔵 2日

冷凍 2週間

たっぷりのタレが
ごはんに合う

牛肉のおかず

• 材料（6回分）

牛もも肉（ステーキ切り落とし）…300g
ごま油…小さじ1
万能ねぎ（小口切り）…3本分

定番焼き肉のタレ

A ┌ しょうゆ…大さじ2
  │ ごま油・砂糖・半すりごま…各大さじ1
  │ 酒・みりん…各小さじ2
  │ にんにく・しょうが（すりおろし）…各耳かき1杯分
  └ 塩・こしょう…各少々

＊おすすめ！小さなおかず＊

- まぜまぜナムルサラダ →P163
- ミニトマトのツナサラダ詰め →P132 
- とうもろこしの塩バター煮 →P135 
- 赤パプリカとなすのポン酢漬け →P130 

• 作り方

1 Aを合わせて、タレを作る
ボウルにAを合わせて入れて混ぜ合わせ、定番焼き肉のタレを作っておく。

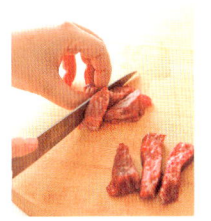

2 牛肉を切る
牛肉は食べやすい大きさになるように縦に2〜3等分に切る。

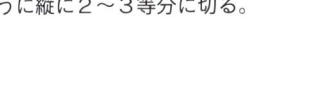

3 牛肉に焼き肉のタレをもみ込む
②をボウルに入れ、①の定番焼き肉のタレを加えてよくもみ込む。

4 フライパンで焼く
フライパンにごま油を熱し、③をタレと一緒に入れて焼く。

5 煮詰めるように炒め焼きする
強めの中火にし、煮詰めるように水分を飛ばしながら炒め焼きにする。お弁当に詰めてから、小口切りにした万能ねぎをふる。

保存のコツ

焼き汁ごと冷まして小分けして保存する 
保存するときは、フライパンの中の肉を煮汁ごと一度ボウルに入れて冷ましましょう。その後、冷めてから小分けを。

万能ねぎはお弁当に詰めてからふりかける 
万能ねぎは生野菜なので日持ちしません。そのため冷蔵庫で作りおき保存する場合は、ねぎをふりかけてしまわないこと。必ず、お弁当に詰めるときに、毎回フレッシュなねぎをふりかけて。

タレがいろいろ！ 「焼き肉バリエ」

NG 冷凍（タレをかけたら冷凍しない）

ねぎ塩ダレ
ねぎの辛みと塩けでごはんが進む焼肉ダレに

さっぱり食べるならこのタレ！

1回量 166kcal / 冷蔵 2日

材料（6回分）
牛もも肉（ステーキ切り落とし）300g、塩・こしょう各少々、ごま油小さじ1、**A**【万能ねぎ（小口切り）3本分、ごま油・白すりごま各大さじ1、塩小さじ½、にんにく（すりおろし）小さじ¼、砂糖ひとつまみ】

作り方
牛もも肉を食べやすく切り、軽く塩、こしょうをする。ごま油を熱したフライパンで炒め、**A**のタレをかける。

ピリ辛みそダレ
みその風味に加え、ラー油の辛みがアクセントに

みそが甘いから辛すぎない！

1回量 172kcal / 冷蔵 2日

材料（6回分）
牛もも肉（ステーキ切り落とし）300g、塩・こしょう各少々、ごま油小さじ1、**A**【みそ・砂糖・白すりごま各大さじ1、ラー油・酒各小さじ2、長ねぎ（みじん切り）10cm分、にんにく・しょうが（すりおろし）各小さじ¼】

作り方
牛もも肉を食べやすく切り、軽く塩、こしょうをする。ごま油を熱したフライパンで炒め、**A**のタレをかける。

玉ねぎじょうゆ
さっぱり和風仕上げ！ はちみつ入りでまろやか

ほんのり甘くて食べやすい

1回量 154kcal / 冷蔵 2日

材料（6回分）
牛もも肉（ステーキ切り落とし）300g、塩・こしょう各少々、ごま油小さじ1、**A**【玉ねぎ（すりおろし）中⅛個分、しょうゆ大さじ2、はちみつ大さじ1½、酒大さじ1、赤唐辛子（輪切り）・にんにく（すりおろし）各小さじ¼】

作り方
牛もも肉を食べやすく切り、軽く塩、こしょうをする。ごま油を熱したフライパンで炒め、**A**のタレをかける。

サルサソース
トマトや紫玉ねぎなどが入った、色鮮やかなソース

野菜たっぷりのヘルシーソース

1回量 153kcal / 冷蔵 2日

材料（6回分）
牛もも肉（ステーキ切り落とし）300g、塩・こしょう各少々、ごま油小さじ1、**A**【トマト（みじん切り）½個分、ピーマン（みじん切り）¼個分、紫玉ねぎ（みじん切り）・オリーブオイル各大さじ1、塩ひとつまみ】

作り方
牛もも肉を食べやすく切り、軽く塩、こしょうをする。ごま油を熱したフライパンで炒め、**A**のタレをかける。

ディルヨーグルトソース
爽やかなハーブのディル入りで酸味あるソース

意外な組み合わせがあとを引く！

1回量 180kcal / 冷蔵 2日

材料（6回分）
牛もも肉（ステーキ切り落とし）300g、塩・こしょう各少々、ごま油小さじ1、**A**【ディル（刻む）2本分、マヨネーズ大さじ3、プレーンヨーグルト大さじ1、塩小さじ½、こしょう少々】

作り方
牛もも肉を食べやすく切り、軽く塩、こしょうをする。ごま油を熱したフライパンで炒め、**A**のタレをかける。

---

memo
バリエーションのソースの保存方法

上記で紹介しているソースは、熱湯に5分ほど入れて煮沸消毒した瓶で冷蔵保存すれば、1週間ほど日持ちします。お気に入りがあれば、休日にでも多めに作っておきましょう。焼き肉以外にも、豚肉や鶏肉、白身魚のソテーにかけてもよく合うほか、蒸し鶏や蒸し豚にかけてもおいしいです。

定番の
焼き肉に一工夫！

焼き肉アレンジ

牛肉のおかず

野菜たっぷり焼き肉丼
焼肉丼でも、野菜を入れてヘルシーに仕上げる

> これなら丼でも健康的で◎

材料（1回分）
焼き肉(P53)…1回分
なす…½個
ズッキーニ…½個
ミニトマト（輪切り）…3個
太白ごま油…大さじ1
ごはん…茶碗1杯分

作り方
1 野菜はそれぞれ食べやすい大きさに切る。
2 フライパンにごま油を熱し、1を炒め、しんなりしたら焼き肉を加えてさっと炒める。
3 ごはんの上に2をのせる。
＊あれば、温泉卵、のり、万能ねぎなどをトッピングして。

1回量 588kcal　1日

焼き肉のサラダのり巻き

> ごはんにのせて巻くだけで簡単

レタスやコチュジャンを挟んで、食べごたえ満点

材料（2人分）
焼き肉(P53)…2人分
ごはん…茶碗2杯分
ごま油・塩・白炒りごま・サラダ菜・コチュジャン・マヨネーズ・焼きのり…各適量

作り方
1 ごはんにごま油と塩、白炒りごまを混ぜる。サラダ菜はしっかり水けをきっておく。
2 焼きのりにご飯を敷き、サラダ菜、コチュジャン、マヨネーズ、焼き肉をのせて、すだれで巻く。

1回量 499kcal　1日

焼き肉とアスパラの黒こしょう炒め

> アスパラの緑で見映えもする！

シンプルだけれど、ごはんによく合うおかずに

材料（6回分）
牛もも肉…300g
塩…適量
グリーンアスパラガス…5本
ごま油…大さじ1弱
しょうゆ…小さじ2
粗びき黒こしょう…少々

作り方
1 牛もも肉は食べやすく切り、塩をふって下味をつけておく。アスパラガスは根元の固い部分を切り落とし、はかまを取り、3等分に切っておく。
2 フライパンにごま油を熱し、1を炒める。アスパラに火が通ったら、塩少々をふり、しょうゆで調味し、粗びき黒こしょうをふる。

1回量 149kcal　2日

55

すき焼き

豪華でうれしいお弁当のすき焼き

しっかり煮込んだ濃いめの味が、ごはんやうどんに最適

材料（6回分）
牛すき焼き用肉…300g
牛脂…1個
A【焼き豆腐（12等分）1丁分、結びしらたき6個、しいたけ（半分に切る）3個分】

すき焼きのタレ
B【酒100ml、しょうゆ80ml、砂糖大さじ5】
ゆでにんじん（型でぬく）…6個
春菊（4cm長さ）…½束分

作り方
1 フライパンに牛脂を熱し、Aを順にさっと炒め、Bを加える。
2 1に牛肉、ゆでにんじん、春菊を加えて1分ほど煮込む。

＊おすすめ！小さなおかず＊

甘い卵焼き →P94
黒豆のメープルしょうゆ漬け →P112

1回量 234kcal　冷蔵2〜3日　冷凍2週間

プルコギ

野菜もたっぷり食べられる！

パプリカの彩りが鮮やかな、韓国風のすき焼き

材料（6回分）
牛こま切れ肉…250g
A【しょうゆ・酒各大さじ3、砂糖・白炒りごま各大さじ2、ごま油大さじ1、にんにく・しょうが（すりおろし）各1かけ分、コチュジャン小さじ1】
玉ねぎ…½個
赤・黄パプリカ…各⅓個
ごま油…小さじ2
万能ねぎ（小口切り）…¼束分

作り方
1 牛肉はひと口大に切り、Aをよくもみこみ、10分ほどおく。玉ねぎは縦半分に切り1cm幅に切る。パプリカも7〜8mm幅に切る。
2 フライパンにごま油を熱し、1の玉ねぎ、パプリカを炒めたら、牛肉を加えて炒め煮する。
3 最後に万能ねぎを加える。

＊おすすめ！小さなおかず＊

韓国風卵焼き →P96
れんこんの甘酢漬け →P149

1回量 194kcal　冷蔵2〜3日　冷凍2週間

食べ方のコツ　お好みでコチュジャンを添え、混ぜながら食べてもおいしい。ごはんにのせて、丼にしてもよく合う。彩り豊かに仕上げるなら、パプリカを多めに入れて。

サイコロステーキ

牛肉のうま味をシンプルに味わう、特別な日の一品

やわらかいお肉を ほおばりたい!

これが1人分!

牛肉のおかず

材料（6回分）
牛ももステーキ用肉…1枚(200g)
塩・こしょう…各少々
オリーブオイル…小さじ2
しょうゆ…大さじ1

作り方
1 牛肉をサイコロ状に12等分に切り、塩、こしょうをしっかりふる。オリーブオイルを熱したフライパンで焼き、仕上げにしょうゆを回しかける。
2 1を2個ずつ串に刺す。

＊おすすめ！小さなおかず＊

ミニトマトとチーズのイタリアンサラダ →P160

カリフラワーのスパイシー炒め →P151

調理のコツ　ステーキ肉は厚めのものを用意。冬場は1時間ほど、夏場は30分ほど常温に戻してから調理を。そのうえで塩をよくふって焼くと、味がぼやけずにおいしい。

1回量 97kcal ／ 冷蔵 2～3日 ／ 冷凍 2週間

チンジャオロースー

たけのこの甘みとピーマンの苦みが牛肉とマッチ

シャキシャキの野菜がおいしい

材料（6回分）
牛ももステーキ用肉…200g
ピーマン…緑3個、赤1個
ゆでたけのこ…100g
太白ごま油…大さじ4
A【にんにく・しょうが（みじん切り）各小さじ1】
B【水200㎖、中華スープの素（練りタイプ）小さじ¼、しょうゆ・酒各大さじ1、オイスターソース小さじ1】
水溶き片栗粉…大さじ1

作り方
1 牛もも肉は細切りにして片栗粉適量（分量外）をまぶしておく。ピーマン、たけのこは細切りにする。
2 フライパンにごま油大さじ3を熱し、1の牛肉を炒め、一度取り出す。
3 2のフライパンに残りのごま油、Aを入れ、弱火で香りが出るまで炒め、1のピーマン、たけのこを加えて炒め、2を戻し入れる。
4 3にBを加えてさらに炒める。水溶き片栗粉でとろみをつけ、ごま油小さじ2（分量外）を回し入れる。

＊おすすめ！小さなおかず＊

れんこんの天ぷら →P150

栗の渋皮煮 →P135

1回量 184kcal ／ 冷蔵 2～3日 ／ 冷凍 2週間

57

牛肉とわかめの
しょうゆ炒め

わかめのうまみが
よく味わえる

牛肉をさっぱりいただきたいときの絶品レシピ

材料（6回分）
牛こま切れ肉…300g
塩…少々
わかめ（乾燥）…7g
ごま油…大さじ½

A【しょうゆ大さじ2、
　酒大さじ1½、
　みりん大さじ1】
ごま油…小さじ1

作り方
1 牛肉は食べやすく切り、塩で下味をつけておく。わかめは水で戻し、水けをしっかりきっておく。
2 フライパンにごま油を熱し、1の牛肉を炒めて火が通ったら、わかめを加え、さらに炒める。
3 2に塩少々、Aを加えて炒め煮する。水分が飛んだら、最後に香りづけのごま油を回しかける。

調理のコツ わかめは肉厚のものを使い、牛肉は薄めでやわらかい部位のものを使うとおいしく仕上がる。味はしっかり濃いめにすると、冷めても味がぼやけにくい。

1回量 156 kcal ／ 冷蔵 2〜3日 ／ 冷凍 2週間

牛肉と玉ねぎの
オイスター炒め

ごはんにのせて
牛丼にしても◎

オイスターソースの香りが食欲をそそる一品

材料（6回分）
玉ねぎ…1個
牛こま切れ肉…300g
ごま油…小さじ2
塩…少々

A【オイスターソース大さじ1、
　酒・しょうゆ各小さじ2、こしょう少々】

作り方
1 玉ねぎは縦半分に切り、7〜8mm幅に切り、牛肉は食べやすく切っておく。
2 フライパンにごま油を熱し、1の牛肉、玉ねぎを入れて炒める。牛肉の色が変わり、玉ねぎがしんなりしてきたら、塩をふる。Aを加え混ぜ、調味する。

＊おすすめ！ 小さなおかず＊

ミニトマトとハムの卵炒め →P133

紫キャベツと春菊のサラダ →P163

1回量 155 kcal ／ 冷蔵 2〜3日 ／ 冷凍 2週間

野菜たっぷりチャプチェ

春雨と牛肉、野菜が入った栄養満点な韓国料理

具だくさんで食べごたえ満点

牛肉のおかず

材料（6回分）
- 韓国風春雨…50g
- 牛こま切れ肉…150g
- にんじん…⅓本
- しいたけ…3枚
- 万能ねぎ…⅓束
- 卵…2個
- 塩…少々
- ごま油…大さじ1
- タレ
- A【しょうゆ・酒・コチュジャン各大さじ1、砂糖小さじ2】

作り方
1. 韓国風春雨はぬるま湯で戻し、キッチンばさみなどで食べやすい長さに切っておく。
2. 牛肉は一口大に切り、にんじんは細切りに、しいたけは軸を取って薄切りにする。
3. 万能ねぎは4cm幅に切り、卵は塩ひとつまみ加えて溶きほぐしておく。
4. フライパンにごま油大さじ½を熱し、3の卵液を流し入れ、ふわっと炒めて取り出す。
5. 再び残りのごま油を熱し、2を加え炒め、塩少々をふる。1を加えて炒め、合わせたAで調味する。仕上げに4の卵を加えて、さっと混ぜる。

1回量 157 kcal　冷蔵 2～3日　冷凍 2週間

＊おすすめ！小さなおかず＊
- たことキャベツの一口お好み焼き →P143
- お豆腐シュウマイ →P109

ビーフカツレツ

さくさくの衣に包まれた、ジューシーな牛肉を！

ボリュームのあるお肉を楽しもう

材料（6回分）
- 牛ももステーキ用肉…約200g（できれば、1.5cmくらいの厚みのあるもの）
- 塩・こしょう…各少々
- 薄力粉・卵・パン粉・揚げ油…各適量

作り方
1. ステーキ肉を6等分のサイコロ状に切り、塩、こしょうをしっかりふっておく。
2. 1に薄力粉、溶き卵、パン粉で衣をつけ、170℃の揚げ油で3～5分ほど揚げる。
3. 揚げあがったら、少しバッドに置き、落ち着かせる。お弁当に詰めるときはお好みで半分に切り、楊枝などに刺すと良い。

調理のコツ　おいしいお肉を用意できたときは、塩・こしょうでシンプルな味つけがベスト。中濃ソースとケチャップを混ぜてソースを作り、つけて食べてもおいしい。

1回量 140 kcal　冷蔵 2～3日　冷凍 2週間（揚げずに衣をつけた状態で）

これが1人分！

ひき肉の おかず

冷めても おいしい！ 定番おかずの作り方をマスター

定番のハンバーグ

お弁当に入っているとうれしいのがハンバーグ。ふんわりとおいしく仕上げるには、ただ焼くだけではなく、最後に水分を加えて蒸し焼きするのが秘訣。冷めてもおいしいハンバーグを目指しましょう。

水分を加えて
蒸し焼きすれば
ふんわり仕上がる

これが1人分！

1回量 **221 kcal** ／ 冷蔵 2日 ／ 冷凍 2週間

噛めば噛むほど
ジューシー！

ひき肉のおかず

• 材料（6回分）

合びき肉…400g
　（国産牛ひき肉200g、国産豚ひき肉200gが理想）
A ┌ 玉ねぎ（みじん切り）…½個分
　│ 溶き卵…1個分
　│ パン粉…15g
　│ 牛乳…100mℓ
　└ 塩・こしょう・ナツメグ…各少々
菜種油…小さじ2
ソース
B ┌ トマトケチャップ…大さじ4
　└ 中濃ソース…大さじ4

＊おすすめ！小さなおかず＊

イエローズッキーニの
オリーブオイル焼き
→P138

ニース風サラダ
→P162

じゃがいもの
ハーブ焼き→P156

アスパラの
パルメザンチーズあ
え→P144

• 作り方

1 ひき肉を常温に戻す
ひき肉は調理する前に冷蔵庫から出し、常温に戻しておく。

2 ハンバーグのたねを混ぜる
ボウルに①、Aを加えて混ぜはじめる。

3 粘りが出るまでよく混ぜる
しっかりと粘りが出るまでよく混ぜる。しっかり混ぜるとジューシーな焼き上がりに。

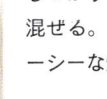

4 小判型に丸める
12等分にして、手から手に打ちつけながら空気を抜き、小判型に丸めておく。

5 フライパンで焼く
フライパンに菜種油を熱し、④のハンバーグを中火で両面色よく焼く。

6 水を加えて蒸し焼きにする
水50mℓ（分量外）加えて蓋をして、弱火で5～6分ほど蒸し焼きにする（ハンバーグの大きさによって調整する。大きければ6分、小さければ4分くらい）。

保存のコツ
ソースはお弁当に詰めてからかけること

作りおき保存する場合、ソースをかけた状態で冷蔵・冷凍保存してしまうと、解凍後にソースの風味が落ちる。Bをよく混ぜたソースは、その都度作り、お弁当に入れてからかけること。

61

食べ方いろいろ！「ハンバーグバリエ」

豆腐ハンバーグ
豆腐といんげんが入ってヘルシー！

材料（6回分）
木綿豆腐…½丁
A【鶏ひき肉300g、玉ねぎ（みじん切り）・溶き卵各½個分、ゆでさやいんげん（小口切り）8本分、パン粉山盛り大さじ2、酒・薄口しょうゆ各大さじ1、塩・こしょう各少々】

タレ
B【みりん大さじ4、しょうゆ大さじ2、砂糖大さじ1、片栗粉小さじ2】

作り方
1. 木綿豆腐は水きりしてボウルに入れ、Aを加えて粘りが出るまでよく混ぜる。
2. 12等分して形をととのえ、熱したフライパンで両面をこんがり焼く。
3. 鍋にBを入れて温め、2を加えてからめ、とろみをつける。

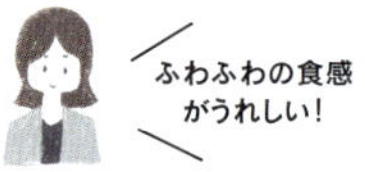

ふわふわの食感がうれしい！

1回量 **164 kcal** / 冷蔵 2日 / 冷凍 2週間

スパイシートマトハンバーグ
カレー粉やクミン、ナツメグでスパイシーに！

材料（6回分）
A【合びき肉400g、玉ねぎ（みじん切り）¼個分、パン粉大さじ2、溶き卵1個分、しょうが（すりおろし汁）・オリーブオイル各小さじ1、カレー粉小さじ½、クミンパウダー小さじ¼、ナツメグ・塩・こしょう各少々】
B【トマトの水煮缶1缶、白ワイン大さじ2、塩小さじ1、砂糖ひとつまみ】
オリーブオイル…小さじ2

作り方
1. ボウルにAを入れ、粘りが出るまでしっかりと練り合わせ、12等分して小判型に形をととのえる。
2. 浅めの鍋にオリーブオイルを温め、1を並べ入れて焼く。表面に焼き色がついたら蓋をして弱火にし、焦げつかないように様子をみながら10分ほど蒸し焼きにする。
3. 2にBを加え、大きめのスプーンで静かに混ぜ、蓋をして7〜8分煮込む。

じっくり煮込んだお肉がおいしい

1回量 **205 kcal** / 冷蔵 2日 / 冷凍 NG（タレをかけたら冷凍しない）

ピーマンの肉詰め
ハンバーグのタネを詰めるだけで肉詰め完成！

材料（6回分）
ピーマン…6個
定番のハンバーグの肉だね（P61）…6回分
薄力粉…適量
菜種油…小さじ2

作り方
1. ピーマンは半分に切り、種を取り除いて洗う。
2. 1の内側の水けをふき取って薄力粉をはたき、12等分した定番のハンバーグの肉だねをしっかりと詰める。
3. フライパンに菜種油を熱し、2の肉だね側を下にして中火で焼く。
4. おいしそうな焼き色がついたら裏返して、弱火でじっくり焼く。

ピーマンが苦手でも食べやすい！

1回量 **210 kcal** / 冷蔵 2日 / 冷凍 NG

れんこんメンチカツ
歯ごたえのあるれんこんを加えて、揚げ物に

材料（6回分）
れんこん…150g
定番ハンバーグの肉だね（P61）…6回分
薄力粉・卵・パン粉・揚げ油…各適量

作り方
1. れんこんは皮をむき、粗みじん切りにする。
2. 定番のハンバーグの肉だねに1を混ぜて12等分にし、小判型に形をととのえる。
3. 2を薄力粉、卵、パン粉の順に衣をつけ、170℃の揚げ油で揚げる。

よく噛んで食べて満足感いっぱい

1回量 **325 kcal** / 冷蔵 2日 / 冷凍 2週間

『ハンバーグアレンジ』

定番のハンバーグに一工夫！

和風きのこハンバーグ
ヘルシーに食べたいときは、きのこをたっぷり！

材料（1回分）
- 定番のハンバーグ（P61）…2個
- きのこの和風煮込み（P164）…大さじ1½

作り方
1. 定番のハンバーグを温め、和風きのこ煮込みをソースとしてかける。

健康に気遣う人にうれしい食べ方

1回量 **244** kcal / 2日 / NG（タレをかけたら冷凍しない）

チーズハンバーグ
まろやかなチーズソースを全体にしっかり絡めて

材料（1回分）
- 定番のハンバーグ（P61）…2個
- とろけるスライスチーズ…1枚
- A【トマトケチャップ・中濃ソース各大さじ1】

作り方
1. フライパンに定番のハンバーグを並べ、とろけるスライスチーズをのせて蓋をして温める。
2. 混ぜ合わせたAのソースを好みでかける。

濃厚なソースでもっとこってり！

1回量 **334** kcal / 2日 / NG（タレをかけたら冷凍しない）

マスタードクリームハンバーグ
ほんのり辛いクリーミーなソースがおいしい

材料（1回分）
- 定番のハンバーグ（P61）…2個
- マスタードクリーム
- A【生クリーム100mℓ、粒マスタード大さじ1、塩少々】

作り方
1. 小さな鍋にAの材料を全て入れ、火にかける。生クリームが煮詰まったら火を止める。
2. 焼きあがったハンバーグに1をかける。

生クリームのコクでまろやかさUP

1回量 **667** kcal / 2日 / NG（タレをかけたら冷凍しない）

ロコモコ丼
目玉焼きとハンバーグをごはんにのせて丼に！

材料（1回分）
- ごはん…茶碗1杯分
- サラダ菜…小さめ2枚
- 定番のハンバーグ（P61）…2個
- 目玉焼き…1個
- 玉ねぎじょうゆ（P54）…大さじ1

作り方
1. ごはんの上にサラダ菜をのせ、焼いたハンバーグ、目玉焼きをのせ、玉ねぎじょうゆをかける。
※ごはんをチキンライスにして、ソースを定番のハンバーグソースにしてもおいしい。

黄身がとろ～りかかるのが◎

1回量 **547** kcal / 1日 / NG

ひき肉のおかず

中華風甘酢のミートボール

しっかり濃いめの味つけで、ごはんが進むおかず

甘酸っぱい味が口に広がる！

これが1人分！

材料（6回分）

A【豚ひき肉300g、溶き卵1個分、酒大さじ1、塩小さじ½】
片栗粉…大さじ2½〜大さじ3
揚げ油…適量

B【水100㎖、黒酢80㎖、しょうゆ50㎖、砂糖大さじ5】
水溶き片栗粉…片栗粉と水各大さじ2

作り方

1 ボウルにAを入れてねっとりするまでよく混ぜ、片栗粉を入れてさらに混ぜ、30分ほど冷蔵庫におく。
2 手に油(分量外)をつけながら1を丸め、150℃くらいの揚げ油にそっと入れ、全部の肉だねが入ったら、170℃に温度を上げてゆっくり3〜4分揚げる。きつね色になったら強火にして1分ほど揚げる。
3 鍋にBを合わせて入れてひと煮たちさせ、揚がった2を入れ、水溶き片栗粉でとろみをつける。

1回量 196kcal　冷蔵2〜3日　冷凍2週間

＊おすすめ！小さなおかず＊

豆もやしとこんにゃくのあえ物→P150
セロリとちくわのサラダ→P148

鶏そぼろ

作りおきすると便利に使える一品

ごはんやサラダにふりかけるなど、使い道は自由

材料（6回分）

鶏ひき肉…300g
A【砂糖大さじ3、しょうゆ大さじ2½、酒・みりん各大さじ2、しょうが(すりおろし)小さじ2、塩少々】

作り方

1 鍋に鶏ひき肉、Aを入れ、しっかりと混ぜてから、火にかける。
2 菜箸を4本使ってしっかり混ぜながら、水分が飛ぶまで煮る。

1回量 126kcal　冷蔵1週間　冷凍3週間

食べ方のコツ：ごはんやおにぎり、サラダのふりかけのほか、コロッケの具にも使えるので便利。まとめて多めに作っておくとよい。日持ちさせるため、味は少し濃いめに。

木の芽つくね

煮絡めたタレが濃厚でおいしい

春から初夏にかけておいしい木の芽の香りが漂う

材料（6回分）
A【鶏ひき肉300g、長ねぎ（白い部分・みじん切り）⅓本分、溶き卵½個分、酒大さじ2、薄口しょうゆ小さじ2、しょうが（すりおろし）小さじ1】
片栗粉…大さじ2
ごま油…小さじ2
タレ
B【みりん大さじ4、しょうゆ大さじ3、酒大さじ2、砂糖大さじ1】
木の芽…12枚

作り方
1. ボウルに**A**を入れてねっとりとするまでよく混ぜ、片栗粉を入れてさらに混ぜ、12等分に丸める。
2. フライパンにごま油を熱し、**1**を並べて両面焼く。**B**を加えて煮からめ、木の芽をのせる。

＊おすすめ！小さなおかず＊

大根のゆず漬け→P147
ゆりねたらこ炒め→P151

これが1人分！

ひき肉のおかず

1回量 **194** kcal
冷蔵 2～3日
冷凍 2週間

しそ巻きつくね

すっきりした味でたくさん食べたい

しそのさわやかな香りと甘辛いつくねがマッチ

材料（6回分）
A【鶏ひき肉300g、長ねぎ（みじん切り）½本分、青じそ（刻む）5枚分、酒・ごま油各大さじ1、薄口しょうゆ小さじ1、塩小さじ½、卵白1個分】
青じそ（外に巻く用）…12枚

作り方
1. ボウルに**A**を入れてよくもみ込むように混ぜる。12等分にし、丸く成形する。
2. 熱したフッ素樹脂加工のフライパンで**1**を焼く。食べるときに青じそを巻いていただく。

＊おすすめ！小さなおかず＊

里いもと桜麩の煮物→P155
たたきごぼう→P154

食べ方のコツ　しそはお弁当箱に入れる直前に巻くこと。ベタつきが気になるなら、しそだけ別容器に入れて運び、食べながら巻くのも手。なお、柚子やすだちもよく合う。

1回量 **112** kcal
冷蔵 2～3日
冷凍 2週間

これが1人分！

65

牛そぼろ

ごはんにかけても
おかずに足しても

牛肉だからジューシー！ しょうがが効いたそぼろ

材料（6回分）
A【牛ひき肉250g、しょうが（すりおろし）1かけ分（約10g）、酒・しょうゆ・砂糖各大さじ2】
みりん…大さじ1

作り方
1 鍋にAを入れ、よく混ぜてから火にかける。このとき、牛ひき肉にドリップ（肉汁）が出ていたら、しっかりとペーパータオルでふき取ってから鍋に入れる。
2 水分がなくなるまで、中弱火で木べらでかき混ぜながら煮込む。最後にみりんを加え、1分ほど煮込み、冷ます。

食べ方のコツ　夏場は万能ねぎやみょうが、しそなどの薬味と合わせ、酢飯に混ぜて食べるとサッパリしておいしい。なお、国産和牛ひき肉で作るとジューシーに仕上がる。

1回量 122 kcal ／ 冷蔵 1週間 ／ 冷凍 3週間

チリコンカン

ひき肉とお豆の
味がよく合う！

スパイシーで香り豊か、具だくさんな煮込み料理

材料（6回分）
にんにく（みじん切り）…1かけ分
ブロックベーコン（粗みじん切り）…70g
合びき肉…150g
玉ねぎ（みじん切り）…1個分
オリーブオイル…大さじ1
A【赤ワイン50㎖、トマト水煮缶1缶】
B【キドニービーンズ中1缶、トマトケチャップ大さじ3】
C【クミンシード小さじ1、チリパウダー小さじ½、カイエンヌペッパー小さじ¼】
塩・こしょう…各少々

作り方
1 フライパンにオリーブオイル、にんにく、ベーコンを入れて熱し、じっくり炒める。
2 1に合びき肉を入れて炒め、肉の色が変わったら玉ねぎを炒める。
3 Aを入れて煮、B、Cを入れて10分ほど煮込み、塩、こしょうで味をととのえる。

これが1人分！

1回量 224 kcal ／ 冷蔵 2〜3日 ／ 冷凍 2週間

＊おすすめ！ 小さなおかず＊
北欧風ポテトサラダ →P159
そら豆とハムのスペイン風オムレツ →P113

ガパオ炒め

そのまま食べても、ガパオごはんにしてもおいしい

鮮やかな野菜で彩りもキレイ

これが1人分！

材料（6回分）
鶏ひき肉…300g
菜種油…大さじ2
A【にんにく・しょうが（みじん切り）各½かけ分】
赤唐辛子（みじん切り）…1本分
B【赤・緑ピーマン（乱切り）各1個分、玉ねぎ（乱切り）中½個分】
C【ナンプラー大さじ1弱、オイスターソース小さじ1】
D【しょうゆ大さじ1、塩少々】
バジル…8枚

作り方
1 フライパンに菜種油とAを入れて、弱火にかけてじっくりと炒め、香りが出てきたら赤唐辛子、鶏ひき肉を加え炒める。
2 鶏肉の色が変わったら、Bを加え炒める。野菜に火が通ったら、Cを加え混ぜながらよく炒め、最後にDで味をととのえて、バジルを加えさっと炒める。

食べ方のコツ ごはんの上にガパオ炒めをのせ、上に目玉焼きをトッピングすれば、タイ料理の「ガパオごはん」になる。鶏ひき肉はお肉屋さんに粗くひいてもらうとよい。

1回量 136kcal　冷蔵 2～3日　冷凍 2週間

ひき肉のおかず

豚ひき肉ともやしのエスニック春巻き

疲れたときに食欲をそそる、スパイシーなおかず

ほんのりカレー風味がおいしい

これが1人分！

材料（作りやすい分量：10本分）
春雨…30g
ごま油…大さじ2
A【長ねぎ（みじん切り）½本分、にんにく（みじん切り）½かけ分、しょうが（みじん切り）大さじ1杯分】
豚ひき肉…80g
もやし…⅓袋
にんじん（みじん切り）…大⅓本分
B【酒大さじ1、しょうゆ大さじ½、ガラムマサラ小さじ¼、塩・こしょう・香菜（粗みじん切り）各適量】
春巻きの皮…10枚
C【薄力粉・水各大さじ1】
揚げ油・ライム…各適量

作り方
1 春雨は熱湯で戻して食べやすく切っておく。
2 フライパンにごま油、Aを入れて炒め、香りが出たら豚ひき肉を入れてさらに炒める。もやし、にんじん、1を加えて水分がなくなるまで炒め、Bを入れて混ぜ、バッドに移し粗熱を取っておく。
3 春巻きの皮に具をのせて、溶いたCをのりにして巻き、160～180℃の揚げ油でカリッと揚げる。ライムを添える。

1回量 266kcal　冷蔵 2日　冷凍 2週間（揚げずに冷凍）

ミートソースオムレツ

トマトたっぷりのミートソースと卵をよくからめて

子どもも喜ぶやさしい味わい

これが1人分！

1回量 97kcal
冷蔵 2日（ミートソースのみ：5日）
冷凍 2週間（ミートソースのみ）

材料（6回分）

オムレツ
卵…2個
B【牛乳大さじ1、塩・こしょう各少々】
バター…大さじ1（15g）
塩・こしょう…各適量
ミートソース…大さじ2

ミートソース（作りやすい分量）
合びき肉…300g
オリーブオイル…大さじ1
にんにく（みじん切り）…1かけ分
玉ねぎ（みじん切り）…1個分
A【トマトの水煮缶1缶、ローリエ1枚、塩小さじ1、こしょう少々】

作り方

1 **ミートソース**を作る。厚手の鍋にオリーブオイルとにんにくを入れて弱火にかける。香りが出てきたら、玉ねぎを透明感が出るまで炒める。合びき肉、塩少々（分量外）を加え炒め、肉に火が通ったら、Aを加えて、弱火で30〜40分煮込み、塩、こしょうで味をととのえる。

2 **オムレツ**を作る。ボウルに卵を割り入れ、Bを加えて軽く溶きほぐし、バターを熱したフライパンでふんわりと焼く。途中で1のミートソースを大さじ2杯ほど加えて混ぜ合わせ、塩、こしょうで調味する。

保存のコツ　余ったミートソースは、保存袋に入れ空気を抜いて袋を閉じ、冷凍で2週間ほど保存可。食べるときは、常温に戻し、再び加熱してから食べるようにする。

自家製簡単ソーセージ風

少しの具材で、ビックリするほど簡単に作れる！

ハーブが入ってオリジナルの味

これが1人分！

1回量 113kcal
冷蔵 3日
冷凍 2週間（焼かずに冷凍）

材料（6回分）

豚ひき肉…300g
A【塩小さじ1弱、粗びき黒こしょう少々、乾燥タイム・乾燥バジル・ナツメグ各小さじ¼、パプリカパウダー小さじ1】

作り方

1 ボウルに豚ひき肉、Aを加えて混ぜ、半日おく。
2 1を12等分し、アルミホイルやオーブンシートに包み、キャンディ状に包む。
3 フライパンにおいて蓋をし、10分弱ほど、弱火でひっくり返しながら加熱する。焼きあがったら、そのまま冷ます。

調理のコツ　ラップでは溶けてしまうので、必ず、アルミホイルかオーブンシートで。おつまみなどですぐ食べるときは、1〜2分冷ましてから食べるとジューシー。

＊おすすめ！小さなおかず＊

パプリカのマリネ →P128

かぼちゃとレーズンのヨーグルトサラダ →P136

豆腐ナゲット

カロリーが気になるときでも安心!

ふわふわの食感がやさしい、低カロリーな揚げ物

材料（6回分）
鶏ひき肉（できれば鶏むね肉を叩いたもの）…400g
木綿豆腐（水きりしない）…1/2丁
A【パン粉1/2カップ、塩小さじ1/2、こしょう少々、卵1個】
B【片栗粉・薄力粉各大さじ3、ベーキングパウダー小さじ1、塩小さじ1/4、溶き卵1個】
揚げ油…適量

＊生地が固いようなら水を大さじ1/2～1ほど足す。

作り方
1 鶏むね肉、木綿豆腐、Aをボウルに入れ、よく混ぜ、6等分する。
2 Bを別のボウルに入れ、よく混ぜておく。1をくぐらせて、160～170℃の揚げ油で揚げる。

＊おすすめ！小さなおかず＊

にんじんしりしり →P131
ピーマンとじゃこの炒め物 →P144

これが1人分!

ひき肉のおかず

1回量 263 kcal
冷蔵 2日
冷凍 2週間（揚げずに冷凍）

れんこんと鶏団子のとろみ煮

とろみがついてごはんにも合う

あっさりとした煮汁がよく染みて、食べやすい一品

材料（6回分）
A【鶏ひき肉200g、長ねぎ（白い部分・みじん切り）1/2本分、酒大さじ2、片栗粉大さじ1、しょうが（すりおろし）・塩各小さじ1/2】
れんこん…150g（細め）
絹さや…適量
B【中華スープ100ml、酒50ml、砂糖大さじ1、しょうゆ小さじ2】
水溶き片栗粉…大さじ1

作り方
1 ボウルにAを入れ、よく混ぜる。れんこんは皮をむき、5mm幅の半月切りにし、酢水に5分ほどつける。
2 浅めの鍋にBを入れて煮たて、1の鶏団子のタネを小さじ1杯分ずつ丸めて入れていく。鶏団子を入れ終わり、火が通り始めたられんこんを入れて煮込む。れんこんがやわらかくなったら、水溶き片栗粉を加えとろみをつける。ゆでてせん切りにした絹さやを添える。

調理のコツ
煮物全般に言えるコツだが、煮物は冷めていくときに味を含んでいくので、冷ます工程を入れることが大切。れんこんに火が通ったら火を止め、しっかり冷ます。

これが1人分!

1回量 104 kcal
冷蔵 2～3日
冷凍 2週間（鶏団子のみ）

69

切り身魚のおかず

冷めてもおいしい！ 定番おかずの作り方をマスター

鮭の照り焼き

煮詰めた濃厚なタレが絡んだ鮭の照り焼きは、ごはんのおかずに最適！ おいしく仕上げるには、生魚に含まれている水分を最初にきちんと取ること。くさみのない、ジューシーな照り焼きを作りましょう。

よく煮詰めた
濃いタレが絡み
ごはんに合う！

これが
1人分！

1回量
85 kcal

冷蔵 2日

冷凍 2週間

爽やかなゆずの
風味がよく合う

切り身魚のおかず

• 材料（6回分）

生鮭(切り身)…大2切れ(小さめなら3切れ)
塩…少々
漬けダレ
A ┌ みりん…大さじ 2 ½
　├ しょうゆ…大さじ 2
　└ 酒…大さじ 1
菜種油…小さじ 1
ゆず…適宜

＊おすすめ！小さなおかず＊

かぼちゃ煮 →P134
金時豆の甘煮 →P114
にんじんともずくのかき揚げ →P130
きのこの和風煮込み →P164

• 作り方

1 生鮭に塩をふる
生鮭に塩をふり、網の上にのせ、ラップをかぶせて、15分ほど冷蔵庫に入れる。

2 生鮭の水分をふきとる
余分な水分が表面に浮いてくるので、ペーパータオルで水分をふき取る。

3 漬けダレにつける
②を3つに切り、合わせたAの中に入れ、ときどき返しながら30分弱つけておく。

4 フライパンで焼く
フライパンに菜種油を熱し、形のきれいな方を先に下にして蓋をして焼く。中火で両面おいしそうな焼き色をつける。

5 漬けダレを加える
④のフライパンに出た余分な脂をペーパータオルでふき取り、漬けダレの残りを加える。

6 蒸し焼きにして照りをつける
蓋をして蒸し焼きにしてから、蓋を取って中火でフライパンをゆすりながら、タレを煮詰めて照りをつける。
＊あれば、ゆずを添える。

保存のコツ
ゆずをのせて保存すると長持ちに

最後にのせるゆずは保存用と風味づけに最適。ゆずには殺菌作用があるため、作りおきするときに一緒に入れておくと日持ち効果があります。また、甘みのある照り焼きソースとゆずの香りがよく合いますよ。

『照り焼きアレンジ』
鮭の照り焼きの竜田揚げ
作り方
鮭の照り焼きの作り方③のあと、片栗粉をまぶして、170℃の揚げ油で揚げる。

たらのフライ

あっさり白身魚で揚げ物もすっきり

さくさくの衣の中にジューシーなたらを入れて

材料（6回分）
- 生たら(切り身)…大きめ2切れ
- 塩・こしょう…各少々
- 薄力粉・溶き卵・パン粉・揚げ油…各適量

作り方
1. たらに塩をふり、15分ほど冷蔵庫におく。余分な水分をペーパータオルでふきとり、3等分にする。
2. 1に軽く塩、こしょうし、薄力粉、溶き卵、パン粉で衣をつけ、170℃の揚げ油で揚げる。

＊おすすめ！小さなおかず＊

- タラモサラダ →P159
- ラタトゥイユ →P133 

調理のコツ: くさみを取るために、必ず表面に塩をふって、余分な水分をふき取ってから調理すること。また、このレシピはたら以外では、鮭やぶりで作ってもおいしい。

これが1人分！
1回量 145kcal
冷蔵 2日
冷凍 2週間（揚げずに冷凍）

鮭の白みそ漬け

白みその風味が豊かでごはんが進む！

白みその甘みが鮭に染みこんだ、風味豊かな一品

材料（6回分）
- 生鮭(切り身)…大きめ2切れ
- A【白みそ大さじ3、みりん大さじ1、酒大さじ½、砂糖小さじ1】

作り方
1. 生鮭を3等分に切って、Aに10分ほど漬けておく。
2. Aを洗い流して、水けをふき取り、グリルで両面を3～4分ずつ焼く。

＊おすすめ！小さなおかず＊

- 白菜の彩り漬け →P146
- 筑前煮 →P156 

保存のコツ: みそダレに漬けたら一切れずつラップで包み、アルミホイルで包んでから保存袋に入れて冷凍を。一晩かけて解凍し、みそダレを洗って水けをきってから焼く。

これが1人分！
1回量 110kcal
冷蔵 3日
冷凍 2週間（みそダレに漬けた状態なら1カ月）

鯛のレモン焼き

さっぱりと淡白な鯛とレモンで爽やかな味わい

鯛のうまみをよく味わって

これが1人分!

切り身魚のおかず

材料（6回分）

鯛(切り身)…大きめ2切れ
塩・こしょう…各少々
A【白ワイン大さじ1、レモン(輪切りスライス)2枚、タイム1本】
オリーブオイル…大さじ1

作り方

1. 鯛は1cm幅に切り、塩、こしょうをふり、バッドに入れる。
2. 合わせた**A**、オリーブオイルを上からかけて、ひと晩冷蔵庫に寝かせる。
3. フライパンを熱し、中火で**2**を焼き色がつくまで焼く。

＊おすすめ！小さなおかず＊

ドライトマトの
ハーブマリネ
→P129

かぼちゃの
ムサカ
→P136

1回量 **70 kcal** ／ 冷蔵 2〜3日 ／ 冷凍 NG

和風サーモンバーグ

生鮭にしいたけの風味が効いた、和風おかず

細かくたたいた鮭がジューシー

材料（6回分）

A【生鮭(細かくたたく)4切れ分、
玉ねぎ(みじん切り)・溶き卵各½個分、しょうが(みじん切り)
1かけ分、干ししいたけ(みじん切り)2枚分、
パン粉・酒・片栗粉各大さじ2、塩・こしょう各少々】
ごま油…大さじ½
しょうゆ…小さじ1

作り方

1. ボウルに**A**を入れてよく混ぜ、12等分に成形する。
2. フライパンにごま油を熱し、**1**の両面を弱火でじっくり焼く。食べるときにしょうゆをかける。P54のディルヨーグルトソースもおすすめ。

＊おすすめ！小さなおかず＊

赤かぶの
千枚漬け風
→P130

高野豆腐と野菜煮
→P169

食べ方のコツ：このまま食べてもおいしいが、タレが必要な場合はP65「木の芽つくね」のタレとからめて煮たり、しょうゆマヨをつけたりして食べるのもおすすめ。

1回量 **176 kcal** ／ 冷蔵 2〜3日 ／ 冷凍 2週間

これが1人分!

73

かじき煮

> タレとかじきの うまみがよく合う

和風の味つけでシンプルに仕上げた煮物

材料（6回分）
かじき（切り身）…2切れ
A【水200㎖、酒100㎖、しょうゆ大さじ3、砂糖大さじ1】
水溶き片栗粉…少々

作り方
1 かじきは一口大に切り、熱湯にくぐらせ、さっと湯通しする。
2 フライパンにAを合わせてひと煮立ちさせ、1のかじきを入れ、落とし蓋をして5分ほど煮る。仕上げに水溶き片栗粉を加えてとろみをつける。

＊おすすめ！小さなおかず＊

みょうがと ほたての卵焼き →P97

ちりめんじゃこと なすのきんぴら →P171

調理のコツ　かじきは長く煮込むと身がかたくなってしまう。レシピ通りの時間で煮込めば、身はやわらかく仕上がる。また、最後のとろみづけも忘れないように。

これが1人分！
1回量 69 kcal
冷蔵 2〜3日
冷凍 2週間

かじきのタンドール

> ごはんはもちろん パンにも合う

カレー味のかじきが、食欲をそそる一品

材料（6回分）
かじき（切り身）…2切れ
A【カレールウ（ペースト状）・プレーンヨーグルト各大さじ3、オリーブオイル大さじ1】

作り方
1 かじきは余分な水分をとっておく。1切れにつき6つに切り、Aを混ぜたものにひと晩つけておく。
2 1のタレにつけたまま耐熱容器に入れ、焦げないようにアルミホイルを被せる。250℃のオーブンで8分ほど焼き、ホイルをはずしてさらに5分ほど焼く。

＊おすすめ！小さなおかず＊

パプリカの マリネ →P128

ブロッコリーと アーモンドのサラダ →P173

保存のコツ　漬けこんだまま冷蔵庫で保存し、食べるときに都度焼いたほうがおいしい。なお、同じレシピで、鶏肉で作ることもできる。カレーペーストは好みのものでOK。

これが1人分！
1回量 90 kcal
冷蔵 2〜3日
冷凍 2週間

かじきのトマト煮込みパスタ

ちょうちょ形のパスタにソースがよくからむ

メインの料理にしても◎

これが1人分！

切り身魚のおかず

材料（6回分）
かじき（切り身）…3切れ
にんにく（つぶす）…1片分
オリーブオイル…大さじ1
玉ねぎ（粗みじん切り）…½個分
A【トマト缶（水煮）1缶、ローリエ2枚、白ワイン50㎖、塩・はちみつ各小さじ1】
ファルファッレ（ちょうちょの形のパスタ）…50g
バター…適量

作り方
1 かじきは余分な水分を取り、1cm角に切る。
2 フライパンににんにくとオリーブオイルを入れて弱火にかけ、香りが出てきたら、玉ねぎ、1を入れて炒める。Aを加えてぽてっとするまで煮込む。
3 ゆでたファルファッレにバターをからめて、2に添える。

＊おすすめ！小さなおかず＊

じゃがいものハーブ焼き →P156

ハムの青じそチーズ巻き →P172

1回量 143kcal
冷蔵 2〜3日
冷凍 2週間

ねぎとまぐろの煮物

さっぱりと煮込んだまぐろとねぎの甘みがマッチ

よく煮込まれたまぐろが絶品

材料（6回分）
長ねぎ…1本
まぐろ（中トロぶつ切り）…300g
A【水・酒各50㎖、しょうゆ・砂糖各大さじ2、みりん大さじ1】

作り方
1 長ねぎは1.5cm幅の小口切りにし、まぐろはさっと湯通ししておく。
2 鍋にAと1を入れて火にかけ、中弱火で5〜6分ほどねぎがとろとろになるまで煮込む。ねぎがやわらかくなったら、火を止めてそのまま冷まし、味を含める。

食べ方のコツ：お弁当に入れるときは再加熱し、水溶き片栗粉で少しとろみをつけるのがコツ。

＊おすすめ！小さなおかず＊

えのきのベーコン巻き →P167

ひたし豆とひじきのツナサラダ →P161

これが1人分！

1回量 99kcal
冷蔵 2〜3日
冷凍 2週間

75

これが1人分！

1回量 **142 kcal**
冷蔵 2〜3日
冷凍 2週間

金目鯛と焼き豆腐、ごぼうの煮物

お弁当に金目とはなんて豪

ほろっとほぐれる金目鯛と煮汁がからんでおいしい

材料（6回分）

金目鯛（切り身）…2切れ
焼き豆腐（6つに切る）…½丁分
ごぼう（ぶつ切り）…1本分

A【水400㎖、酒大さじ4、しょうゆ・みりん各大さじ3、砂糖大さじ2、塩少々、しょうが（薄くスライス）1片分】

作り方

1 金目鯛は軽く塩（分量外）をふり、冷蔵庫に15分ほどおいて、余分な水分をペーパータオルでしっかりとふき取り、一口大に切る。
2 鍋にAを煮立て、金目鯛が重ならないように皮目を上にして並べ、焼き豆腐、ごぼうも加え火にかける。金目鯛に火が通り始めたら、落とし蓋をして、5分ほど煮る。
3 ときどきスプーンで煮汁を具材にからめながら、7〜8分煮る。冷めてから保存容器に入れる。

＊おすすめ！小さなおかず＊

いんげんのごまあえ →P140
ほうれん草のおひたし →P144

これが1人分！

さんまが旬の秋に食べたい

1回量 **138 kcal**
冷蔵 5日
冷凍 2週間

さんまの甘辛煮

丁寧に煮詰めた甘辛さが絶品！ごはんのおかずに！

材料（6回分）

さんま…2尾
しょうが…½かけ分

A【水100㎖、しょうゆ50㎖、酒・砂糖各大さじ2】

作り方

1 さんまはウロコをこそげ取り、頭を切り落とし、内臓を取り除く。薄い塩水で洗って水けをきり、1尾を4等分の筒切りにする。しょうがは皮つきのまま薄切りにする。
2 鍋にAと1を入れて煮汁をさんまに回しかけながら、強火にかける。沸騰したら弱火にし、アクを取りながら煮汁がとろっとするまで煮る。

＊おすすめ！小さなおかず＊

絹さやと車麩の煮物 →P145
いんげんのたらこあえ →P141

調理のコツ：さんまの下準備に手間がかかるが、丁寧におこなってからゆっくりと煮込めば、身崩れもしにくい。しっかりと濃いめに味つけすることで、日持ちしやすくなる。

かつおのしょうが煮

しょうがの風味が効いた、やわらかいかつおの煮物

しっかり味でごはんに合う

材料（6回分）
- かつお（腹側）…1さく
- しょうが…1かけ分
- A【しょうゆ100ml、酒大さじ2、みりん・砂糖各大さじ1】

作り方
1. かつおに塩（分量外）をふり、冷蔵庫で30分おき、余分な水分などをふき取り、食べやすく一口大に切る。
2. 熱湯に1を入れ、色が変わるまでさっとゆでる（霜降り状態にする）。
3. 鍋に2と皮をむいて薄切りにしたしょうが、Aを入れ、落とし蓋をし、弱火で煮汁がなくなるまでアクをすくいながら煮る。
4. 煮汁が少なくなってきたら、かつおに煮汁をからめるように鍋を回したり、スプーンなどで煮汁を上の方にかけたりしながら煮る。

＊おすすめ！小さなおかず＊
- 鶏ささみとそら豆のかき揚げ →P41
- 豆腐ハンバーグ →P62

これが1人分！

切り身魚のおかず

1回量 83kcal ／ 冷蔵 3〜4日 ／ 冷凍 2週間

ぶりのから揚げ

しょうがの風味で、揚げ物でも重くならない！

魚のから揚げならさっぱり

材料（6回分）
- ぶり（切り身）…2〜3切れ
- A【しょうゆ大さじ3、みりん大さじ1強、砂糖・酒各大さじ1、しょうが（すりおろし）小さじ2】
- 片栗粉…大さじ3
- 揚げ油…適量

作り方
1. ぶりに塩（分量外）をして15分ほど冷蔵庫におき、浮いてきた余分な水分をふき取る。
2. 1のぶりを食べやすく切り、Aに半日ほど漬ける。
3. 2に片栗粉をつけて170℃の揚げ油で揚げる。

＊おすすめ！小さなおかず＊
- みょうがの甘酢マリネ →P129
- ひたし豆 →P110

保存のコツ　漬けダレに漬けこんだまま冷蔵庫で保存すれば、タレのなかで2日ほど日持ちする。揚げたあとの日持ちは2日。さばやあじで作ってもおいしい。

これが1人分！

1回量 148kcal ／ 冷蔵 2日 ／ 冷凍 2週間（揚げずに冷凍）

いか・えびのおかず

冷めてもおいしい!

定番おかずの作り方をマスター

えびフライ

えびフライは、ウスターソースやタルタルソース、塩など、いろいろなソースで楽しめるのが魅力。でも、衣がベタッとしてしまっていては魅力が半減……。カリッと上手に揚げるコツを教えましょう!

さくさくの衣に
ジューシーなエビ
が包まれて美味

これが
1人分!

1回量 **64kcal**

冷蔵 2日

冷凍 2週間
(下味冷凍なら1カ月)

食べやすい一口
サイズがうれしい

• 材料（6回分）

えび（殻と尻尾つき）…大12尾
片栗粉…小さじ2
塩・こしょう…各少々
薄力粉・溶き卵・パン粉（細目）…各適量
揚げ油…適量

＊おすすめ！小さなおかず＊

- ゆで卵とディルのサラダ→P101
- いんげんのみそマヨあえ→P141
- マカロニサラダ→P162
- りんごコールスローサラダ→P160

いか・えびのおかず

• 作り方

1 えびを洗う
ボウルにえびを入れて片栗粉をまぶし、尻尾を傷つけないようにもみ込む。片栗粉が黒くなったら、キレイに水洗いする。

2 背ワタを取る
えびは殻をむき、背を丸めて竹串を黒い筋の部分に差し込み、背ワタを引っ張りながら抜き取る。

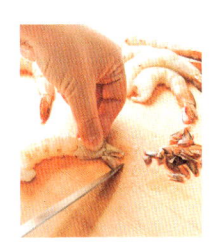

3 尻尾の下処理をする
尻尾の先を切り、中の水分を包丁でこそげ取るように取り除き、しっかりと水分を取る。

4 衣をつける
えびに軽く塩、こしょうをして、薄力粉、溶き卵にくぐらせ、最後にパン粉をつける。

5 揚げ油で揚げる
170℃の揚げ油でカリッと揚げる。

6 網にあげて油をきる
揚げあがったら、網に斜めにあげ、油が下に落ちるようにする。

＊ゆで卵とディルのサラダを付け合わせて、一緒に食べてもおいしい。

調理のコツ 引きあげる目印は？
えびを引きあげるタイミングを見極めるのは、泡の大きさと重さ。揚げ油に入れた直後は泡が小さいが、揚がると泡はぶくぶくと大きくなる。また、水分が飛ぶため、持ちあげると少し軽くなる。

『えびフライアレンジ』
えびのしそ肉巻きフライ
作り方
1 えび12尾は作り方①〜③と同様に下処理し、半分に切った青じそ6枚、豚肉6枚で巻く。
2 1の表面に塩、こしょうをふり、薄力粉、溶き卵、パン粉の順に衣をつけ、180℃の揚げ油で揚げる。

ほたてのハーブ揚げ

ハーブの爽やかな香りがほたての味を引き立てる

> ほたてのうまみがたっぷり

材料（6回分）
ほたて貝柱…12個
A【塩・こしょう・乾燥タイム・乾燥バジル各少々】
薄力粉・溶き卵・パン粉・揚げ油…各適量

作り方
1 ほたて貝柱の水分をペーパータオルでふき取り、両面にAをまんべんなくふる。
2 1のほたてに薄力粉、溶き卵、パン粉で衣をつけ、180℃の揚げ油で色よく揚げる。

＊おすすめ！小さなおかず＊

ゆで卵とディルのサラダ →P101
ラディッシュのレモンマリネ →P129

調理のコツ：ほたては刺身用を使うこと。タイムやバジルはドライハーブを使って手軽に。香りがほたてに合う。タルタルソースをのせて、パンにはさんでもおいしい。

これが1人分！
1回量 163kcal　冷蔵2日　冷凍2週間

たことトマトの煮込み

ラタトゥイユにひと工夫加えてメインのおかずに

> たこが入って食べごたえ満点

材料（6回分）
ラタトゥイユ(P133)…3カップ
ゆでだこ…足3本
粉チーズ…大さじ3

作り方
1 ラタトゥイユを鍋に入れ、しっかりと水けをきり、食べやすく切ったたこを加え、10分ほど煮込む。
2 1に粉チーズを加える。

＊おすすめ！小さなおかず＊

じゃがいものクミン炒め →P157
かぼちゃのハーブチーズコロッケ →P136

保存のコツ：保存している間に、たこは水っぽくなりがち。保存後、お弁当箱に入れる際には、必ず一度加熱をすること。粉チーズをプラスしてコクをアップ。

これが1人分！
1回量 126kcal　冷蔵2〜3日　冷凍2週間

えびとパプリカの　ペッパーマヨ

えびマヨにパプリカとペッパーが加わって新鮮！

赤と黄色の彩りが美しい

材料（6回分）
えび…12尾
パプリカ(赤・黄)…各⅙個
A【塩・こしょう・ごま油各少々、片栗粉適量、卵白½個分】
B【マヨネーズ・スイートチリソース各大さじ1½】

作り方
1 えびの下処理をし、合わせたAをまぶして揚げる。パプリカは1cm角に切り、さっと塩ゆでしておく。
2 ボウルにBを入れて混ぜ合わせ、1を加えてあえる。

＊おすすめ！ 小さなおかず＊

コロコロハムカツ →P173

ズッキーニとチーズ卵焼き →P97

これが1人分！

いか・えびのおかず

1回量 81 kcal
冷蔵 2〜3日
冷凍 2週間

あおさといかの揚げ団子

いかと白身魚を混ぜた、軽い食感のお団子が美味

やわらかいすり身がジューシー！

材料（6回分）
するめいか…1杯
A【白身魚(すり身) 250g、卵白1個分、塩少々、あおさ(大きければ細かく刻む)大さじ3、砂糖大さじ2、酒大さじ1】
片栗粉…大さじ3
ごま油・薄力粉・揚げ油…各適量

作り方
1 するめいかは開き、胴とゲソに切り離し、内臓などを取り除き、皮をむく。しっかりと水けをきって、胴体は一口大に切っておく。ゲソは細かく刻む。
2 フードプロセッサーに1のいかの胴体を入れ、ミンチ状にする。
3 2、A、1のゲソをボウルに入れ、よく混ぜる。最後に片栗粉を加えてよく混ぜる。
4 手にごま油を塗り、3を一口大に丸め、薄力粉をまぶし、170℃の揚げ油で揚げる。

＊おすすめ！ 小さなおかず＊

赤かぶの千枚漬け風 →P130

紫キャベツとあんぽ柿、くるみのサラダ →P132

これが1人分！

1回量 189 kcal
冷蔵 2日
冷凍 2週間

81

ほたてと じゃがいものお焼き

やわらかい食感と甘みが絶妙！

じゃがいもとほたてのほくほくした甘みがマッチ

材料（6回分）
- じゃがいも…大2個
- A【生クリーム小さじ2、塩・こしょう各少々】
- ほたて貝柱…4個
- ピザ用チーズ・オリーブオイル…各大さじ2

作り方
1 じゃがいもは30分ほどゆでて（蒸したり、レンジで加熱したりして、やわらかくしてもよい）、皮をむいてつぶし、熱いうちにAを混ぜる。
2 1の粗熱が取れたら、食べやすくスライスしたほたて貝柱とピザ用チーズを加えて混ぜ、6等分にし、丸く成形する。
3 フライパンにオリーブオイルを熱し、カリッとおいしそうな焼き色をつけて焼く。

＊おすすめ！ 小さなおかず＊
- ごぼうと牛肉のきんぴら→P154
- ラタトゥイユ→P133

これが1人分！
1回量 120kcal
冷蔵 2～3日
冷凍 2週間

ほたてののり巻き

シンプルにほたてうまみを味わう

ごま油の風味がほたての甘い味わいを引き立てる

材料（6回分）
- ほたて貝柱（刺身用）…6個
- 太白ごま油…小さじ2
- しょうゆ…小さじ½
- みりん…大さじ1強
- 焼きのり…適量

作り方
1 フライパンにごま油を熱し、ほたて貝柱を両面焼く。おいしそうな焼き色がついたら、しょうゆとみりんを加えてからめる。粗熱が取れたら、のりで巻く。

＊おすすめ！ 小さなおかず＊
- かぼちゃ煮→P134
- 切り干し大根の煮物→P169

これが1人分！
1回量 49kcal
冷蔵 2～3日
冷凍 NG

食べ方のコツ：のりは保存する段階では巻かず、お弁当に詰める前に巻くこと。パリッとした食感で食べたい場合は、別の容器に入れて持ち運ぶ。香りのよいのりを選んで。

たこの酢の物

さっぱりした酢の味にホッとする、箸休めの一品

噛みごたえのある
たこがおいしい

材料（6回分）
たこの足…2本
きゅうり…1本
A【酢80㎖、砂糖大さじ3、
　塩小さじ1】
白炒りごま…少々

作り方
1 たこは薄切りにして、水けをよくきる。
2 きゅうりは輪切りにし、塩もみをし、よく水けをきる。
3 ボウルに1と2を入れ、Aであえ、白炒りごまをふる。

＊おすすめ！ 小さなおかず＊

にんじんともずくの
かき揚げ→P130

厚揚げと大根の
煮物→P107

調理のコツ　酢の物は液が漏れやすいため、ほかのおかずにまで影響して酢の味になってしまうことも。水分をほどよくきり、カップなどに入れてお弁当に詰めるとよい。

これが1人分！

1回量 66kcal ／ 2〜3日 ／ NG

いか・えびのおかず

いかの照り焼き

甘しょっぱい照り焼きのタレが肉厚のいかに合う

濃厚な味わいで
ごはんが進む！

材料（6回分）
紋甲いか(胴体)…1枚
ごま油…小さじ2
鮭の照り焼きの漬けダレ(P71)
　…大さじ2〜3杯分
水溶き片栗粉…小さじ1

作り方
1 紋甲いかは格子状の切り目を入れて12等分に切る。
2 フライパンにごま油を熱し、1を両面焼き、タレを加え煮からめる。水溶き片栗粉で少しとろみをつける。

＊おすすめ！ 小さなおかず＊

塩ゆで卵
→P100

豚の五目春巻き
→P49

調理のコツ　身が厚く、食べこたえのある紋甲いかを選ぶとよい。いかの胴体だけがカットされた、刺身用のものを利用すると楽に。なお、木の芽をあしらっても美味。

これが1人分！

1回量 51kcal ／ 2〜3日 ／ 2週間

83

column_2

買いおきしておきたい食材リスト

毎日お弁当を作るときに、登場する頻度の高い食材はだいたい決まってきます。以下の食材リストがあれば、すき間を埋めるためにも使えるほか、レシピにひとつ加えるだけで新たな味わいになることも。

たらこ
おにぎりやごはんの具として使えるほか、炒め物やあえ物の味つけとしても使えて便利。

うずらの卵
水煮缶でOK。小さいのでお弁当に使いやすい。煮物や炒め物に加えると、マイルドさが加わる。

梅干し
殺菌作用があるので、一粒添えておくと安心。ソフトタイプは細かくたたいて、あえ物に入れても。

ミニトマト
彩りを足したいときに便利。フルーツのように甘いものもあり、お弁当に合わせて味を選びたい。

ツナの缶詰
炒め物やあえ物のほか、サンドやおにぎりにも使える。お弁当の場合、オイルをしっかりきる。

塩鮭
おかずとして入れるほか、細かくほぐして鮭フレークにし、ごはんやおにぎりのふりかけにも。

ちくわ
日持ちしやすいのがうれしい。サラダやあえ物に便利なほか、だしが出るので煮物や炊き込みにも。

ヤングコーン
黄色を少しだけ足したいときに便利な食材の代表格。生のものはゆでて使うが、水煮缶でもOK。

しらす干し＆ちりめんじゃこ
ごはんのふりかけや、おにぎりの具として便利。カルシウムも手軽にとれるのでおすすめ！

塩こんぶ
日持ちしやすい便利な食材。ごはんのおともにも、野菜にまぶしてお漬物の味つけにも使える。

冷凍枝豆
冷凍のものを買いおきしておくと便利。流水に漬けておくと、小さいのですぐに解凍できる。

かまぼこ
ピンクを用意すると彩りを足すのにも使える。わさび漬けを挟んで、お父さんのおかずにしても。

PART 3

\ ヘルシーでうれしい！ /

卵＆豆・大豆加工品の作りおきおかず

お弁当の箸休めとして活躍する、卵料理や豆・大豆加工品。
だからこそ、レパートリーを増やしておきたいものです。
メインのおかずとしても使えるレシピもあわせて紹介します！

のっけるだけ 弁当 ①

すき焼き弁当

汁けがしっかり染みこんだ、ジューシーなすき焼きを入れた豪華なお弁当！ ゆで卵を加えて、彩りも鮮やかに仕上げました。実はのっけるだけの簡単弁当なので、ぜひチャレンジしてみてください。

味が染みこんだ
すき焼きが美味

総エネルギー
568 kcal

塩ゆで卵 ▶ P100
[コツ] すき焼きを溶き卵で食べるのが好きな人は、お弁当には半熟ゆで卵を持っていくとよい。夏場は固ゆで卵が安心。
38 kcal

五穀ごはん180g
296 kcal

すき焼き ▶ P56
[コツ] すき焼きは汁けが多いので、汁を入れる量は好みに合わせて要調整。ごはんに適度に染みこむ程度がベスト。
234 kcal

memo
のっけるだけのおかずは肉と野菜のバランスを重視

おかずをのっけるだけでできるお弁当は、忙しくても簡単にできる優れもの。でも、おかず選びに気をつけないと、栄養バランスが崩れがちです。すき焼きのように、お肉と野菜のバランスのよいおかずを選びましょう。

のっけるだけ弁当 ❷

タコライス弁当

チリコンカンを中心にごはんのうえにのせ、沖縄名物のタコライスをお弁当で再現しました。豆や野菜がたっぷりなので、食べごたえのあるメニューのわりに栄養満点なのも魅力です。よく混ぜていただきましょう。

お豆と野菜でヘルシーに！

総エネルギー **617 kcal**

タコライスRecipe
雑穀ごはん180gの上にちぎったレタス適量、チリコンカン1回分、タコスチップス、シュレットチーズ各適量をのせる。

チリコンカン ▶▶ P66
[コツ] 冷凍しておいた場合は、冷蔵庫に一晩入れて自然解凍し、もう一度鍋に入れて温めてからごはんにかける。
224 kcal

memo
タコライスにする以外のチリコンカンの使い道
チリコンカンはタコライスのほか、トルティーヤの皮で巻いてタコスにしたり、ゆでたじゃがいもにのせてチェダーチーズをかけてオーブンで焼いたりしても美味。栄養満点なので、さまざまな食べ方を試してみて。

のっけるだけ弁当 ❸

デミグラスソースオムライス弁当

チキンライスの上に、オムレツとデミグラスソースをかけるだけでできる、簡単なオムライス弁当。
きのこがふんだんに含まれているので、食べごたえのあるメニューですが、栄養も満点です！

濃厚デミグラと
ごはんが合う！

総エネルギー
619 kcal

炊き込みチキンライス
▶▶P188

[コツ] フライパンで作るより、一度に炊き込んだほうが楽。冷凍した場合は、自然解凍してからレンジで温め、お弁当箱に詰める。 **451 kcal**

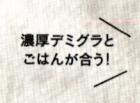

マッシュルームのオムレツ ▶▶P99

[コツ] オムレツは軽くほぐして、ごはんの上にのせる。そのために、調理するときはできるだけ、ふんわりと仕上げておくこと。 **72 kcal**

memo 
ソースやチーズ入りなら食べる前に温めると◎

チーズやデミグラスソースのとろりとした食感を楽しみたいときは、できるだけ直前に電子レンジで温めてから食べましょう。レンジがない場合は、ソースを少し多めに入れて、ごはんとよくからめてください。

きのこのデミグラス煮込み
▶▶P165

[コツ] ケチャップソースのチキンライスにはデミグラス煮込みがよく合うが、ホワイトソース煮込みをかけて混ぜても美味。 **96 kcal**

88

のっけるだけ 弁当 ❹

ポテトコロッケの卵とじ弁当

ほくほくのじゃがいもを使ったコロッケを、玉ねぎと一緒に卵でとじ、ごはんにのせました。
お肉が使われていないため、重くなりすぎないお弁当です。同じレシピで、別のものを卵とじにしても◎。

ポテトコロッケ ▶▶ P157

[コツ] 冷凍してある場合は、自然解凍してから使用を。どうしても衣のサクサク感は損なわれるが、卵とじなら気にならない。

ボリューム満点
ほくほくポテト

総エネルギー
819 kcal

514 kcal

ポテトコロッケの卵とじ Recipe

小さめのフライパンにだし汁200mℓ、しょうゆ大さじ2、みりん大さじ2½を入れ煮立ったら、くし形切りにした玉ねぎ¼個分を入れ、軽く火が通ったら、コロッケ1個を加える。玉ねぎがしんなりしたら、溶き卵1個分を流し入れて蓋をする。白ごはん180gの上に盛り、グリーンピース適量を飾る。

同じ卵とじのレシピで別のものをとじても美味

ここではポテトコロッケの卵とじですが、同じ要領でビーフカツレツやメンチカツ、えびフライなどの揚げ物を卵でとじてもOK。前日の夜に残った揚げ物を、翌日のお弁当で卵とじにすると、かなり気分が変わります。

89

彼やパパに愛情 弁当 ①

チキン南蛮弁当

から揚げを甘酢ダレでからめたチキン南蛮！ 男性が喜ぶ、食べごたえ満点のお肉ですが、胃もたれしないで済むように、タルタルソースにはハーブのディルを混ぜました。付けあわせのアスパラも爽やかです。

さわやか味の
タルタルが美味

総エネルギー
695 kcal

チキン南蛮 ▶▶P35
[コツ] から揚げの上にタルタルソースがのるチキン南蛮を入れるには、ある程度深さのあるお弁当箱を選ぶことが重要に。
323 kcal

ゆで卵とディルのサラダ ▶▶P101
[コツ] サラダは、チキン南蛮の粗熱がしっかり取れてからのせること。深さのないお弁当箱の場合、つぶれないよう別添えに。

白ごはん180g
（たらこ・昆布の佃煮添え）
302 kcal

アスパラのパルメザンチーズあえ ▶▶P144
[コツ] アスパラはほどよいかたさで食べたいので、30秒〜1分程度のみ塩ゆですること。食べやすいサイズに切って詰める。
49 kcal

memo
おかずとごはんをしっかり分けたいときは2段弁当

曲げわっぱは、ほどよく水分を吸収してくれて、ごはんをさらにおいしくします。ごはんをたくさん食べたいときやおかずとごはんをしっかり分けたいときは二段のお弁当箱、ごはんに染みるのもおいしいおかずのときは、一段のお弁当箱がおすすめです。

彼やパパに愛情 弁当 ❷
スパイシートマトハンバーグ弁当

疲れてお腹いっぱい食べたい男性向けのお弁当です。スパイスたっぷりで、しっかり味つけしたハンバーグでボリューム満点！ サフランライスが、ハンバーグの味を引き立てます。

しっかり味で食べごたえ十分

エネルギー
659 kcal

カリフラワーの スパイシー炒め ▶▶ P151

[コツ] カリフラワーのおいしい、冬の時期におすすめ。同じレシピで、そら豆やれんこんなどの野菜を試してもよい。

37 kcal

サフランライス Recipe

3合程度を炊く場合、といだ白米3合に酒大さじ1、塩小さじ1を入れて3合分の水を入れ、サフラン5gとオリーブオイル大さじ1、生ローリエを入れて30分ほどおいてから炊く。

303 kcal

じゃがいもの クミン炒め ▶▶ P157

[コツ] カリッとした歯ごたえを残すために、少なめの油でじっくりと揚げる「揚げ焼き」に。粗熱を取ってから入れること。

113 kcal

memo
男性向けだとお肉中心だから副菜をたっぷり入れて

男性向けのお弁当は、お肉を多く入れようとするあまり、全体的に野菜が少なくて肉ばかりになりがちです。一品あたりのボリュームを増やしても、肉1に対し、野菜の副菜2の割合は守って、栄養バランスを意識して。

レモンくし形切り
3 kcal

スパイシー トマトハンバーグ ▶▶ P62

[コツ] お弁当箱に入れやすいよう、小さめのサイズで作ること。ソースが濃厚なので、ほかのおかずと分けて盛るとベター。

205 kcal

91

彼やパパに愛情 弁当 ❸

ジャンボ豚肉シュウマイ弁当

大きなシュウマイがど〜んと入った、ボリュームたっぷりなお弁当。たけのこ、ゆり根、ピーマンは和風の味つけで、さっぱりした副菜ばかり。しっかりお肉を食べたいけれど、健康にも気遣う男性向けです。

ゆりねの梅あえ ▶▶P148
[コツ] 口の中をさっぱりさせる箸休め。梅の風味が強いので、ほかのおかずのそばに置くより、ごはんのそばに配置したい。 **28 kcal**

ピーマンとじゃこの炒め物 ▶▶P144
[コツ] 細かく刻んだピーマンの炒め物は、どんなすき間にも詰めやすいので、空いているスペースを埋めるのにも便利。 **40 kcal**

巨大シュウマイに大満足！

総エネルギー **796 kcal**

もちきびごはん180g（梅干し・黒ごま添え） **307 kcal**

たけのこのおかか煮 ▶▶P155
[コツ] 甘辛く煮たたけのこは、食べやすいサイズに切ってお弁当箱に詰めて。おかかは別添えにし、食べる前にふりかけても。 **30 kcal**

ジャンボ豚肉シュウマイ ▶▶P51
[コツ] 具だくさんのシュウマイ。冷凍保存していた場合は、解凍後にさっと揚げて、揚げシュウマイにしてもおいしい。 **391 kcal**

memo
茶色いおかずが多いときは色のバランスに気をつけて
シュウマイもたけのこ、ゆりねも白や茶色のおかずなので、うっかりすると見た目が茶色いお弁当になってしまいます。ピーマンのおかず以外にも、シュウマイの下にレタスを敷くなど、緑を配する位置も注意しましょう。

92

彼やパパに愛情 弁当 ④

ぶりのから揚げ弁当

和風のお弁当は淡白な味のものが多くて、食べごたえに欠ける……なんて思っている男性には、ぶりのから揚げを中心に、ほくほくしたかぼちゃを合わせ、お腹にしっかりたまるお弁当をどうぞ！

ひたし豆とひじきのサラダ ▶▶P161
[コツ] さっぱりした味わいで、箸休めとなる一品。汁が出ることがあるので、カップなどに入れて詰めたほうがよい。 **105 kcal**

かぼちゃ煮 ▶▶P134
[コツ] ほくほくとやわらかいため、蓋をしたときにつぶれてしまわないよう、詰め方に注意。小さく刻んで詰めてもよい。 **63 kcal**

がっつりだけど和風でヘルシー

総エネルギー
624 kcal

ぶりのから揚げ ▶▶P77
[コツ] ほかの揚げ物と同様に、必ず粗熱を取ってからお弁当箱に入れること。さっぱりしているので、多めに入れてもOK。 **148 kcal**

memo
具だくさんのお弁当ではごはんを下に敷いてみて
写真のように、おかずの種類が多くてお弁当箱に詰めるのが難しいときは、ごはんの大半を薄くおかずの下に敷くとよいでしょう。とくに今回のお弁当のように、汁が出ないおかずが多い場合は、この方法が便利です。

紅しょうが
濃い味の料理が多いときは、紅しょうがを入れると口の中がさっぱりと切り替わる。揚げ物のときに入れるのがおすすめ。 **1 kcal**

グリーンピースごはん Recipe
3合程度を炊く場合、といだ白米3合に酒大さじ1、塩小さじ1を入れて3合分の水を入れ、10cmのだし昆布を入れて炊く。炊きあがりまで残り10分になったら、さやから出したグリーンピースを1カップ入れて、蓋を閉じて10分蒸す。 **307 kcal**

93

卵の
おかず

冷めても
おいしい！

定番おかずの作り方をマスター

甘い卵焼き

ふんわりと甘い卵焼きは、冷めてもおいしいおかずのひとつ。だし巻きにすると汁が出てしまうので、お弁当では砂糖を入れた甘い卵焼きがおすすめです。キレイに巻き込む作り方を覚えましょう！

きれいに巻かれた
甘くてふんわり
美味しい卵焼き

これが
1人分！

1回量
69
kcal

2日

冷凍
NG

お砂糖入りで
やさしい味わい

卵のおかず

• 材料（6回分）

卵…4個
A ┌ 砂糖…大さじ1と½
　├ 酒…大さじ1
　├ しょうゆ（またはだししょうゆ）…大さじ½
　└ 塩…ひとつまみ
菜種油…適量

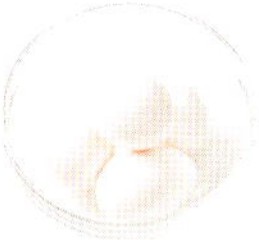

＊おすすめ！小さなおかず＊

しいたけの
えびしんじょう詰め
→P166

いんげんと
にんじんの肉巻き
→P42

ごま衣から揚げ
→P34

牛肉と糸昆布の
しょうが酢炒め→P170

• 作り方

1 卵液を作る
卵をボウルに割り入れ、Aを加えてから軽く溶きほぐす。

2 フライパンに油をなじませる
フライパンをよく熱してから菜種油を敷き、たたんだペーパータオルで油をよくなじませる。

3 卵液を流し入れ、手前に巻く
①の卵液を②のフライパンに流し入れ、火が通りはじめたら、表面が乾く前に向こう側から手前に巻いて寄せ、芯を作る。

4 一度奥に卵焼きをずらす
卵焼きの芯を奥にずらし、あいているところに油をぬり、芯を持ち上げ、下にも油をぬる。

5 卵液を流し入れる
卵液を卵焼き器全体に流し入れ、芯を持ち上げ芯の下にも流し入れる。

6 向こう側に寄せて油をぬる
火が通り始めたら手前に巻く。卵焼き器に油をぬり、卵焼きを向こう側に寄せ、手前にも油をぬる。

7 手前に巻き込む
卵液を流し込み、表面が乾く前に手前に巻き込む。

8 繰り返して焼き上げる
卵液がなくなるまで、⑥〜⑦を繰り返し、こんがりと焼きあげる。

具材がいろいろ！

卵焼きバリエ

冷凍 NG

韓国風卵焼き
ごま油の風味に、にんじんとねぎがよく合う

材料（6回分）
- にんじん…1/3本
- 万能ねぎ…3本
- 卵…4個
- しらす干し…大さじ2
- A【酒大さじ1、塩・こしょう各少々】
- 太白ごま油…大さじ1

作り方
1. にんじんは細切りに、万能ねぎは小口切りにする。
2. 卵を溶きほぐし、しらす干しと1を加え、Aで調味する。
3. フライパンをよく熱し、ごま油を敷いてP95の作り方と同様に焼きあげる。

野菜たっぷりで健康的！

1回量 **79 kcal** / 2日

トマトとオクラの卵焼き
小さな卵焼きにヘルシーな野菜を詰めて

材料（6回分）
- オクラ…3本
- トマト…1/2個
- 卵…4個
- 酒…大さじ1
- 塩…少々
- 太白ごま油…適量

作り方
1. オクラは板ずりし、さっと塩ゆでして1cm幅の輪切りにする。トマトは種を取り、7〜8mm角に切っておく。
2. ボウルに卵を溶きほぐし、1、酒、塩を加えて混ぜ合わせる。
3. フライパンをよく熱し、ごま油を敷いてP95の作り方と同様に焼きあげる。

ごろっと入った野菜がおいしい

1回量 **64 kcal** / 2日

わかめとえびの卵焼き
噛むほどに、むきえびの味わいが出て美味！

材料（6回分）
- 乾燥わかめ…2g
- むきえび…50g
- 卵…4個
- A【酒大さじ1、砂糖小さじ2、薄口しょうゆ小さじ1、塩少々】
- 太白ごま油…適量

作り方
1. 乾燥わかめは水で戻し、えびは背ワタを取り除き、薄く切る。
2. 卵を溶きほぐし、Aを加え、1を加えて混ぜ合わせる。
3. フライパンをよく熱し、ごま油を敷いてP95の作り方と同様に焼きあげる。
＊具があるため、最初の2巻きに具を集中して入れて焼きあげる。

わかめが入ってさっぱり味に！

1回量 **71 kcal** / 2日

とうもろこしとハムの卵焼き
コーンとハムの甘みが子どもにも人気の一品

材料（6回分）
- ロースハム…3枚
- ホールコーン…大さじ3
- 卵…4個
- A【牛乳大さじ2、塩・こしょう各少々】
- 菜種油…適量

作り方
1. ロースハムは1cm角に切り、ホールコーンはよく水けをきっておく。
2. ボウルに卵を溶きほぐし、1、Aを加えてさっと混ぜる。
3. フライパンをよく熱し、菜種油を敷いてP95の作り方と同様に焼きあげる。

コーンとハムと卵が甘くて美味

1回量 **86 kcal** / 2日

卵のおかず

牛そぼろと三つ葉の卵焼き
ジューシーなそぼろで、食べごたえ満点！

材料（6回分）
- 卵…4個
- A【牛そぼろ(P66)大さじ3、三つ葉（細かく刻む）4本分、砂糖小さじ1】
- 菜種油…適量

作り方
1. ボウルに卵を割り入れ、Aを加えて混ぜ合わせる。
2. フライパンをよく熱し、菜種油を敷いてP95の作り方と同様に焼きあげる。

三つ葉の苦みで大人の味わい

1回量 73kcal　2日

ひじき煮入り卵焼き
ひじき煮を入れて簡単で栄養満点な卵焼き

材料（6回分）
- 卵…4個
- A【ひじきの煮物(P168)大さじ2、砂糖ひとつまみ】
- 菜種油…適量

作り方
1. ボウルに卵を割り入れて溶きほぐし、Aを入れて混ぜ合わせる。
2. フライパンをよく熱し、菜種油を敷いてP95の作り方と同様に焼きあげる。

ひじきたっぷりでヘルシー！

1回量 70kcal　2日

ズッキーニとチーズの卵焼き
パルミジャーノチーズの香りがほんのり漂う

材料（6回分）
- 卵…4個
- A【ズッキーニ（薄めのいちょう切り）1/3本分、粉チーズ大さじ2、牛乳大さじ1、塩・こしょう各少々】
- オリーブオイル…適量

作り方
1. ボウルに卵を割り入れ、Aを入れて、よくほぐしながら混ぜ合わせる。
2. フライパンをよく熱し、オリーブオイルを敷いてP95の作り方と同様に焼きあげる。

ズッキーニがみずみずしい！

1回量 69kcal　2日

みょうがとほたての卵焼き
シャキシャキしたみょうがの食感が楽しい！

材料（6回分）
- みょうが…1個
- ほたて貝柱…中2個
- 卵…4個
- A【みりん大さじ2、しょうゆ小さじ2、塩・こしょう各少々】
- 太白ごま油…適量

作り方
1. みょうがは縦半分に切り、斜めに薄切りにする。ほたて貝柱は縦半分に切り、薄切りにする。
2. ボウルに卵を割り入れ、1、Aを入れ、溶きほぐしながら混ぜ合わせる。
3. フライパンをよく熱し、ごま油を敷いてP95の作り方と同様に焼きあげる。

ほたてのうまみがほんのりと

1回量 83kcal　2日

かに玉

かにやしいたけの風味が豊かなごはんに合うおかず

材料（6回分）

- 三つ葉…¼束
- かに(むき身)…50g
- 卵…2個
- 長ねぎ(斜め薄切り)…¼本分
- しいたけ(薄切り)…1個分
- A【中華スープの素(練りタイプ)小さじ½、塩少々】
- ごま油…大さじ3
- しょうゆ…適量

作り方

1. 三つ葉は2cm幅に切り、茎と葉を分けておく。かにはほぐしておき、卵は軽く混ぜておく。
2. フライパンにごま油大さじ1を熱し、長ねぎ、しいたけ、三つ葉の茎を炒め、Aを加えて炒め合わせる。
3. 1の卵液に2を入れてさっと混ぜ、三つ葉の葉、かにを加えて混ぜ合わせる。
4. フライパンに残りのごま油を熱し、3の卵液を流し入れ、大きくかき混ぜて仕上げる。お好みでしょうゆをかけていただく。

1回量 94kcal / 冷蔵 2〜3日 / 冷凍 2週間

調理のコツ
卵をフライパンに流し入れてから、すぐにかき混ぜないこと。8秒ほどそのまま置いてから、ふんわり空気を入れるように炒めると、ふっくらと仕上がる。

えびと卵のチリソース

定番のえびチリを卵でボリュームUP!

材料（6回分）

- えび…200g
- ごま油…大さじ3
- 卵…3個
- A【にんにく・しょうが(みじん切り)各小さじ1、長ねぎ(みじん切り)⅓本分】
- 豆板醤…小さじ1
- B【酒・塩・こしょう各少々】
- C【水100ml、トマトケチャップ大さじ山盛り3、酒大さじ2、しょうゆ小さじ2、酢小さじ1、砂糖ひとつまみ、中華スープの素(練りタイプ)小さじ¼】
- 水溶き片栗粉…水・片栗粉各大さじ1で溶いたもの

作り方

1. えびは殻をむき、背ワタを取り除く。
2. 深めのフライパンにごま油大さじ2を熱し、溶きほぐした卵を加えて炒め、一度取り出す。
3. 2のフライパンに残りのごま油、Aを入れ、香りが出るまで弱火で炒め、豆板醤を入れ炒める。
4. 3に1を加えて炒め、Bを加え炒める。Cを入れ煮立てたら水溶き片栗粉でとろみをつける。仕上げに2を戻し入れてさっと炒め、ごま油小さじ2(分量外)を回しかける。

1回量 147kcal / 冷蔵 2〜3日 / 冷凍 2週間

うずらの漬け玉子

半日からひと晩漬けるだけでできる、簡単レシピ

お弁当に入っているとうれしい

これが1人分!

材料（6回分）
A【しょうゆ大さじ8、酢大さじ2、砂糖大さじ1½】
うずらの卵（水煮）…12個

作り方
合わせたAの漬けダレに水けをきったうずらの卵を入れ、冷蔵庫で一晩漬ける。

＊おすすめ！小さなおかず＊

厚揚げ麻婆豆腐 →P104
木の芽つくね →P65

保存のコツ
うずらの卵は小さいので、漬け込みすぎると味が濃くなりすぎてしまう。レシピ通りに漬け込んだら、保存するときは漬け汁を捨ててから冷蔵保存すること。

1回量 44kcal　冷蔵2〜3日　冷凍NG

卵のおかず

マッシュルームのオムレツ

とろけるチーズとマッシュルームでやさしい味に

バターの香りがたまらない！

材料（6回分）
マッシュルーム…6個
卵…4個
塩・こしょう…各少々
A【とろけるチーズ50g、牛乳大さじ2、塩・こしょう各少々】
バター…大さじ1

作り方
1 マッシュルームは石づきを切り落とし、薄切りにする。
2 ボウルに卵を溶きほぐし、Aを加え混ぜる。
3 フライパンにバターを溶かし、焦げないように気をつけながら1をさっと炒め、塩、こしょうし、2を流し入れ、大きくかき混ぜて仕上げる。

＊おすすめ！小さなおかず＊

ラタトゥイユ →P133
チリコンカン →P66

調理のコツ
使用するチーズは、とろけるタイプのモッツァレラチーズがおすすめ。焼くときはフライパンに押しつけず、ふんわりとかき混ぜるようにすること。

これが1人分!

1回量 72kcal　冷蔵2〜3日　冷凍NG

卵茶巾

ふんわりスクランブルエッグで作る、簡単茶巾

きゅっと絞った形もかわいい！

材料（6回分）
卵…4個
A【ホールコーン・枝豆・牛乳各山盛り大さじ1、
　ハム（1cm角）2枚分、塩・こしょう各少々】
菜種油…大さじ1

作り方
1 ボウルに卵を割り入れ、Aを加えて溶きほぐす。
2 フライパンに菜種油を熱し、1を流し入れ、8秒ほどそのままにしてから、ゆっくりゆっくり混ぜて、ふんわりとしたスクランブルエッグを作る。完全に卵に火が通ったら、6等分して、ラップできゅっと包み、そのまま粗熱を取る。

＊おすすめ！小さなおかず＊

かじき煮 →P74
えびのしそ肉巻きフライ →P79

1回量 89kcal　冷蔵 2〜3日　冷凍 1週間

塩ゆで卵

ほどよいかたさの黄身に仕上がる、ゆで卵の作り方

ほんのり塩気が効いておいしい

材料（6回分）
卵…3個
塩…小さじ1
水…大さじ1½
黒炒りごま…少々

作り方
1 卵は沸騰した湯に入れて11分ほどゆでて取り出し、殻にヒビを入れる。
2 塩と水を密閉できる袋に入れて混ぜ、1を入れ半日浸ける。
3 殻をむいて半分に切り、黒炒りごまをふる。

＊おすすめ！小さなおかず＊

トマト肉じゃが →P153
豚の五目春巻き →P49

調理のコツ　卵を鍋に入れるときは一度火を止め、おたまに卵をのせて湯に入れる。最初の2〜3分は、菜箸で卵のまわりをくるくる回すと、完成したとき黄身が中央にくる。

1回量 38kcal　冷蔵 2〜3日　冷凍 NG

ゆで卵とディルのサラダ

そのまま食べても、ソースとして使っても！

ディルの爽やか風味が絶品！

これが1人分！

材料（6回分）
ゆで卵…3個
A【紫玉ねぎ（みじん切り）大さじ2、ディル3枝、マヨネーズ大さじ4、塩・こしょう少々】

作り方
1. ゆで卵（P100参照）の殻をむいて、ざく切りにする。
2. ボウルに1、Aを入れて混ぜ合わせる。

＊おすすめ！小さなおかず＊

たことトマトの煮込み→P80
ビーフシチューの簡単パイ包み→P116

保存のコツ　冷蔵保存をするとマヨネーズがかたまりやすいので、しっかり密閉できる保存容器に入れること。食べるときに、少しオリーブオイルを加えて混ぜてもよい。

1回量 105kcal　3〜4日　冷凍NG

バジル風味のオムレツ

パンに挟んでサンドにも◎

爽やかなバジルの甘みが卵に合っておいしい

材料（6回分）
卵…4個
A【バジルソース・牛乳各大さじ2、塩・こしょう各少々】
バター…大さじ1

作り方
1. 卵を溶きほぐし、Aを加え混ぜる。
2. フライパンにバターを溶かし、1を流し入れ、8秒ほどそのままにしてから、ゆっくり混ぜて、ふんわりとしたオムレツを作る。

＊おすすめ！小さなおかず＊

チーズハンバーグ→P63
揚げさつまいもの蜜がらめ→P137

食べ方のコツ　バジルソース（ジェノベーゼソース）は香りが大切。できるだけ、作った日に食べきりたい。なお、パンにマヨネーズを塗り、はさんで食べてもおいしい。

これが1人分！

1回量 96kcal　1日　冷凍NG

卵のおかず

豆腐・厚揚げのおかず

冷めてもおいしい！
定番おかずの作り方をマスター

麻婆豆腐

ごはんにのせて食べてもおいしい麻婆豆腐。お弁当に入れるときは、冷めてもおいしく食べられるように、少し味つけを濃いめに。また、汁がこぼれないように、とろみを強くつけたほうがよいでしょう。

しっかりした濃い味つけがお弁当に最適！

これが1人分！

1回量 175kcal

冷蔵 2〜3日

冷凍 NG（豆腐の食感が変わるため）

ごはんにのせて麻婆丼にしても

豆腐・厚揚げのおかず

- 材料（5回分）

A
- 鶏ガラスープ…200ml
- 紹興酒…大さじ2
- しょうゆ・みそ…各大さじ1
- オイスターソース…大さじ1弱

絹ごし豆腐…1丁

B
- にんにく・しょうが（みじん切り）…各1かけ分
- 赤唐辛子（小口切り）…2本分

豆板醤…大さじ1
豚ひき肉…200g
長ねぎ（みじん切り）…½本分
水溶き片栗粉…片栗粉・水各大さじ1½
菜種油・ごま油…各大さじ1

＊おすすめ！小さなおかず＊

ゴーヤと玉ねぎの梅おかかあえ →P142

とうもろこしとえびのオリーブオイル炒め →P137

ブロッコリーとアーモンドのサラダ →P173

小松菜としらすのあえ物→P173

- 作り方

1 合わせ調味料を作る
ボウルにAを合わせ入れてよく混ぜておく。

2 豆腐の水きりをして切る
豆腐はペーパータオルに包んで皿にのせ、ラップなしで電子レンジで1分30秒ほど加熱して水きりし、2cm角に切っておく。

3 香味野菜を炒める
深めのフライパンに菜種油とBを入れて加熱する。

4 ひき肉を炒める
焦がさないように香りが立ってきたら、豆板醤を加えて香りを出し、ひき肉を入れてほぐしながら炒める。

5 合わせ調味料、豆腐、ねぎを加える
肉の色が変わったら、①を入れてひと煮立ちさせ、ねぎと②を加えて静かに煮る。

6 水溶き片栗粉でとろみをつける
豆腐が温まったら、水溶き片栗粉でとろみをつけて、仕上げにごま油を加える。

調理のコツ

とろみを強めにつけて作るのがコツ

レシピ通りに作ると普通よりもかための麻婆豆腐に仕上がります。これはお弁当を持ち歩くとき、汁がこぼれるのを防ぐため。水溶き片栗粉を入れたら、一度火を強めて、しっかり煮詰めましょう。

麻婆豆腐バリエ

味わいがいろいろ！

NG（豆腐の食感が変わるため）

塩麻婆豆腐
さっぱり塩味で食が進む、白い麻婆豆腐！

よく煮込んだ白菜もおいしい

材料（6回分）
- 絹ごし豆腐…1丁
- 白菜…1/8束（約100g）
- ごま油…小さじ2
- A【にんにく・しょうが（みじん切り）各小さじ1、長ねぎ（みじん切り）1/2本分】
- 鶏ひき肉…200g
- 干し貝柱…小3個
- 酒…50㎖
- B【だし汁（干し貝柱の戻し汁を合わせて）150㎖、薄口しょうゆ小さじ2、砂糖ひとつまみ】
- 塩…小さじ1
- 水溶き片栗粉…片栗粉大さじ1 1/2：水大さじ1 1/2
- ラー油…適量

作り方
1. 絹ごし豆腐はP103と同様に水きりし、2㎝角に切る。白菜は約1㎝角に切り、芯と葉に分けておく。干し貝柱は分量の酒で半日戻し、ほぐしておく。戻し汁は取っておき、だし汁と合わせて150㎖にしておく。
2. フライパンにごま油を熱し、Aを入れて香りを出すように炒める。鶏ひき肉と1の干し貝柱、塩ふたつまみ（分量外）を加えて、炒める。ひき肉に火が通ったら、白菜の芯の部分を加えてさっと炒める。
3. 2に1の豆腐、Bを加えて煮込み、白菜の葉を加える。塩で味をととのえ、水溶き片栗粉でとろみをつける。ラー油をお好みの量かける。

1回量 133 kcal　2～3日

厚揚げ麻婆豆腐
厚揚げと豚バラ肉で、食べごたえ満点な一品

豚バラ肉のうまみたっぷり

材料（6回分）
- 厚揚げ…1丁
- 豚バラかたまり肉…100g
- 塩・こしょう…各少々
- ごま油…小さじ4
- A【長ねぎ（みじん切り）1/2本分、にんにく・しょうが（みじん切り）各小さじ1】
- 豆板醤…小さじ2
- B【水200㎖、紹興酒大さじ2、オイスターソース・みりん各小さじ2、砂糖・中華スープの素（練りタイプ）各小さじ1/4】
- 花椒…小さじ1 1/2
- 水溶き片栗粉（水大さじ1 1/2：片栗粉大さじ1 1/2）

作り方
1. 厚揚げは食べやすくサイコロ状に切っておく。豚肉は薄く切って細切りにし、塩、こしょうをまぶしておく。
2. フライパンにごま油小さじ2、Aを入れ弱火で香りが出るようにふつふつと加熱する。次に豆板醤を加えて香りを出す。
3. 2に1の豚肉を加えて炒め、色が変わってきたら、厚揚げを加え炒める。
4. 3にBを加え、5分ほど煮込む。最後に花椒を加え、水溶き片栗粉でとろみをつけ、残りのごま油を回しかける。

1回量 167 kcal　2～3日

104

豆腐･厚揚げのおかず

夏野菜とえびの麻婆豆腐
えびやトマト、なすが入って新しい味わいに

1回量 110 kcal　2～3日

かための木綿豆腐で食べごたえあり

材料（6回分）
木綿豆腐…½丁
えび…200g
ごま油…小さじ4
A【長ねぎ（みじん切り）½本分、にんにく・しょうが（みじん切り）各小さじ1、赤唐辛子（輪切り）2本分】
豆板醤…大さじ1
なす（1.5cm角）…1本分
トマト（ざく切り）…中1個分
B【水200㎖、しょうゆ大さじ3、紹興酒大さじ2、オイスターソース大さじ1½、砂糖小さじ1½、中華スープの素（練りタイプ）小さじ½】
花椒…小さじ1½
水溶き片栗粉（水大さじ1½：片栗粉大さじ1½）

作り方
1 木綿豆腐は水きりをし、サイコロ状に切っておく。えびは下処理しておく。
2 フライパンにごま油小さじ2、Aを入れ、弱火でふつふつと香りが出るように炒める。次に豆板醤を炒め、香りを出す。
3 2に1のえび、なすを加えて炒め、なすに火が通ったら、トマト、B、木綿豆腐を入れ、15分ほど煮込む。
4 最後に花椒を加え、水溶き片栗粉でとろみをつけ、残りのごま油を回しかける。

きのこの麻婆豆腐
きのこのダシがよく出て、うまみたっぷり！

きのこのうまみたっぷりで美味

1回量 171 kcal　2～3日

材料（6回分）
絹ごし豆腐…1丁
ごま油…小さじ4
A【長ねぎ（粗みじん切り）½本分、にんにく・しょうが（みじん切り）各小さじ1】
豆板醤…小さじ½
B【豚ひき肉200g、干ししいたけ（戻してみじん切り）2枚分、塩ふたつまみ】
しめじ（小房に分ける）…1パック分
甜麺醤…大さじ1½
C【水150㎖、酒50㎖、中華スープの素（練りタイプ）小さじ1】
にら…½束分（2cm幅）
しょうゆ…大さじ1
水溶き片栗粉…片栗粉大さじ1½：水大さじ1½

作り方
1 絹ごし豆腐は水きりして、2cm角に切る。
2 フライパンにごま油小さじ2、Aを入れて火にかけ、弱火で加熱し、ふつふつと香りが立ってきたら、豆板醤を入れ、焦がさないように香りを出すように炒める。
3 2にBを加えて炒め、豚肉に火が通ったら、しめじ、甜麺醤を入れ炒め、C、1を加えて煮込む。
4 3ににらを加えて煮込み、にらに火が通ったら、しょうゆを加えて味をととのえる。水溶き片栗粉でとろみをつけて、仕上げに残りのごま油を回しかける。

厚揚げと高菜の卵炒め

高菜の塩けが全体にからんで、ごはんが進む一品

ナンプラーの味が決め手!

材料（6回分）

厚揚げ…1枚	塩…少々
高菜…40g	ごま油・ナンプラー…各大さじ1
卵…2個	酒…大さじ2

作り方

1. 厚揚げは食べやすく切り、高菜は粗く刻む。卵は溶きほぐし、塩を加えておく。
2. フライパンにごま油を熱し、1の厚揚げ、高菜、酒を入れて炒め、ナンプラーで味をととのえ、卵を加え炒める。

＊おすすめ！ 小さなおかず＊

- ジャンボ豚肉シュウマイ →P51
- やわらか塩麹から揚げ →P34 

調理のコツ　高菜の塩けはメーカーによって異なるので、調理前に必ず味見をすること。ナンプラーの味と香りは必要なので、高菜が塩辛い場合は塩分を少なく調理する。

これが1人分！

1回量 105kcal　冷蔵 2〜3日　冷凍 2週間

ごま豆腐のフライ

やわらかいごま豆腐がサクサク衣に包まれて新食感

揚げ物だけどさっぱり！

材料（6回分）

ごま豆腐…1個（かためのタイプを選ぶ）	薄力粉・溶き卵・パン粉…各適量
塩・こしょう…各少々	揚げ油…適量
	ウスターソース…適量

作り方

1. ごま豆腐を6等分に切って塩、こしょうをふる。
2. 薄力粉・溶き卵・パン粉をつけて170℃の揚げ油で揚げる。ウスターソースを添える。

＊おすすめ！ 小さなおかず＊

- 焼き肉とアスパラの黒こしょう炒め →P55
- ゆりねたらこ炒め →P151 

調理のコツ　できるだけ、かためタイプのごま豆腐を選んだほうが、調理がしやすい。なお、食べるときは塩でもよいが、ウスターソースがとくに合う。

これが1人分！

1回量 54kcal　冷蔵 2〜3日　冷凍 NG

厚揚げと大根の煮物

やわらかい大根と厚揚げの相性が抜群の煮物おかず

大根からだしが染みだす!

材料（6回分）
大根…¼本
厚揚げ…1枚
A【だし汁200㎖、しょうゆ大さじ2、砂糖・酒各大さじ1½、みりん大さじ1】

作り方
1 大根は皮をむいて半分の長さに切り、さらに縦6つ割りにする。米のとぎ汁（分量外）で下ゆでし、洗ってから水けをよくきる。
2 厚揚げは油抜きをして12等分にする。
3 鍋にAの煮汁を合わせて火にかけ、大根、厚揚げを加え、落とし蓋をして弱火でゆっくりと煮る。

＊おすすめ！小さなおかず＊

野菜の肉巻き蒸し 梅ソース →P45

鶏ささみとわかめのすりごまあえ →P40

調理のコツ　米のとぎ汁で大根を下ゆですると、大根特有の苦みやくさみなどのアクが抜け、大根がやわらかくなるため、味が染み込みやすくなるという利点がある。

これが1人分!

1回量 81 kcal ／ 冷蔵 2〜3日 ／ 冷凍 2週間

豆腐・厚揚げのおかず

油揚げの含め煮

そのまま食べても、お稲荷さんにしても美味！

しっかり味つけでごはんに合う

材料（6回分）
油揚げ…6枚
A【だし汁300㎖、砂糖80g、しょうゆ大さじ3】

作り方
1 油揚げは半分に切り、熱湯で5分ほどゆで、ザルにあげる。
2 鍋にA、油揚げを入れて落とし蓋をし、弱火で5分ほど煮てそのまま冷ます。

＊おすすめ！小さなおかず＊

ちくわきゅうり →P172

鮭の照り焼きの竜田揚げ →P71

食べ方のコツ　そのまま食べてもごはんのおかずとしてよく合うが、酢飯やひじきごはんを詰めてお稲荷さんにしたり、卵でとじて食べたりしてもおいしい。

これが1人分!

1回量 136 kcal ／ 冷蔵 1週間 ／ 冷凍 1カ月

がんも煮

おでんでおなじみの「がんも」のお弁当用レシピ

材料（6回分）
- 一口がんも…6個
- A【だし汁（かつお昆布）400㎖、砂糖・しょうゆ・みりん各大さじ2、塩小さじ½】

作り方
1. 一口がんもは、さっと熱湯をかけて油抜きする。
2. 鍋にAを入れて煮立て、1のがんもを入れ、落とし蓋をしながら弱火でコトコト火にかけ、煮含める。

おすすめ！小さなおかず

れんこんのごまきんぴら →P151

牛肉と糸昆布のしょうが酢炒め →P170

保存のコツ：出来立てのがんもを買ってきてすぐに調理をするとき以外は、熱湯をかけて油抜きするのがポイント。長時間煮込むのではなく、冷ましながら味を染み込ませる。

これが1人分！
だし汁のうまみがたっぷり！
1回量 157kcal　冷蔵3日　冷凍2週間

焼き油揚げ、水菜のごまみそダレ

カラッと焼いた油揚げを水菜でさっぱりと

ごまみその風味が素材にマッチ

材料（6回分）
- 油揚げ…1枚
- 水菜…½束
- A【すりごま大さじ3、みそ・砂糖・ごま油各大さじ½】

作り方
1. フライパンに油揚げを入れ、こんがりと焼く。縦半分に切り、1㎝幅の短冊切りにする。水菜はさっと塩ゆでし、すぐに冷水で洗い、水けをよくきって、4㎝幅に切る。
2. Aをボウルに入れ、混ぜておく。
3. 2に1を加えあえる。

おすすめ！小さなおかず

ヤングコーンの肉巻き →P44

ぶりのから揚げ →P77

調理のコツ：水菜の水けをしっかりときってから調味料とあえることが、最大のポイント。時間が経つと水分が出て、お弁当の中で水っぽくなってしまうので注意。

これが1人分！
1回量 48kcal　冷蔵2日　冷凍NG

豆腐・厚揚げのおかず

油揚げとふきの煮物

歯ごたえのあるふきと油揚げがよく合う

ほんのり甘い
だし汁が美味

これが1人分！

材料（6回分）
ふき…3本
油揚げ…2枚
A【かつおだし汁400㎖、砂糖大さじ2、酒大さじ1】
薄口しょうゆ…大さじ1½

作り方
1 ふきは鍋に入る長さに切り揃え、塩ゆでする（太い部分から先にゆでる）。
2 ゆであがったら冷水に取り、筋を取って3㎝幅に切る。油揚げは短冊切りにして油抜きする。
3 2をAで5〜6分煮含めて、しょうゆを加え、さらに5〜6分煮含める。

＊おすすめ！小さなおかず＊
鶏ハム →P38
豆腐ハンバーグ →P62

1回量 45kcal　冷蔵3〜4日　冷凍2週間

お豆腐シュウマイ

ヘルシーだから
たくさん食べたい

お豆腐が入っているから、軽い食感のシュウマイに

材料（6回分）
木綿豆腐…½丁
むきえび…200g
鶏むねひき肉…250g
A【しょうゆ大さじ2、しょうが（すりおろし）・酒・片栗粉・ごま油各大さじ1、塩小さじ1〜2、こしょう少々、溶き卵1個分】
シュウマイの皮…40枚
酢じょうゆ…適量

作り方
1 木綿豆腐は水きりをして、手で潰す。えびは背ワタを取り除き、粗みじん切りにする。
2 ボウルに1、鶏ひき肉、Aを入れてよく混ぜる。
3 シュウマイの皮に2の具を詰め、蒸気の上がった蒸し器にクッキングペーパーを敷いて並べ、6分ほど蒸す。酢じょうゆを添える。

保存のコツ　豆腐の水けをしっかりきること。蒸してから1個ずつラップで包み、保存袋に入れて冷凍を。ラップに包んだ状態で、冷凍したままレンジで加熱し、解凍する。

これが1人分！

1回量 244kcal　冷蔵2〜3日　冷凍2週間（蒸してから冷凍）

109

豆類の おかず

おいしく長持ち！
定番おかずの作り方をマスター

ひたし豆

お弁当に添える小さなおかずとして定番の一品。だしの効いた汁でよく煮立てるので、ほっくりとやわらかく仕上がります。長期保存も可能なので、作りだめしておきましょう。

だしのうまみが
よく効いた
やわらかいお豆

1回量 142 kcal

冷蔵 1週間

冷凍 1ヶ月
（たっぷりのだし汁に漬けて冷凍）

箸休めとして
ぴったりな一品

• 材料（6回分）

青大豆(乾燥)…200g
A ┌ だし汁(かつお昆布)…3カップ
　├ 酒…大さじ2
　├ みりん…大さじ2
　├ 薄口しょうゆ…大さじ1½
　└ 塩…小さじ1½

これが1人分！

＊おすすめ！小さなおかず＊

塩から揚げ→P34 　かじき煮→P74

トマトとオクラの卵焼き→P96 　揚げ豚の黒酢がらめ→P48

豆類のおかず

＊青大豆がなければ、大豆で代用して下さい。

• 作り方

1　青大豆を洗う
ザルに青大豆を入れ、さっと2回ほど洗う。

2　たっぷりの水で戻す
①をボウルに入れ、たっぷりの水を注いで半日ほどおく。

3　戻ったら火にかける
青大豆がこのぐらいの状態に戻ったら、そのまま鍋に入れて火にかける。

4　アクを取りながらゆでる
塩（分量外）を入れて沸騰したら弱火にし、アクを取りながら豆が水から出ないように30分ほどゆでる。

5　煮汁を火にかける
別の鍋にAを入れて煮立てる。

6　豆がゆであがったらザルにあげる
④の青大豆がゆであがったら、ザルにあげて水けをきる。

7　煮汁で煮る
⑥の豆を⑤に加え、1～2分弱火で煮て火を止める。煮沸消毒をした保存容器に入れ、粗熱を取る。

保存のコツ

豆を保存する瓶は煮沸消毒をして
豆類は瓶の容器に保存するのがおすすめです。その場合、事前に熱湯に5分ほど入れて煮沸消毒を。消毒済みの瓶なら開けなければ1ヶ月ほど日持ちします。

漬け方がいろいろ！「豆バリエ」

メープルの甘みでやさしい味！

黒豆のメープルしょうゆ漬け
甘じょっぱいタレにほくほくの黒豆が合う

1回量 132 kcal　冷蔵 1週間　冷凍 1ヶ月（たっぷりの汁に漬けて冷凍）

材料（6回分）
ゆでた黒豆…2カップ
メープルシロップ…大さじ4
しょうゆ…大さじ2

作り方
熱湯消毒した瓶に、ゆでた黒豆を入れ、メープルシロップとしょうゆを加える。冷蔵庫で半日おいて漬ける。

すっきりした甘さがおいしい

白いんげん豆とオレンジのはちみつ漬け
爽やかなオレンジの風味が新鮮な豆レシピ

1回量 124 kcal　冷蔵 3日　冷凍 NG

材料（6回分）
ゆでた白いんげん豆…2カップ
はちみつ…大さじ4
オレンジ…1個

作り方
ゆでた白いんげん豆と、はちみつ、皮をむいて食べやすく切ったオレンジを熱湯消毒をした瓶に入れて半日ほど漬け込む。

一口食べると口の中がさっぱり

大豆の酢じょうゆ漬け
さっぱりとした一品で、箸休めとして最適

1回量 85 kcal　冷蔵 1週間　冷凍 1ヶ月（たっぷりのだし汁に漬けて冷凍）

材料（6回分）
ゆで大豆…1½カップ
糸昆布…ひとつまみ
赤唐辛子…1本
水…大さじ4
酢…大さじ3
砂糖・しょうゆ…各大さじ1

作り方
全ての材料を熱湯消毒した保存容器に入れ、冷蔵庫に入れ、1日ほど漬け込む。

豆類のおかず

枝豆とベーコンと小えびのパスタ

お弁当に入っているとうれしい、豆のパスタ料理

小さなパスタが具材に合う

材料（6回分）
- オレキエッテ…100g
- ゆで枝豆(豆のみ)…50〜60g
- 小えび…200g
- ベーコン…3枚
- オリーブオイル…小さじ2＋大さじ1
- にんにく（みじん切り）…1かけ分
- 白ワイン…大さじ2
- 塩・こしょう…各少々
- A【薄口しょうゆ小さじ2、塩・こしょう各少々】
- 粉チーズ…大さじ1〜2

作り方
1. オレキエッテを表示より1分早めにゆでる。
2. 小えびは余分な水分をとる。ベーコンは細切りにする。
3. フライパンにオリーブオイル小さじ2とにんにくを入れて火にかけ、弱火で香りを出すように炒める。
4. 3に2、枝豆を加えて炒め、白ワインを加えて、塩、こしょうをふる。ゆであがった1を加え、Aで味をととのえ、最後にオリーブオイル大さじ1と粉チーズをふりかける。

＊オレキエッテはパスタの一種。なければ他のショートパスタで代用して。

これが1人分！

1回量 173kcal　冷蔵2〜3日　冷凍2週間

そら豆とハムのスペイン風オムレツ

じゃがいものほくほくした食感も効いたオムレツ

やさしい味にホッとする

材料（6回分）
- じゃがいも…2個
- そら豆…70g（約20個）
- ハム…4枚
- 卵…4個
- A【粉チーズ大さじ3、牛乳大さじ1、塩ひとつまみ、こしょう少々】
- オリーブオイル…大さじ1〜2

作り方
1. じゃがいもは皮をむき、2cm角に切り、水にさらして電子レンジ（600W）で3分加熱する。
2. そら豆は皮をむき薄皮もむいておく。ハムは2cm角に切る。
3. ボウルに卵を溶きほぐし、A、1、2を入れさっと混ぜる。
4. フライパンにオリーブオイルを中火で熱し、3を流し入れ、さっくりと混ぜる。弱火にして蓋をし、表面がかたまりかけるまでじっくり加熱する。
5. 片面が焼けたら裏返して、弱めの中火で焼きあげる。

＊おすすめ！ 小さなおかず＊
- ミニトマトのツナサラダ詰め →P132
- 割り干し大根とじゃこのフレンチサラダ →P170

これが1人分！

1回量 160kcal　冷蔵2〜3日　冷凍2週間

113

青豆をたっぷり食べられる

青豆のたらこカッテージあえ
カッテージチーズのまろやかな味が青豆にマッチ

材料（6回分）
ひたし豆(P110)…大さじ6
たらこ…小½腹
カッテージチーズ…大さじ6

作り方
ボウルに材料を全て入れて混ぜる。

＊おすすめ！小さなおかず＊

えびフライ →P78

しめじとマッシュルームのキッシュ→P167

調理のコツ：青豆の水けをしっかりときってからあえることが大切。水分が残っていると、混ぜたときにカッテージチーズのぽろぽろとした食感が損なわれてしまう。

これが1人分！

1回量 49kcal
冷蔵 2〜3日
冷凍 NG

お弁当にあると箸休めに最適

金時豆の甘煮
甘く煮込んだ豆料理は、ほっとする味わい

材料（6回分）
金時豆(乾燥)…1カップ　　塩…2つまみ
砂糖…100g

作り方
1 金時豆はさっと洗い、1ℓの水につけて半日おく。
2 金時豆を鍋に入れ、水(分量外)をひたひたに加え火にかけて落とし蓋をする。沸騰したら、弱火にし、泡をしっかりと取り除きながら5分ほどゆでる。
3 2を一度、ゆでこぼし、水(分量外)をたっぷり入れ、火にかけ、沸騰したら弱火で1時間〜1時間半ほどゆでる。
4 3のゆで汁を豆がひたひたになるくらいまでに減らし、砂糖を半量入れ15分ほどゆで、もう一度残りの砂糖を入れて15分ほど煮て、煮汁がほぼなくなるくらいまで弱火で煮て最後に塩を加える。火を止めて、そのまま冷まし、味を煮含める。

＊おすすめ！小さなおかず＊

鶏もも肉のチャーシュー →P38

野菜たっぷりチャプチェ →P59

調理のコツ：豆を煮るときは、決して沸騰させず、ゆらゆらと静かに煮る。煮汁が減りすぎたら水を足す。冷めながら味が染み込んでいくので、一度冷ましきってから食べる。

これが1人分！

1回量 153kcal
冷蔵 1週間
冷凍 1ヶ月

114

ひよこ豆のイタリアンサラダ

生ハムの塩辛さが効いた、食べごたえあるサラダ

シャキシャキの紫玉ねぎも美味

これが1人分！

材料（6回分）

ひよこ豆（乾燥）…100g
トマト（種を取り除き、約7mmの角切り）…1個分
紫玉ねぎ（みじん切り）…¼個分
イタリアンパセリ（粗みじん切り）…3枚分
生ハム（細かく刻む）…3枚分
A【オリーブオイル大さじ1½、白ワインビネガー大さじ½、塩・こしょう各少々】

作り方

1. ひよこ豆は水でさっと洗い、たっぷりの水に半日つけて、水ごと鍋でゆでる。アクを取りながら、弱火で30〜40分ゆで、ゆで汁につけたまま冷ます。
2. 水けをきった1、トマト、紫玉ねぎ、イタリアンパセリ、生ハムをボウルに入れ、Aで味をととのえる。

保存のコツ：ひよこ豆を全部使わない場合は、1でゆで汁ごとファスナーつきポリ袋に入れ、空気を入れないようにしっかりと袋を閉じれば冷凍可能。自然解凍して使う。

豆類のおかず

1回量 108kcal　冷蔵2〜3日　冷凍NG

そら豆とスモークサーモンのマリネ

ほっくりしたそら豆にサーモンマリネがよく絡む

しっかり塩味が食欲をそそる

材料（6回分）

そら豆…1袋（むいた豆18個ぐらい）
スモークサーモン…6枚
オリーブオイル…大さじ1½
塩・こしょう…各少々

作り方

1. そら豆はさやから豆を取り出して塩ゆでし、薄皮をむく。
2. スモークサーモンは3つに切る。
3. ボウルに1と2を入れ、オリーブオイルを加えてあえ、塩、こしょうで味をととのえる。

＊おすすめ！ 小さなおかず＊

かじきのトマト煮込みパスタ →P75

ミニトマトとハムの卵炒め →P133

調理のコツ：さやから豆を取り出し、薄皮をむいてから塩を加えた熱湯で30秒強ほどゆでる。薄皮をむいてからゆでる方が色がキレイにゆであがる。

これが1人分！

1回量 62kcal　冷蔵2〜3日　冷凍NG

column_3

前日の残り物でリメイクRecipe

前日の夜ごはんで余ったおかずを、そのままお弁当に詰めるのは味気なく感じるときも。そんなときは、リメイクがおすすめ！　ごはんやパンなどとからめることで、1品で完結するメニューができあがります。

前日のお刺身をリメイク！

1回量 **115** kcal

お刺身の漬け焼き

お刺身は鮮度が落ちてしまう前にタレに漬け込んでから焼けば安心

材料（1回分）
残り物の刺身…適量
しょうゆ：みりん…1：1
オリーブオイル（もしくはごま油）…少々

作り方
1. 残り物の刺身を同量のしょうゆとみりんであえ、30分ほど漬け込む。
2. フライパンにオリーブオイル、またはごま油を熱し、1をさっと焼く。

前日のビーフシチューをリメイク！

1回量 **386** kcal

ビーフシチュー簡単パイ包み

さくさく生地にシチューが絡むおいしいパイレシピがすぐに完成！

材料（1回分）
残り物のビーフシチュー…大さじ1～2
パイ…15cm角1枚
卵黄…1個分

作り方
1. パイ生地は伸ばして、フォークなどで穴をあけておく。
2. 余ったビーフシチューを1のパイで包み、卵黄で表面を塗る。じゃがいもやにんじんが大きい場合は小さく切ってパイに包む。
3. オーブンシートを敷いた天板の上に2をのせ、200℃に予熱したオーブンで10分ほど焼く。

前日のすき焼きをリメイク！

1回量 **465** kcal

すき焼きうどん

味がよく染みこんだ残りもののすき焼きにうどんでボリューム満点

材料（1回分）
残り物のすき焼き…適量
市販のゆでうどん（または冷凍うどん）…1玉

作り方
1. 市販のゆでうどんや冷凍うどんは、一度さっとゆがいてザルにあげる。
2. すき焼きの残りに1のうどんをからめる。味が薄ければ、すき焼きのタレで味をととのえる。

memo
まだまだある！ うどんのリメイクテク

うどんはリメイクするときにとても便利！ プルコギやきのこの和風煮込み、麻婆豆腐、ラタトゥイユなど、汁けがあるものにからめてみると新しい味わいが楽しめます。また、しょうが焼きが余ったら、肉を細かく切って好きな野菜と炒め、焼きうどんを作ってもおいしいですよ。

前日のカレーをリメイク！

1回量
211 kcal

カレーチーズホットサンド

スパイスがじっくり溶け込んだ前日のカレーをパンで挟むだけ

材料（1回分）
残り物のカレー…大さじ山盛り2
ピザ用チーズ…大さじ1
サンドイッチ用のパン…2枚

作り方
1 サンドイッチ用のパンに残り物のカレーをぬり、ピザ用チーズをのせて挟み、ホットサンドの機械で焼く。

前日のグラタンをリメイク！

1回量
383 kcal

グラタントースト

濃厚なホワイトソースのグラタンをパンにのせて焼けば、できあがり！

材料（1回分）
残り物のグラタン…大さじ4
食パン…1枚
ピザ用チーズ…大さじ3
ドライパセリ…少々

作り方
1 食パンに残ったグラタン、ピザ用チーズをのせ、トースターで焼く。小さく切って、お弁当に入れる。最後にドライパセリを散らす。

前日のホワイトシチューをリメイク！

1回量
398 kcal

ホワイトシチュードリア

サフランライスにシチューをかけて焼くだけで別メニューが完成

材料（1回分）
残り物のホワイトシチュー…大さじ山盛り3
サフランライス…茶碗1杯分
ピザ用チーズ…大さじ2〜3
オリーブオイル…適量

作り方
1 耐熱容器にオリーブオイルをぬり、サフランライス、シチューの残り、ピザ用チーズをのせ、トースターで美味しそうな焦げ目がつくまで焼く。

column_4

あるとうれしい！

すき間埋め食材

お弁当は持ち運ぶ間に片寄ってしまわないよう、すき間なく詰めることが大切です。おかずを詰めたあと、どうしても空いてしまったスペースを埋めるために、用意しておくと便利な食材を紹介します。

黄色いたくあん
お漬物はお弁当の彩りを調整するときも使えます。たくあん以外にも、赤いしば漬け、緑の野沢菜など、各色集めてもよいでしょう。

ウインナー（かにさん＆たこさん）
すき間に合わせ、カットしましょう。さまざまな味があるので、ほかのおかずに合わせて選んで。かにやたこなどの形にしても。

型抜きにんじん＆大根
にんじんやだいこんは軽くゆで、さまざまな形に型抜きして詰めます。お弁当全体に遊び心が加わり、見映えのアクセントになります。

小さなカットチーズ
カットチーズは味や形の種類が豊富なので、すき間に合わせて詰めやすい食材。とくに洋風のお弁当のときに添えると、箸休めにも。

ゆでえび
えびは塩ゆでするだけで、うまみを十分に味わえる食材です。オリーブオイルと塩少々であえて入れればおいしく食べられます。

すだち＆レモン
殺菌作用のあるすだちやレモンは、傷みが心配なお弁当には欠かせません。彩りも鮮やかで、揚げ物などもさっぱり食べられます。

ゆで野菜
とうもろこしやブロッコリー、そら豆など、塩ゆでがおいしい野菜は、単品ですき間に入れて。栄養バランスを取るときも便利です。

PART 4

\ 彩りキレイ！/

野菜の
作りおきおかず

お弁当では、栄養面も気を遣いたいところ。
野菜レシピをたくさん覚えて、野菜生活を毎日続けましょう。
ここでは、赤・黄・緑・白・茶の5色とサラダに分けて紹介します。

1日の⅓量の野菜がとれるお弁当 ❶

筑前煮弁当

にんじんやごぼう、れんこんなどの根菜を中心に食べられる筑前煮をたっぷり盛った、和風のお弁当。さらに野菜を入れた卵焼きに、フレッシュな水菜を添えて、彩りも豊かに仕上げました。

彩りもキレイで食欲をそそる

総エネルギー
597 kcal

筑前煮 ▶▶ P156

[コツ] 煮汁がこぼれやすいので、しっかり煮からめること。ヘルシーに食べたいなら、鶏肉の代わりにちくわを入れても美味。

188 kcal

オクラとトマトの卵焼き ▶▶ P96

[コツ] お弁当のおかずは、見映えを重視。オクラとトマトがバランスよく入った、断面がおいしそうなものを選んで。

64 kcal

赤飯180g Recipe

3合分作る場合、もち米3合を水に一晩つける。ささげは⅔カップ分を軽く洗い、鍋に入れて2カップの水を加えて中火にかけ、沸騰したら弱めの中火にして約20分ゆでる。もち米を炊飯器に入れ、ささげをのせる。ささげのゆで汁と水を合わせ、炊飯器の「おこわ用」3合分の線まで入れて炊く(おこわ用の線がない場合、白米3合分の線より5mmほど下の位置まで入れる)。

340 kcal

水菜の昆布〆 ▶▶ P145

[コツ] シャキッとした食感を残すために、ゆですぎないこと。春であれば、同じレシピで菜の花やウルイを使ってもOK。

5 kcal

memo
野菜をたっぷり食べるには量を多く食べられる煮物を

野菜を食べようと思うと、サラダなどの生野菜を選びがちですが、生野菜はカサが多くて意外に量を食べられません。煮たりゆでたり、火を通すことで全体のカサを減らした野菜料理のほうが、量をたっぷり食べられます。

1日の1/3量の野菜がとれるお弁当 ②
れんこんのえび挟み焼き弁当

野菜をたくさん食べるお弁当を作るときは、野菜だけでなく肉や魚と一緒のレシピを入れましょう。そのほうが、無理なく野菜生活を続けやすいほか、元気な体を作るためのたんぱく質も摂取できます。

シャキシャキのれんこんが絶品
総エネルギー 563 kcal

れんこんのえび挟み焼き
▶▶P149

[コツ] お弁当に入れやすいように、れんこんはあまり太くないものを選ぶとよい。詰めたあとに、お好みですだちをのせる。
76 kcal

ぎんなんごはん Recipe

3合程度を炊く場合、といだ白米3合に酒大さじ1、塩小さじ1、10cmのだし昆布を入れてから3合分の水を入れ、むいたぎんなん2/3カップを入れて炊く。
319 kcal

さつまいものレモン煮
▶▶P135

[コツ] 煮汁がこぼれやすいので、汁けをよくきって詰めること。お弁当に詰めやすいよう、細めのさつまいもを選ぶとよい。
146 kcal

ほうれん草のおひたし
▶▶P144

[コツ] 調理前の30分〜1時間ほど、ほうれん草を氷水に浸しておくと、シャキッと元気な葉によみがえり、おいしくなる。
18 kcal

memo
れんこんで挟み焼きする具はえび以外でもOK

このお弁当では、えびをれんこんで挟み焼きにしていますが、中身の具を変えてもOKです。鶏つくねの具やツナ、明太子など、好きなものを挟んでみましょう。しそを一緒に挟んで焼いてもおいしいです。

1日の⅓量の野菜がとれるお弁当 ❸
トマト肉じゃが弁当

トマトの酸味が加わって、さっぱりと食べられるトマト肉じゃがと、色鮮やかなチャーハンを中心にしたお弁当です。メインとなる肉じゃががやわらかいので、副菜は歯ごたえが楽しめる2品を選びました。

トマトの酸味でさっぱり！

総エネルギー
539 kcal

ちりめんじゃこと小松菜のチャーハン Recipe（4回分）
1. 小松菜⅓束は1cm幅、黄パプリカ⅓個は8mm角に切る。
2. フライパンにごま油大さじ1を熱し、①、ちりめんじゃこ大さじ山盛り3を炒める。塩をひとつまみ入れ、さらに炒める。
3. ②にごはん茶碗3杯分を加え炒め、酒大さじ1、しょうゆ小さじ2で調味し、最後にごま油大さじ1を回しかける。

[コツ] 具がいっぱい入ったチャーハンを詰めるときは、具材が偏りなく均等に入るように気を配ること。彩りよく盛りつけて。
305 kcal

ヤングコーンといんげんのナンプラー炒め ▶▶P139
[コツ] 詰めやすいよう、小さめにカットすること。ナンプラーの味がほかのおかずにつかないよう、カップなどに入れて。
13 kcal

大根のゆず漬け ▶▶P147
[コツ] 箸休めとなる一品。チャーハンの味わいと、さっぱりしたゆずの風味がよく合うので、ごはんにのせて配置するとよい。
11 kcal

トマト肉じゃが ▶▶P153
[コツ] 汁けが多いので、汁を入れすぎないように。やわらかいので、ぎゅうぎゅう押し込めず、そっと積むように盛る。
210 kcal

memo
野菜をたくさん食べるならスパイスで飽きない工夫を

野菜を飽きずに食べるために活用したいのが、スパイス。ここではナンプラーを使用したおかずが入っていますが、ほかにもカレー粉やクミン、ペッパーなどのスパイスをお好みでふり、味を変えて食べると飽きにくいです。

1日の1/3量の野菜がとれるお弁当 ④
ゴーヤチャンプルー弁当

沖縄の名物料理・ゴーヤチャンプルーに、黄色いカレー風味のれんこんの天ぷらと、赤と黄のパプリカを添えた、色鮮やかなお弁当に仕上げました。お好みで、とうもろこしの塩ゆでを添えるのもおすすめ。

れんこんの天ぷら ▶▶P150
[コツ] カリッとした食感を損なわないよう、粗熱が取れてからお弁当に入れ、蓋をすること。食べやすいサイズに切って詰めても。 **82 kcal**

パプリカのおかかまぶし ▶▶P133
[コツ] おかかをまぶすときは、パプリカの水けをよくきること。赤パプリカを多めに、黄パプリカも少々入れると彩りがよい。 **30 kcal**

緑と赤と黄色で彩りも鮮やか

総エネルギー **596 kcal**

ゆでとうもろこし
沸騰した湯に塩を入れ、皮をむいたとうもろこしを丸ごと3～5分ゆでる。電子レンジの場合は、皮をむかずに水にさらし、皿にのせて600Wで4～5分加熱後、粗熱が取れてから皮をむく。 **46 kcal**

ゴーヤチャンプルー ▶▶P145
[コツ] ふんわり炒めた卵がつぶれないようにしながらお肉とゴーヤをバランスよくのせる。最後に、かつお節をかけても美味。 **136 kcal**

memo 同じ色の野菜ばかりがお弁当に並ばないように
いくら体によいといっても、緑の野菜ばかりが並んだお弁当では、食欲がそそられないもの。赤・黄・緑・白・茶から彩りに注意しつつ、色がかぶらないようにおかずを選ぶと、栄養バランスもととのいやすいですよ。

黒米ごはん Recipe
白米1合に対し、黒米大さじ1程度がバランスがよい。黒米は表面がかたいため、水で洗ってから一晩水(黒米と同量)に漬ける。水加減は白米の目盛り通りでOK。 **302 kcal**

カフェ風 弁当 ①

マスタードクリーム
ハンバーグ弁当

普段とひと味違うハンバーグを入れるだけで、いつもよりスペシャルな雰囲気のお弁当ができあがり！きのこマリネとえびピラフも加わって、カフェで食べているかのような華やかなお弁当に仕上げました。

ボリューム満点でもオシャレ！

総エネルギー
860 kcal

マスタードクリーム
ハンバーグ ▶▶ P63

[コツ] ほんのり辛いマスタードクリームソースは、海老ピラフとの相性も抜群。ごはんにのせて、崩しながら食べるとよい。
334 kcal

きのこの
マリネサラダ ▶▶ P166

[コツ] サニーレタスやベビーリーフ、パセリ、ディルなどと一緒にあえてサラダにしても美味。手で軽くあえるようにすると味がなじみやすい。
133 kcal

炊き込み
えびピラフ ▶▶ P189

[コツ] お弁当に詰めたら、刻みパセリを振る。お刺身用のほたてや紋甲いかを加えて炊くと、シーフードピラフにも。
393 kcal

---

memo
カフェ風にするためには
お弁当箱のチョイスが大切

最近は使い捨てのお弁当箱が充実しています。スーパーのお弁当グッズコーナーやインターネット通販でも手軽に購入することができるので非日常感を出すためにも利用してみましょう。帰宅時に荷物を軽くしたいときにも便利です。

カフェ風 弁当 ❷

しめじとマッシュルームのキッシュ弁当

ポテトサラダと鶏肉、キッシュの3点をオシャレに盛りつけました。あえて量をそろえて、おかずセットのような印象に。パンと食べるのがおすすめです。おつまみにもなるので、ピクニックでも最適。

北欧風ポテトサラダ ▶▶P159

[コツ] ポテトサラダは傷みやすいので、必ずほかの料理の粗熱が取れてから、お弁当箱に入れること。できれば保冷剤を持参して。 **77 kcal**

3点セットのおかずが楽しい

総エネルギー **819 kcal**

コッペパン 80g **265 kcal**

しめじとマッシュルームのキッシュ ▶▶P167

[コツ] 作るときに、中にスモークサーモンやえび、ハム、トマト（種を取って切ったもの）などをお好みで入れてもおいしい。 **230 kcal**

マスタードとはちみつのマリネチキン ▶▶P37

[コツ] 作るときには鶏皮をパリッと焼いてから、タレとからめるとよい。なお、付け合わせにクレソンを添えても美味。 **247 kcal**

memo
少量でも、味や食感が異なると食べごたえ満点

このお弁当は、少量でも食べごたえがあります。それは「焼いたもの」「生のもの」「かたいもの」「やわらかいもの」「甘いもの」など、味や食感のバリエーションが多いから。食べすぎに気をつけたいときにおすすめです。

カフェ風弁当 ❸

かぼちゃの
ハーブチーズコロッケ弁当

かぼちゃのコロッケをメインにしたお弁当。ボリューム満点だけど、丸い形と鮮やかな黄色のおかげで、かわいいカフェ風の仕上がりです。お肉を一切使わない、野菜たっぷりの健康弁当です。

かぼちゃのハーブチーズ コロッケ ▶▶P136

[コツ] コロッケはひとつだけでも、半分に切って中身を見せて盛りつけたほうが、明るい色合いが見えて食欲をそそる。

300 kcal

ハーブの爽やか風味が素敵！

エネルギー
747 kcal

もちきびごはんの 塩おにぎり

302 kcal

紫キャベツと 春菊のサラダ ▶▶P163

[コツ] ドレッシングが液もれしやすいので、カップに入れること。カップはできるだけ丈夫なものを選ぶとよい。

69 kcal

memo
軽いのが魅力の かごのお弁当箱もおすすめ

かごのお弁当箱は、何と言っても軽いのが特徴です。帰宅時の荷物を軽くしたいときにおすすめ。また、おかずをたっぷり詰める日は、おにぎりをラップに包んで持っていくといいでしょう。

割り干し大根とじゃこの フレンチサラダ ▶▶P170

[コツ] 紫キャベツと春菊のサラダ同様に、丈夫なカップに入れる。コロッケの粗熱が取れてから、お弁当箱に詰めること。

76 kcal

カフェ風 弁当 ❹

鶏の赤ワイン煮込み弁当

ピクニックに持っていって楽しむイメージのお弁当が完成！ じっくり煮込んだ鶏の煮込み料理をメインに、それに合う味わいの付け合わせもたっぷりと。赤ワイン片手にいただいても、おいしいです。

ピクニックにも持っていきたい

総エネルギー **769 kcal**

にんじんとズッキーニのガレット ▶▶P131

[コツ] カリッとした食感を残すためには、粉をつけすぎないこと。つなぎ程度に薄くまぶして焼くと、冷めてもベタつきにくい。 **66kcal**

バゲット 70g

[コツ] 今回のお弁当には、パリッと新鮮なバゲットやクロワッサンがよく合う。鶏の赤ワイン煮のソースをつけながら食べても美味。 **195 kcal**

memo
みんなで分け合いたいお弁当を作るには

今回はピクニックに持っていくことを想定し、お弁当を作りました。ピクニックでは、数人でそれぞれ持ち寄ったお弁当を囲むもの。できるだけ、おかずごとに容器を分けたほうが、みんなで回して食べやすいです。

鶏の赤ワイン煮 ▶▶P40

[コツ] 煮込んだソースも入れて持ち運びたいので、写真のようにほかのおかずと容器を分けたほうがおいしく食べられる。 **305 kcal**

マッシュポテト ▶▶P156

[コツ] しっかりとじゃがいもをつぶし、なめらかに作ること。お弁当箱の中でつぶれないよう、別容器で持ち運ぶのがおすすめ。 **203 kcal**

127

野菜のおかず 赤

おいしく長持ち！
定番おかずの作り方をマスター

パプリカのマリネ

甘酸っぱい味が箸休めとなる、パプリカのマリネ。さっぱりした味わいで、濃厚な肉料理の付け合わせにも最適です。肉厚なパプリカを使えば、十分に食べごたえのあるおかずになります。

1回量 69kcal ／ 冷蔵 2〜3日 ／ 冷凍 NG

鮮やかな赤がお弁当の彩りに

・材料（6回分）

赤パプリカ…大1個
オレンジパプリカ…大1個
A【オリーブオイル大さじ4、
　白ワインビネガー大さじ1、
　ローリエ1枚、
　黒こしょう5粒、
　塩ひとつまみ】

これが1人分！

・作り方

1 パプリカを焼く
パプリカは丸ごと網の上で黒焦げになるまで焼く。

2 皮をむく
パプリカの全体が焼きあがったら、ボウルにはった水につけて皮をむく。

3 種を取り除く
②のパプリカの種やワタの部分をキレイに取り除く。

4 食べやすく切る
③のパプリカは食べやすく切り、水けをきってから瓶に詰める。

5 瓶に調味料を入れて漬ける
Aを④の瓶に加えて蓋をし、冷蔵庫で一晩おく。

食べ方のコツ
箸休めとして食べるほか、主役級の食べ方があります。バゲットやクロワッサンにレタスを敷き、上にパプリカのマリネと焼いたチキンをのせて挟むと、おいしいサンドイッチの完成です。

具材がいろいろ！

「マリネバリエ」

赤の野菜のおかず

ドライトマトのハーブマリネ
凝縮したトマトの甘さとハーブが絶妙なおいしさ

サンドイッチに挟んでも美味

材料（6回分）
- ミニドライトマト…20個
- ローズマリー…5cmくらい
- タイム…1本
- 生ローリエ…小さめ1枚
- オリーブオイル…100ml

作り方
瓶に材料すべてを入れる。丸一日以上おいてから食べる。
＊最後にオイルも使えます。パスタなどを炒めるときに使うのがおすすめ。

1回量 103 kcal ／ 3〜4日

ラディッシュのレモンマリネ
ピリッとするラディッシュの辛みとレモンが合う

こりこりした食感も楽しい

材料（6回分）
- ラディッシュ…12個
- レモン（いちょう切り）…1/6個分
- 砂糖…大さじ3
- 塩…小さじ1/2

作り方
1 ラディッシュは塩でもみ、5分ほどおく。
2 1をしっかりと水けを絞り、レモンと砂糖をまぶし、3時間〜半日おく。

1回量 23 kcal ／ 3〜4日

みょうがの甘酢マリネ
みょうがを噛むごとに染み出る、甘酢がおいしい

材料（6回分）
- みょうが…10本
- 酢…100ml
- 砂糖…大さじ2 1/2
- 塩…小さじ1弱

作り方
瓶に材料すべてを入れる。丸1日以上おいてから食べる。

口の中が一気にすっきりする

1回量 15 kcal ／ 3〜4日

129

にんじんともずくのかき揚げ

カリッと揚がったにんじんともずくの楽しい食感

揚げ物ヘルシー

1回量 176 kcal / 冷蔵 2日 / 冷凍 NG

材料（6回分）
- にんじん…小½本
- もずく（味のついていないもの）…70g
- 万能ねぎ…⅓束
- 天ぷら粉…½カップ
- 水…½カップ
- 揚げ油…適量

作り方
1. にんじんは3cm幅の細切り、もずくは洗って水けをきる。万能ねぎは小口切りにする。
2. ボウルに1を入れ、天ぷら粉をからめる。分量の水を少しずつ加え、とろんとするくらいのタネを作る。
3. 170℃の揚げ油に、2を大さじ1くらいずつ落として揚げる。

これが1人分！

赤かぶの千枚漬け風

昆布と米酢でまろやかな味わい

ピンクの色合いで彩りもキレイ

1回量 49 kcal / 冷蔵 1週間 / 冷凍 NG

材料（6回分）
- 赤かぶ…2個（500g）
- A【砂糖50g、米酢・塩各大さじ1、昆布5cm角1枚】

作り方
1. 赤かぶを半分に切り、5mm幅に切る。
2. 保存袋に1のかぶとAを加えて空気を抜いて、よくもみ込む。半日ほど冷蔵庫において、ねっとりとしたら食べる。

調理のコツ　赤かぶは、スライサーを使って切ると、均等にスライスできる。厚さを自分で調整できるタイプのスライサーが、とくに便利。保存するときは下に笹の葉を敷いてからのせると、さらに日持ちしやすい。

これが1人分！

赤パプリカとなすのポン酢漬け

ポン酢しょうゆが染みた食べごたえのある酢漬け

肉厚な具材に味が染みる

1回量 134 kcal / 冷蔵 2〜3日 / 冷凍 NG

材料（6回分）
- 赤パプリカ…1個
- なす…5本
- ポン酢しょうゆ…適量
- 揚げ油…適量

作り方
1. 赤パプリカは種を取り除き、なすは縦半分に切り、斜めに包丁で切り込みを入れ、一口大に切る。
2. 160℃の揚げ油で1を揚げ、しっかり油をきって冷ます。冷めてからポン酢しょうゆに漬ける。

調理のコツ　ポン酢しょうゆは、柚子ポン酢や昆布ポン酢などお好みのもので。なお、家でおつまみとして食べる場合は、貝割れ大根を添えると、シャキシャキとした歯ごたえがよく合う。

赤の野菜のおかず

キャロットラペ
細切りにんじんにレーズンと松の実がからんで美味

松の実のコクがおいしい！

材料（6回分）
にんじん…大1本
ドライレーズン…山盛り大さじ1
松の実…山盛り大さじ1
A【オリーブオイル大さじ2、赤ワインビネガー大さじ1½、塩・こしょう各少々、にんにく（すりおろし）耳かき一杯分】

作り方
1 ドライレーズンはぬるま湯で15分ほど戻す。松の実はローストしておく。
2 にんじんを細切りにし（スライサーを使っても）、1と一緒にボウルに入れ、Aであえる。

これが1人分！
1回量 69kcal
冷蔵 2〜3日
冷凍 NG

にんじんとズッキーニのガレット
卵を使って焼きあげた、やさしい味わいが魅力

にんじんの甘さが引き立つ

材料（6回分）
にんじん…⅓本
ズッキーニ…½本
小麦粉…大さじ1½
卵…1個
塩・こしょう…各少々
オリーブオイル…大さじ1

作り方
1 にんじんとズッキーニは細切りにし、ボウルに入れる。
2 1に小麦粉、溶き卵を加え、塩、こしょうをして混ぜる。
3 フライパンにオリーブオイルを熱し、6等分にした2の生地を流し入れ、両面おいしそうな焼き色がつくように焼く。

これが1人分！
1回量 66kcal
冷蔵 2日
冷凍 NG

にんじんしりしり
卵とツナと一緒にふんわり炒めた、沖縄料理

野菜とツナが相性抜群！

材料（6回分）
にんじん…中1本
ツナ缶…小1缶
万能ねぎ…3本
卵…2個
A【しょうゆ小さじ2、砂糖ひとつまみ】
塩…ひとつまみ
こしょう…少々
太白ごま油…小さじ2

作り方
1 にんじんは細切りにする。ツナは油をきり、万能ねぎは小口切りにしておく。
2 ボウルに卵を割り入れ、Aを加えて軽く溶きほぐす。
3 フライパンにごま油を熱し、1のにんじんを炒め、しんなりしたらツナを加え、軽く塩、こしょうをふって、さっと炒める。
4 3に2を加えてさっと炒め、1の万能ねぎを加える。

これが1人分！
1回量 84kcal
冷蔵 2〜3日
冷凍 2週間

131

ミニトマトのツナサラダ詰め

色鮮やかなトマトカップがかわいい一品！

これが1人分！
ちょこんと入っているとキュート
1回量 98kcal
冷蔵 2〜3日
冷凍 NG

材料（6回分）
ミニトマト…12個
玉ねぎ（みじん切り）…大さじ2
ツナ缶…小1缶（80g）
ホールコーン缶…大さじ1
A【マヨネーズ大さじ3、しょうゆ小さじ1、塩・こしょう各少々】
イタリアンパセリ（みじん切り）…適量

作り方
1 ミニトマトの上を切り、中の種を取り出し、中をペーパータオルでふく。
2 玉ねぎは水にさらしてから、しっかりと水けをきる。
3 ボウルに2、油をきったツナ、汁けをきったホールコーンを入れ、Aで味をととのえて、イタリアンパセリを加え混ぜ、1のトマトに詰める。

調理のコツ　種を取ったミニトマトは、ペーパータオルできちんとふいて、水けが残らないように。底を少し切り落とすと、お弁当に詰めるときに安定する。

ミニトマトの梅はちみつマリネ

はちみつの甘さと梅の酸味がトマトを引き立てる

フルーティなトマトが美味
1回量 48kcal
冷蔵 3〜4日
冷凍 NG

材料（6回分）
ミニトマト…2パック
はちみつ…大さじ3
梅干し…大1個

作り方
ミニトマトにはちみつと種を取り、たたいた梅干しを混ぜる。半日くらいおいてからいただく。

調理のコツ　梅はよくたたいて、細かくしておくこと。はちみつは、売られている種類によってかなり味が異なるので、できるだけ素材の邪魔をしないシンプルな味わいのものを選ぶとよい。アカシアのはちみつがおすすめ。

紫キャベツとあんぽ柿、くるみのサラダ

あんぽ柿の爽やかな甘みが紫キャベツの苦みに合う

甘さと酸味を一緒に味わう
これが1人分！
1回量 80kcal
冷蔵 2〜3日
冷凍 NG

材料（6回分）
紫キャベツ…1/8個
あんぽ柿…1個
くるみ…大さじ2
A【オリーブオイル大さじ2、米酢大さじ1、塩・こしょう各少々】

作り方
1 紫キャベツは1cm角に、あんぽ柿は約5mm角に切る。くるみはローストして粗く刻む。
2 1をボウルに入れ、Aで味をととのえる。

調理のコツ　少し面倒に感じても、くるみはローストしてから使うと、深い味わいが楽しめる。フライパンに入れ、軽く炒るだけで簡単にできる。

パプリカのおかかまぶし

赤パプリカにおかかをまぶした、シンプルな一品

> おかかのうまみがアクセント

材料（6回分）
- 赤パプリカ…1個
- 黄パプリカ…½個
- オリーブオイル…小さじ2～3
- しょうゆ…小さじ2～3
- かつお節…1パック（5g）

作り方
1 パプリカを半分に切って種とワタを取り除き、約1.5cm角に切る。
2 熱湯で1を1分弱ゆで、ザルにあげ、しっかりと水けをきる。
3 ボウルに2を入れ、オリーブオイル、しょうゆ、かつお節の順に加えてあえる。

これが1人分！

赤の野菜のおかず

1回量 30kcal ／ 冷蔵 2～3日 ／ 冷凍 NG

ラタトゥイユ

パプリカ、ズッキーニなどをトマトで煮込んだ料理

> ベーコンのうまみで味わいUP!!

材料（6回分）
- にんにく（つぶす）…1かけ分
- オリーブオイル…大さじ2
- A【ベーコン（厚め／薄切り）4枚分、玉ねぎ（粗みじん切り）1個分】
- B【なす（1cm角）2本分、ズッキーニ（1cm角）1本分、パプリカ（1cm角）赤1個分、黄½個分】
- C【トマト水煮缶（手でつぶす）1缶、白ワイン50mℓ、塩小さじ1、ローリエ生のもの2枚、はちみつ小さじ1～2】
- 塩・こしょう…各少々

作り方
1 厚手の鍋ににんにく、オリーブオイルを入れ弱火でふつふつと香りを出すように炒める。
2 1にAを加え炒め、Bを加えさっと炒める。
3 2にCを加え、煮詰める。最後に塩、こしょうで味をととのえる。

これが1人分！

1回量 137kcal ／ 冷蔵 4～5日 ／ 冷凍 2週間

ミニトマトとハムの卵炒め

甘みのあるトマトとハムの味わいがやさしい！

> ごま油の風味もおいしい！

材料（6回分）
- 卵…4個
- A【牛乳大さじ1、塩・こしょう各少々】
- ミニトマト（横に半分に切る）…6個分
- ハム（1cm角に切る）…3枚分
- 太白ごま油…大さじ½

作り方
1 ボウルに卵を割り入れ、Aを加え、溶きほぐす。
2 ミニトマト、ハムを1に加え、ごま油を熱したフライパンでふんわり焼く。

調理のコツ　ミニトマトは、横に半分に切ること。果肉が表面に見え、トマトの甘酸っぱいおいしさが際立つ。なお、ハムは「ホワイトロースハム」が合う。

これが1人分！

1回量 86kcal ／ 冷蔵 2日 ／ 冷凍 NG

野菜の
おかず
黄

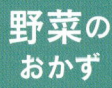

冷めても
おいしい！

定番おかずの作り方をマスター

かぼちゃ煮

甘いかぼちゃをほっこりと煮つけた、かぼちゃ煮。お弁当に入っていると、どこかホッとする味わいですよね。薄口しょうゆとお砂糖で仕上げましょう。塩けの強いおかずと一緒に入れると引き立て合います。

1回量 63kcal ／ 冷蔵 2〜3日 ／ 冷凍 2週間

ほくほくして安心する味

● 材料（6回分）

- かぼちゃ…½個（約300g）
- だし汁（かつお昆布）…400㎖
- **A**【砂糖大さじ2½、みりん大さじ1、塩少々】
- 薄口しょうゆ…小さじ2

これが1人分！

● 作り方

1 かぼちゃの下処理をする
かぼちゃの種をスプーンで取り除き、食べやすい大きさに切る。

2 だし汁で煮る
かぼちゃを深めの鍋に入れ、だし汁を入れて強火にかける。沸騰したら、火を弱めてアクを取り、落とし蓋をして3〜4分煮る。

3 Aを加えて煮込む
②にAを加え、再び落とし蓋をして4〜5分煮込み、甘みを含ませる。

4 薄口しょうゆを加える
仕上げに薄口しょうゆを加えて弱火で15分煮る。かぼちゃがやわらかくなったら、火からおろし、煮汁にひたしたまま味を含ませる。

＊色がきれいに仕上がるように薄口しょうゆを使う。なければ、薄口しょうゆの代わりに塩ふたつまみを入れて代用しても良い。

調理のコツ　しょうゆは、薄口しょうゆを使う。お弁当は色みが大切。薄い茶色の薄口しょうゆであれば、素材の色を壊さずに仕上がり、かぼちゃの黄色をキレイに見せられる。

煮物バリエ

具材がいろいろ！

黄の野菜のおかず

さつまいものレモン煮

爽やかなレモンの風味とさつまいもがよく合う

材料（6回分）
- さつまいも…大きめ1本
- レモン（輪切り）…5枚
- グラニュー糖…100g
- 水…適量

作り方
1. さつまいもは7～8mm幅に切り、水にさらす。
2. 鍋に1を入れ、グラニュー糖を加えて水をひたひたにかぶるぐらいまで注ぐ。中火にかけ、さつまいもに竹串がすっと刺さるくらいまで煮る。
3. 保存容器に移し、輪切りにしたレモンを入れ冷ます。

すっきりした甘さがおいしい

1回量 146kcal / 冷蔵 2～3日 / 冷凍 2週間

栗の渋皮煮

甘く煮詰めた栗がほくほくで美味！

デザートにもなる一品！

1回量 184kcal / 冷蔵 2週間 / 冷凍 NG

材料（6回分）
- 栗…500g
- 重曹…小さじ1
- A【ざらめ¾カップ、水300ml】
- B【ブランデー大さじ1、薄口しょうゆ少々】

作り方
1. 栗は一晩水に浸け、渋皮に傷がつかないように鬼皮をむき、たっぷりの水に重曹を混ぜたものに半日ほど浸けておく。
2. 鍋にたっぷりの水と栗を入れ、中火にかけ、煮立ったら弱火で30分下ゆでする。火から下ろし、鍋の中の水を入れ替える。再び火にかけ、弱火で20分ゆでる。
3. 2の鍋を火から下ろし、再び水を入れ、ぬるま湯にし、表面の皮をキレイに取り除き、水を入れ替え、2時間浸ける。
4. 3をさらに20分ほど弱火で煮る。Aでシロップを作り、栗を入れ30分ほど弱火で煮て、Bを香りづけに加え、保存容器に入れる。

とうもろこしの塩バター煮

塩とバターでやわらかく煮たコーンの甘みが絶品

バターの風味があとを引く！

材料（6回分）
- ホールコーン缶詰…1缶
  ＊旬の時期は、ぜひ生のとうもろこしで。生なら1本。
- 塩…少々
- バター…10g

作り方
フライパンにバターを溶かし、汁けをきったホールコーン、塩を入れて炒める。水分を飛ばすように炒める。

1回量 34kcal / 冷蔵 2日 / 冷凍 2週間

135

かぼちゃのハーブチーズコロッケ
爽やかなハーブチーズで、軽い食感のコロッケ

これが1人分！
ハーブの香りが食欲をそそる

1回量 150 kcal
冷蔵 2〜3日
冷凍 2週間（揚げずに衣をつけた状態で）

材料（6回分）
- かぼちゃ…1/8個
- ハーブチーズ（1cm角に切ったもの）…6個
- バター…10g
- 塩・こしょう…各少々
- 薄力粉・溶き卵・パン粉・揚げ油…各適量

作り方
1. かぼちゃの種と皮を取り、蒸気の上がった蒸し器で15〜20分ほど蒸す。
2. 蒸し上がった1をつぶし、バター、塩、こしょうをして混ぜる。
3. 6等分にした2にハーブチーズを入れて丸め、薄力粉、溶き卵、パン粉の順に衣をつけて170℃の揚げ油で揚げる。

かぼちゃのムサカ
ミートソースがたっぷり入った、ギリシャ料理

濃厚な2種類のソースで絶品

1回量 288 kcal
冷蔵 2〜3日
冷凍 2週間

材料（6回分）
- かぼちゃ…1/2個
- ミートソース（P68ミートオムレツ参照）…1 1/2カップ
- ホワイトソース
  - 薄力粉…大さじ3
  - 牛乳…200mℓ
  - A【バター15g、生クリーム50mℓ、塩・こしょう・ナツメグ各少々】
- ピザ用チーズ…150g
- オリーブオイル…小さじ2

作り方
1. かぼちゃの種と皮を取り、蒸気の上がった蒸し器で15〜20分ほど蒸してつぶす。
2. ホワイトソースを作る。鍋に薄力粉と牛乳を入れてホイッパーでよく混ぜて中火にかけ、かき混ぜながら加熱する。ふつふつしてきたら弱火にし、とろみがつくまでホイッパーで混ぜ、Aを加えて再びとろみがつくまで木べらで混ぜる。
3. 耐熱容器にオリーブオイルを塗り、1、ミートソース、2のホワイトソース、チーズの順にのせ、230℃に予熱したオーブンで20分ほど焼きあげる。

かぼちゃとレーズンのヨーグルトサラダ
レーズンとアーモンドスライスがアクセントに

ヨーグルトの酸味ですっきり

1回量 167 kcal
冷蔵 2〜3日
冷凍 NG

これが1人分！

材料（6回分）
- かぼちゃ…1/2個
- レーズン…大さじ2
- A【プレーンヨーグルト大さじ3、マヨネーズ大さじ山盛り3】
- 塩・こしょう…少々
- スライスアーモンド…大さじ2

作り方
1. かぼちゃは皮をまだらにむき、5cm角に切り、蒸気の上がった蒸し器で7分ほど蒸す。
2. レーズンは水で10分ほど戻す。
3. 1のかぼちゃをつぶし、冷めたら2、Aであえる。塩、こしょうで調味し、ローストしたスライスアーモンドを混ぜる。

揚げさつまいもの蜜がらめ

やさしい甘さにホッとする

はちみつとしょうゆの蜜をよく絡めて食べて

材料（6回分）
さつまいも
　…大1本（約250g）
揚げ油…適量
A【はちみつ大さじ2、
　しょうゆ小さじ1】

作り方
1 さつまいもは皮をむいて食べやすく切り、水（分量外）に15分ほどさらしてから、ラップをして電子レンジで2分ほど少しかために加熱する。
2 1の水けをよくきり、170℃の揚げ油で素揚げする。粗熱が取れたら、混ぜ合わせたAとからめる。

黄の野菜のおかず

これが1人分！

1回量 96kcal ／ 2日 ／ NG

とうもろこしとえびのオリーブオイル炒め

素材のうまみをシンプルに味わう

オリーブオイルの豊かな風味と具材がよく合う

材料（6回分）
とうもろこし…1本
えび…200g
オリーブオイル…大さじ1
塩…少々

作り方
1 とうもろこしは身を包丁でこそげ取り、えびは殻をむいて、背ワタを取り除き、7～8mm幅に切る。
2 フライパンにオリーブオイルを熱し、1のえびを炒め、色が変わってきたら、とうもろこしを加え炒め、塩で調味する。

調理のコツ
とうもろこしを横にしてまな板にのせ、包丁の刃を横にスライドさせながら実を取るとやりやすい。また、火を通しすぎるとえびのぷりぷりの食感が失われる。えびの色が変わったら味見をして火の通り加減を確認。

これが1人分！

1回量 96kcal ／ 2～3日 ／ 2週間

黄にらともやしの春巻き

たっぷりもやしでボリュームUP!

えびと野菜を細めに巻いた、ジューシーな春巻き

材料（作りやすい分量：10本分）
えび　200g
もやし…1/2袋
黄にら…1束
ごま油…小さじ2
A【水100ml、酒50ml、しょうゆ小さじ1、中華スープの素（練りタイプ）小さじ1/4】
春巻きの皮…10枚
しょうが（すりおろし）…小さじ1
水溶き片栗粉…大さじ1～2
揚げ油…適量

作り方
1 えびは殻をむいて背ワタを取り除き、もやしはさっと洗う。黄にらは3cm幅に切る。
2 フライパンにごま油を熱し、1のもやしとえびを入れて炒める。えびに火が通り始めたら、黄にらを入れて炒め合わせ、水溶き片栗粉でしっかりめにとろみをつける。完全に冷ましてから春巻きの皮で細めに包み、160～180℃の揚げ油で揚げる。

1回量 232kcal ／ 2日 ／ 2週間

これが1人分！

137

さつまいもとセロリとハムのサラダ

すっきりとした甘みがおいしい

マヨネーズとヨーグルトで、具の甘さが引き立つ

1回量 170 kcal / 冷蔵 3〜4日 / 冷凍 NG

材料（6回分）
さつまいも…大きめ1本
ハム（1㎝角に切る）…3枚分
セロリ（2㎜幅に輪切り）…½本分
A【マヨネーズ大さじ4、プレーンヨーグルト大さじ2、塩・こしょう各少々】

作り方
1 さつまいもは、皮をよく洗い、20〜30分蒸して、皮ごと1㎝角に切り、ボウルに入れて粗熱を取る。
2 1の粗熱が取れたさつまいもにハムとセロリを加え混ぜ、Aで味をととのえる。

イエローズッキーニのオリーブオイル焼き

ズッキーニの味が引き立つ

シンプルな味つけで、よりおいしく食べられる

1回量 45 kcal / 冷蔵 2日 / 冷凍 NG

材料（6回分）
イエローズッキーニ…1本
オリーブオイル…大さじ1
塩・こしょう…各少々

作り方
1 イエローズッキーニは約8㎜幅に切る。
2 フライパンにオリーブオイルを熱し、1を炒めて塩、こしょうで味をととのえる。

調理のコツ シンプルな料理のときほど、おいしいオリーブオイルや塩にこだわって調理を。ズッキーニの幅は1㎝だと厚すぎるので、8㎜幅を目指して。なお、焼いてから保存するより、できるだけ食べるたびに焼くのがよい。

とうもろこしとパプリカのかき揚げ

苦さと甘さのバランスが最高

揚げることでコーンとパプリカの甘みが引き立つ

1回量 150 kcal / 冷蔵 2日 / 冷凍 NG

材料（6回分）
とうもろこし…1本
黄パプリカ…¼個
天ぷら粉…大さじ3
水…大さじ3
揚げ油…適量

作り方
1 とうもろこしは、実をこそげ取り、パプリカは7㎜角に切る。
2 ボウルに1を入れ、天ぷら粉を加え混ぜる。水を少しずつ加える。
3 大さじ1ほどの2を170℃の揚げ油に落し入れて揚げる。

さつまいもの紫たまねぎと青じそのドレッシングあえ

ほくほくのさつまいもにドレッシングがよくからむ

さっぱりサラダ仕立てがうれしい

材料（6回分）
- さつまいも…2本
- 塩…少々
- 紫玉ねぎ(半分に切って薄切り)…小1個
- 青じそ(細かく刻む)…10枚
- ドレッシング
- A【オリーブオイル大さじ4、ワインビネガー大さじ1、塩・こしょう】

作り方
1. さつまいもは蒸気の上がった蒸し器で20分ほど蒸して皮をむき、1cm弱の厚さの半月切りにし、塩少々をふる。
2. ボウルにAと紫玉ねぎ、青じそを混ぜておく。
3. 2に1を入れてあえる。

調理のコツ　さつまいもが冷めてから調理すること。じっくり火が通り、より甘みが強くなる。しそをたっぷり入れると、より爽やかな味わいに。

これが1人分!
● 黄の野菜のおかず
1回量 246 kcal ／ 冷蔵 3〜4日 ／ 冷凍 NG

甘栗のフリット

甘い栗を軽く揚げて、デザートにもなるおいしさ

デザートやおつまみにも！

材料（6回分）
- 甘栗…12粒
- A【天ぷら粉大さじ山盛り3、冷水大さじ3】
- 揚げ油…適量

作り方
Aをよく混ぜ、甘栗をくぐらせて、170℃の揚げ油で揚げる。

保存のコツ　ふっくらと、大ぶりの甘栗を選ぶと食べごたえがある。近ごろは国産のものも多く、ほどよい甘さでおいしい。なお、お好みで少し塩をつけたり、バターをつけたりして食べるのもおすすめ。

これが1人分!
1回量 47 kcal ／ 冷蔵 2日 ／ 冷凍 NG

ヤングコーンといんげんのナンプラー炒め

歯ごたえのあるヤングコーンといんげんの甘みを味わう

歯ごたえのある食材がおいしい

材料（6回分）
- ヤングコーン…8本
- さやいんげん…1袋
- 菜種油…小さじ1
- A【ナンプラー小さじ2、塩・こしょう少々】

作り方
1. ヤングコーンは3〜4等分に切る。
2. さやいんげんは筋を取り、2cm幅に切る。
3. フライパンに菜種油を熱し、1と2を炒め、Aで調味する。

これが1人分!
1回量 13 kcal ／ 冷蔵 2〜3日 ／ 冷凍 2週間

139

野菜の
おかず
緑

おいしく長持ち！ 定番おかずの作り方をマスター

いんげんのごまあえ

和風のお弁当の定番おかずである、いんげんのごまあえは、ごまの香ばしい風味といんげんのほのかな甘みがマッチして、味わい深い料理です。つくねや酢豚など、肉料理の付け合わせとして最適です。

1回量 42kcal ／ 冷蔵 2日 ／ 冷凍 NG

風味豊かなごまがたっぷり

・材料（6回分）

さやいんげん…2袋
ごまだれ
A【すりごま大さじ2、
　砂糖大さじ1、
　しょうゆ・みそ各小さじ1】

これが1人分！

・作り方

1 さやいんげんの両端を除く
さやいんげんは洗い、両端を取り除く。

2 熱湯でゆでる
①のさやいんげんを塩（分量外）を入れた熱湯でさっとゆでる。

3 ザルにあげる
②がやわらかくなったら、ザルにあげて水けをきる。

4 水けをよくふき取る
さやいんげんの粗熱がとれたら、ペーパータオルでしっかり水けをふき取り、食べやすく切る。

5 Aであえる
Aを合わせておき、④を加えてあえる。

調味のコツ
少し面倒かもしれませんが、ごまは必ず最初に軽く炒っておきましょう。フライパンに入れて空炒りし、カラッとして香りが立つまで火にかけます。そのあと、ごまをするようにしましょう。

あえ物が
いろいろ！

いんげんのあえ物バリエ

緑の野菜のおかず

いんげんのたらこあえ
ピンク色のたらこで彩りもキレイな一品

たらこの塩で
ごはんが進む

材料（6回分）
さやいんげん
　（細めのもの）…2袋
たらこ…小1腹
オリーブオイル…大さじ1
塩…少々

作り方
1 さやいんげんをゆで、4cm幅に切る。たらこは皮からこそげとる。
2 ボウルに1を入れ、オリーブオイル、塩を加えてあえる。

1回量 54kcal / 2日 / 冷凍NG

いんげんのおかかじょうゆ
おかかの風味が効いた、さっぱりした副菜

おかかがたっぷり
で深い味わい

材料（6回分）
さやいんげん…2袋
A【かつお節大さじ3、オリーブオイル大さじ1、しょうゆ小さじ1～2】

作り方
1 さやいんげんは筋をとってさっと塩ゆでし、しっかり水けをきって3つに切る。
2 ボウルに1を入れ、Aを加えてあえる。

1回量 26kcal / 2日 / 冷凍NG

食べ方のコツ　味にものたりなさを感じなければ、できるだけしょうゆは少なめにし、オリーブオイルとかつお節の風味で食べるようにすると、塩分控えめになります。

いんげんのみそマヨあえ
ごはんにも合う、みそとマヨのこってり感が美味

まろやかな味
で食べやすい

材料（6回分）
さやいんげん…2袋
A【マヨネーズ大さじ2、白炒りごま大さじ1、みそ小さじ2】

作り方
1 ボウルにAを入れ混ぜ合わせておく。
2 さやいんげんは筋を取ってさっと塩ゆでし、しっかり水けをきって3つに切る。
3 1に2を加えてあえる。

1回量 49kcal / 2日 / 冷凍NG

141

芽キャベツのオリーブオイル焼き
シンプルな焼き方で、芽キャベツをよく味わう

これが1人分！
噛むほどに甘さが広がる

1回量 40kcal／冷蔵 2日／冷凍 NG

材料（6回分）
芽キャベツ…12個
オリーブオイル…大さじ1½
塩・こしょう…各少々

作り方
フライパンにオリーブオイルを熱し、中火で芽キャベツを焼き、塩、こしょうする。

材料のコツ　芽キャベツは12月～初夏にかけて出回り、とくに冬場が旬。調理が楽で、お弁当に入れるのにちょうどよいサイズ・形なので、重宝する。なお、シンプルな味つけのときほど、オリーブオイルと塩の味にこだわりたい。

ほうれん草の梅マヨあえ
やわらかいほうれん草に梅マヨがよくからんで美味

これが1人分！
やさしい酸味がおいしい！

1回量 33kcal／冷蔵 2日／冷凍 NG

材料（6回分）
ほうれん草…2束
A【マヨネーズ大さじ1、梅干し（種を取ってたたいたもの）小さじ2、しょうゆ小さじ1】

作り方
1 ボウルにAを合わせて混ぜる。
2 ほうれん草は塩を加えた熱湯でゆで、水にさらして水けを絞り、4cm幅に切る。
3 1に2を加えてあえる。

調理のコツ　梅はよくたたいて細かくしてから、マヨネーズと混ぜる。梅ははちみつ漬けではなく、赤じそで漬けたタイプを選ぶとおいしい。作りおきするときはほうれん草をゆでた状態で保存して、都度ソースであえること。

ゴーヤと玉ねぎの梅おかかあえ
ゴーヤと玉ねぎの苦み・辛みが梅おかかで引き立つ

これが1人分！
シャキシャキ歯ごたえが美味

1回量 8kcal／冷蔵 2～3日／冷凍 NG

材料（6回分）
ゴーヤ…½本
玉ねぎ…¼個
梅干し…大きめ1個
かつお節…1袋

作り方
1 ゴーヤは種をキレイに取り除き、玉ねぎは薄切りにして水にさらす。
2 ボウルに1のゴーヤと水けをきった玉ねぎを入れ、たたいた梅干しとかつお節を加えてさっとあえる。

調理のコツ　ゴーヤの苦みが苦手な場合は、下処理をしっかりとおこなうこと。ゴーヤはワタをきちんと取ると、苦みがやわらぐ。また、ゴーヤも玉ねぎも最初に冷水につけておき、シャキッとさせてからあえるとおいしい。

緑の野菜のおかず

ブロッコリーのチーズ焼き
こんがり焼いたチーズの香りが食欲をそそる一品

チーズのコクがよく味わえる

材料（6回分）
ブロッコリー…1個
塩・こしょう…各少々
ピザ用チーズ…大さじ4

作り方
1 ブロッコリーを小房に分け、かためにゆでる。
2 耐熱カップにブロッコリーを入れ、塩、こしょうをし、ピザ用チーズをかける。オーブントースターでチーズにこんがりと焼き目がつくまで焼く。

保存のコツ
ブロッコリーをまとめてゆでたら、ペーパータオルを敷いた保存容器に入れて冷蔵庫にて保存すれば、5日ほど日持ちする。ただし、チーズは食べるたびにのせて焼くこと。ピザ用のモッツァレラチーズが合う。

これが1人分!

1回量 50kcal / 冷蔵 5日 / 冷凍 NG

たことキャベツの一口お好み焼き
山いもが入った、ふんわりした食感がおいしい

一口食べるとあとを引く!

材料（6回分）
ゆでだこ…足2本
A【キャベツ（2㎝角）、100g（¼個弱）、山いも（すりおろす）100g、卵1個、薄力粉大さじ2、だし汁50㎖】
菜種油…大さじ1
B【市販のお好み焼きソース・マヨネーズ各適量】

作り方
1 ゆでだこは余分な水分をペーパータオルで取り5mm幅に切る。
2 ボウルに1のゆでだこ、Aを入れ、よく混ぜる。
3 フライパンに菜種油を熱し、大さじ1杯ずつ両面焼いていく。混ぜ合わせたBをつけて食べる。

これが1人分!

1回量 129kcal / 冷蔵 2～3日 / 冷凍 2週間

キャベツときゅうりの浅漬け
みょうがの味がアクセント! さっぱりお漬物

揚げ物のときに添えると爽快

材料（6回分）
A【キャベツ（ざく切り）¼個分、きゅうり（2㎜厚さの輪切り）1本分、しょうが（細切り）10g、みょうが（細切り）1個分、青じそ（細切り）5枚分】
塩・みりん…各小さじ1

作り方
1 Aの材料をファスナーつきポリ袋に入れ、塩、みりんを加え、よくもみ込む。
2 30分ほど冷蔵庫で置いてから、よく水けをきって食べる。

1回量 17kcal / 冷蔵 1週間 / 冷凍 NG

これが1人分!

ほうれん草のおひたし
だしのうまみを閉じ込めた、定番のおひたし

これが1人分！
かつお節もたっぷりと！

1回量 18kcal / 冷蔵 3〜4日 / 冷凍 NG

材料（6回分）
- ほうれん草…2束
- だししょうゆ…大さじ1½
- 水…大さじ1½
- かつお節…適量

作り方
1. ほうれん草を塩ゆでし、水にあげてよく水けを絞り、4cm幅に切り揃える。
2. 保存容器にだししょうゆと水、1のほうれん草を入れて蓋をし、冷蔵庫で保存する。食べるときにかつお節を添える。

調理のコツ ほうれん草は根の部分に栄養が詰まっているので、根元を切り落とさず、根元に十字の切り込みを入れてよく洗い、氷水につけておく。また、ゆでたあともすぐ氷水につけて、余熱で火が通るのを防ぐこと。

ピーマンとじゃこの炒め物
しっとりと炒めたピーマンの苦みと甘さが絶妙

たっぷりのじゃこで食べやすく!!
これが1人分！

1回量 40kcal / 冷蔵 2〜3日 / 冷凍 2週間

材料（6回分）
- ピーマン…8個
- ごま油…大さじ1
- ちりめんじゃこ…大さじ山盛り3
- A【しょうゆ・みりん 各大さじ1】

作り方
1. ピーマンは種とワタを取り除き、細切りにする。
2. フライパンにごま油を熱し、ちりめんじゃこと1を炒め、Aで調味する。

保存のコツ ピーマンは、時間をかけずに、さっと炒める。余熱で火が通るため、ハリを残した状態で火を止めて。パプリカでもOK。じゃこは小分けにして保存袋に入れれば冷凍可。凍ったまま炒めることもできる。

アスパラのパルメザンチーズあえ
大盛りのパルミジャーノチーズのコクが美味！

これが1人分！
アスパラにチーズが絡んで美味！

1回量 49kcal / 冷蔵 2〜3日 / 冷凍 NG

材料（6回分）
- グリーンアスパラガス…2束
- 粉チーズ（パルミジャーノ）…大さじ山盛り2
- オリーブオイル…大さじ1½
- 塩・こしょう…各少々

作り方
1. アスパラガスは下のかたい部分を切り落とし、はかまを取り3等分にして塩ゆでする。
2. ゆであがった1の水けをよくきり、オリーブオイルをからめる。
3. 粉チーズまたはパルミジャーノチーズを削って2に加えてあえ、塩、こしょうで味をととのえる。

緑の野菜のおかず

絹さやと車麩の煮物
煮汁を吸いこんだ麩の味が、口の中で広がる

甘めの煮汁がいんげんに合う

材料（6回分）
- 絹さや…12枚
- 車麩…2枚
- 卵…3個
- A【だし汁200㎖、酒大さじ3、しょうゆ大さじ2½、砂糖大さじ2】

作り方
1. 車麩はぬるま湯で戻して、6つに切る。
2. 絹さやは筋を取り除いてさっと塩ゆでし、斜め切りにする。
3. 鍋に1とAを入れて火にかけ、20分ほど弱火で煮含める。最後に卵を溶きほぐして加え、蓋をして卵がふんわりかたまってきたら、2を添える。

調理のコツ　朝に調理をする場合、前日の夜のうちに車麩を水につけて戻しておくとよい。調理するときは、しっかりと水けをきってから煮れば、味がぼやけない。絹さやがない場合、ゆでたほうれん草や小松菜でも可。

これが1人分！
1回量 42kcal ／ 冷蔵2〜3日 ／ 冷凍NG

ゴーヤチャンプルー
ゴーヤの苦みと豚肉がよく混ざる、定番沖縄料理

ほろ苦いけど癖になる味！

材料（6回分）
- ゴーヤ…½本
- 豚ロースかたまり肉…130g
- 木綿豆腐…1丁
- 卵…2個
- 太白ごま油…小さじ2
- 塩…少々
- しょうゆ…大さじ1½

作り方
1. ゴーヤは縦に切り、種を取り除き、約3㎜幅の半月切りにする。豚かたまり肉は薄く切る。
2. 木綿豆腐は水きりする。
3. フライパンにごま油を熱し、2の木綿豆腐を手でちぎって入れ、焼きつけるように炒める。
4. 3に1を加え炒め、塩をふって炒める。溶きほぐした卵を流し入れて炒め、しょうゆを加え、塩で味をととのえる。

これが1人分！
1回量 136kcal ／ 冷蔵2〜3日 ／ 冷凍2週間

水菜の昆布〆
みずみずしい水菜を風味豊かな昆布とあわせて

新鮮な水菜をさっぱりと

材料（6回分）
- 水菜…2束
- 昆布巻き用の昆布…20㎝の長さのもの2枚
- 塩…少々

作り方
1. 水菜は調理前に30分ほど氷水に浸けておく。
2. 1の水菜をさっと塩ゆでしてよく水けをきっておく。
3. 昆布1枚に2の水菜を並べ、塩をし、もう1枚の昆布で挟み、ラップで包む。冷蔵庫に一晩入れておく。
4. 昆布から水菜を取り出し、6等分して保存する。

1回量 5kcal ／ 冷蔵2〜3日 ／ 冷凍NG

これが1人分！

野菜のおかず 白

おいしく長持ち！
定番おかずの作り方をマスター

白菜の彩り漬け

ひと口食べただけで、口の中がさっぱりとする白菜のお漬物。ゆずの皮がのって、その香りが食欲をそそります。できたてもおいしいですが、日が経つごとに味が染みこんで深みのある味わいになります。

1回量 15kcal
冷蔵 4〜5日
冷凍 NG

ほんのり辛い味にやみつき！

・材料（6回分）

- 白菜…⅙個
- きゅうり…1本
- にんじん…½本
- ゆずの皮…⅙個分
- 赤唐辛子…½本
- 塩…小さじ1
- 糸昆布…適量

これが1人分！

・作り方

1　ゆずの皮の下処理をする
ゆずの皮は白い部分を取り除いてせん切りにする。

2　赤唐辛子は輪切り
赤唐辛子は種を取り除き、輪切りにする。

3　野菜を切る
白菜は2cm幅に、きゅうりは輪切り、にんじんは細切りにする。

4　ファスナー付き保存袋に入れる
①〜③をファスナー付き保存袋に入れ、塩、糸昆布を加える。

5　よくもみ込み、寝かせる
袋の上からもみ込み、冷蔵庫で30分以上寝かせる。

保存のコツ
保存袋に材料を入れてもみ込むとき、必ず空気を抜きましょう。空気が抜けていないと、傷みが早くなってしまいます。きちんと冷蔵庫で保存すれば、季節にもよりますが4〜5日ほど日持ちします。

漬け込み材料いろいろ！

浅漬けバリエ

白の野菜のおかず

かぶの塩昆布漬け
かぶを噛むほどに漂う、塩昆布のうまみが絶品

塩昆布の風味が引き立つ！

材料（6回分）
- かぶ…5個
- 塩昆布…10g

作り方
1. かぶの皮をむき、縦半分に切り、5mm幅にスライスする。
2. ファスナー付き保存袋に1、塩昆布を入れてよくもみ込む。かぶの葉もあれば、3cm幅に切って入れる。

1回量 26kcal　冷蔵4〜5日　冷凍NG

大根の梅酢漬け
ピンク色の彩りもキレイ！ さっぱり梅酢が美味

爽やかな酸味が口に広がる

材料（6回分）
- 大根…½本
- 梅酢…⅔カップ
- 水…⅓カップ

作り方
1. 大根は1cm角の短冊切りにして、ザルにのせ、外で3〜4時間干す。
2. ボウルに梅酢と水を合わせ、1の大根を入れ、半日ほど漬ける。

1回量 24kcal　冷蔵4〜5日　冷凍NG

大根のゆず漬け
噛みごたえのある大根とゆずの香りが食欲をそそる

甘酸っぱさが絶妙な味わい

材料（6回分）
- 大根…⅓本
- ゆずの皮…¼個
- 塩…小さじ½
- 砂糖…ひとつまみ

作り方
1. 大根は皮を厚めにむき、いちょう切りにする。ゆずの皮は細切りにする。
2. 1の大根とゆずの皮をファスナー付き保存袋に入れ、塩と砂糖をまぶす。
3. 2のファスナーをしめてよくもみ込み、冷蔵庫で30分ほどおく。
* お弁当箱に入れるときは、水けをよくきる。

1回量 11kcal　冷蔵4〜5日　冷凍NG

これが1人分！

1回量 78kcal
冷蔵 3〜4日
冷凍 NG

コクのある味つけが絶品

1回量 100kcal
冷蔵 3〜4日
冷凍 2週間

これが1人分！

1回量 28kcal
冷蔵 3〜4日
冷凍 2週間

これが1人分！

セロリとちくわのサラダ

ちくわの風味が効いておいしい

ちくわの甘さがセロリの青みによくマッチする

材料（6回分）
- セロリ…½本
- おでん用ちくわ…1本
- A【ごま油大さじ1½、塩・こしょう各少々】

作り方
1 セロリは筋を取り、約2mmの薄切りにして塩少々で塩もみし、ちくわは薄く輪切りにする。
2 ボウルに1を入れて、Aで味をととのえる。

調理のコツ
ちくわは、おでん用として売られているものを使うとおいしく仕上がる。セロリが苦手な人のためには、セロリを薄く切って入れると食べやすい。その場合、ちくわもセロリ同様に薄くスライスすること。

白ねぎと干し貝柱、豚肉のとろみ炒め

干し貝柱がアクセントになった、中華風の炒め物

材料（6回分）
- 干し貝柱…小4個
- 長ねぎ（白い部分）…1本
- 豚ロース薄切り肉…150g
- ごま油…小さじ1
- しょうが（せん切り）…½かけ分
- 塩…少々
- A【干し貝柱の戻し汁大さじ3、酒大さじ1、しょうゆ小さじ1】
- 顆粒タイプの片栗粉…大さじ⅔

作り方
1 水150ml（分量外）に干し貝柱を入れ、ひと晩かけて戻す。戻したらほぐしておく（戻し汁はとっておく）。長ねぎは1cm幅の輪切りに、豚肉は食べやすく切っておく。
2 フライパンにごま油を熱し、しょうが、ほぐした1の干し貝柱、長ねぎを炒めて焼き目がつき、火が通ったら、豚肉を加える。
3 豚肉の色が変わったら塩少々をふり、Aを加え1分ほど煮立てたら、顆粒タイプの片栗粉を加え、30秒ほど強めの中火で炒め煮する。

調理のコツ
干し貝柱は一晩かけて、ゆっくりと戻すとおいしいだしが出る。朝に調理する場合は、夜のうちに水につけて冷蔵庫に入れておくとよい。なお、お弁当箱で液漏れしないよう、とろみは強めにしっかりつけること。

ゆりねの梅あえ

ゆりねの食感が楽しい！

ほくほくした食感のゆりねに梅がよくからまる

材料（6回分）
- ゆりね…1個
- 梅干し…大1個
- A【みりん大さじ1、薄口しょうゆ小さじ2】

作り方
1 ゆりねは1枚ずつはがし、汚れた部分を削り、さっと塩ゆでする。
2 ボウルにたたいた梅干しとAを混ぜ、1の水けをきったゆりねとあえる。

調理のコツ
ゆりねは、ほくほくした食感が大切。ゆですぎると損なわれるので、ゆで加減に注意を。ゆでながら試食してみて、ちょうどよい加減のところで引きあげるとよい。なお、梅はからまりやすいようによくたたくこと。

148

れんこんのえび挟み焼き

ぷりぷりの海老しんじょうをれんこんで挟んで

食べごたえある主役級メニュー

材料（6回分）
- れんこん…150g
- えびしんじょう（P166しいたけのえびしんじょう詰め参照）…大さじ6
- 菜種油・塩・すだち…各適量

作り方
1. れんこんは2〜3mm幅の半月切りにし、水にさらし、水けをきる（24枚作る）。
2. 1のれんこん2枚で海老しんじょうを挟み、多めの油で焼く。焼き立てに塩少々ふっておく。お好みですだちを搾っていただく。

調理のコツ：お弁当に入れやすいよう、れんこんはあまり太いものを選ばないように。中心部までしっかり火を通すためにも、えびしんじょうを挟みすぎないこと。細めのれんこんの場合、えびしんじょうは大さじ山盛り1杯に。

1回量 76kcal ／ 冷蔵 2〜3日 ／ 冷凍 2週間

白菜の五目煮

とろみのついた中華スープで煮込んだ一品

チャーハンにかけても美味!

材料（6回分）
- 白菜…1/6個
- しめじ…1/2個
- 豚バラ薄切り肉…4枚
- 絹さや…6枚
- 太白ごま油…小さじ1
- ゆでぎんなん…6個
- A【水100mℓ、酒50mℓ、しょうゆ小さじ1、中華スープの素（練りタイプ）小さじ1/4】
- 水溶き片栗粉…大さじ1

作り方
1. 白菜はやわらかい部分とかたい部分に分け、食べやすく切る。しめじは石づきを切り落とし、小房に分ける。豚肉は2cm幅に切っておく。絹さやは筋を取っておく。
2. フライパンにごま油を熱し、1の豚バラ肉を炒め、余分な脂をペーパータオルなどで取り除く。白菜のかたい部分、しめじ、ぎんなんを加え炒め、Aを加え煮込む。最後に白菜のやわらかい部分を加え、水溶き片栗粉でとろみをつける。

1回量 91kcal ／ 冷蔵 2〜3日 ／ 冷凍 2週間

れんこんの甘酢漬け

噛めば噛むほど、甘酸っぱい味が口に広がる

箸休めの一品にもぴったり

材料（6回分）
- れんこん…300g
- A【水50mℓ、砂糖・酢各大さじ3、塩少々】

作り方
れんこんは皮をむいて薄切りにし、Aでさっと煮る。

調理のコツ：れんこんは必ず火を通してから漬け込むこと。直径の大きなれんこんの場合、半分または十字に切って調理する。きび砂糖を使うと少し茶色に仕上がるので、キレイな白に仕上げたいなら白い砂糖を使うとよい。

1回量 39kcal ／ 冷蔵 1週間 ／ 冷凍 2週間

白の野菜のおかず

もやしとベーコンの卵炒め
コクのあるブロックベーコンがアクセントに

卵が入って
やさしい味！

材料（6回分）
卵…2個
塩・こしょう…各少々
太白ごま油
　…大さじ1＋小さじ½
ブロックベーコン
　（マッチ棒状の細切り）
　…40g
もやし…½袋
酒・しょうゆ…各小さじ1

作り方
1 ボウルに卵を溶きほぐし、塩、こしょうをふる。
2 フライパンにごま油大さじ1を熱し、卵をさっと炒めて皿に取り出す。
3 2のフライパンにごま油小さじ½を加えてベーコン、もやしをさっと炒める。
4 もやしの水分が抜けたら、酒を加え、塩、こしょうをして炒め、2を加えてしょうゆをさっとかけ、さっと炒める。

1回量 80kcal／冷蔵2～3日／冷凍NG

これが1人分！

れんこんの天ぷら
カレー粉と黒ごまをふりかけた風味豊かな天ぷら

カレーの味が
あとを引く！

材料（6回分）
れんこん…約150g
A【天ぷら粉大さじ4、水大さじ4弱】
B【カレー粉・黒炒りごま・塩各少々】
揚げ油…適量

作り方
1 れんこんは皮をむき、7mm厚さに切り、水にさらし、水けをよくきる。
2 Aを混ぜ、1のれんこんをくぐらせ、170℃の揚げ油で揚げる。
3 Bを混ぜ、揚げたてのれんこんの天ぷらにふりかける。

1回量 82kcal／冷蔵2日（調味料はかけずに）／冷凍NG

これが1人分！

調理のコツ　カレー粉はブランドによって味わいが異なるので、自分好みのものを見つけるとよい。黒ごまは、炒ったほうが香り高いので、軽く炒ること。カレー粉と黒ごま塩は保存時はふりかけず、食べるたびにまぶす。

豆もやしと糸こんにゃくのあえ物
やわらかい食感の具にごま油の風味がアクセント

ヘルシーなので
たっぷり食べたい

材料（6回分）
豆もやし…1袋
糸こんにゃく…150g
A【しょうゆ大さじ1、ごま油小さじ2、砂糖小さじ1、塩・こしょう各少々】

作り方
1 豆もやしはさっとゆでてザルにあげ、水けをきる。
2 糸こんにゃくは5分ほどゆでてフライパンに入れ、水けがしっかり飛ぶように乾煎りする。
3 フライパンに1と2、混ぜ合わせたAを入れて弱火にかけて炒り煮する。

1回量 29kcal／冷蔵2～3日／冷凍NG

調理のコツ　シャキシャキとした食感を残すために、豆もやしはさっとゆでるだけにすること。ゆでたら手ぬぐいなどを使って、しっかりと水けをきる。糸こんにゃくはよく乾煎りしてからあえないと、水っぽくなるので注意。

150

カリフラワーのスパイシー炒め

たっぷりまぶしたカレー粉が食欲をそそる！

> カレー粉がよく絡んでおいしい
> これが1人分！

材料（6回分）
カリフラワー…1個
オリーブオイル…大さじ1
A【酒大さじ1、カレー粉小さじ½、塩・こしょう各少々】

作り方
1 カリフラワーは小房に分ける。
2 フライパンにオリーブオイルを熱し、1を炒める。
3 カリフラワーがやわらかくなったら、Aを加えて炒める。

調理のコツ くたくたになるまで炒めるのがおすすめ。炒めているとき、カラッとなりすぎる場合は、少し水を加えてから炒める。内側はほっくりとやわらかく、表面はカリッと仕上げるのが理想的。旬の冬場はとくにおいしい。

○ 白の野菜のおかず

1回量 37 kcal ／ 冷蔵 2～3日 ／ 冷凍 2週間

れんこんのごまきんぴら

少しピリッとした辛さがおいしいきんぴらレシピ

> ごま油と炒りごまがアクセント
> これが1人分！

材料（6回分）
れんこん…160g
ごま油・白炒りごま…各小さじ1
塩…少々
A【赤唐辛子（種を取り除く）小1本、しょうゆ・みりん各大さじ1½】

作り方
1 れんこんは皮をむき、少し食感が残るように3mm程度の薄切りにし、酢水（分量外）につけてから水けをきっておく。
2 フライパンにごま油を熱し、1のれんこんを炒め、塩をふってさらに炒め、Aを加えて炒める。仕上げに白炒りごまを加えて混ぜる。

1回量 38 kcal ／ 冷蔵 3～4日 ／ 冷凍 2週間

ゆりねのたらこ炒め

たらこの細かい粒が、ほくほくのゆり根に絡む

> しっかり味つけでごはんにも合う
> これが1人分！

材料（6回分）
ゆりね…1個
たらこ…大さじ1
太白ごま油…小さじ1
酒…大さじ1

作り方
1 ゆりねは1枚1枚はがし、汚れを取り除く。
2 たらこは薄皮を取り除いておく。
3 フライパンにごま油を熱し、ゆりねを炒め、透明感が出てきたら、2と酒を加えて炒める。

調理のコツ ゆりねの白い色を引き立てるために、汚れがついた茶色い部分を事前にそぎ落とすとよい。たらこは塩加減がものによって異なるので、味見をして塩けが足りない場合、塩や薄口しょうゆを足して調整する。

1回量 30 kcal ／ 冷蔵 3～4日 ／ 冷凍 2週間

151

野菜のおかず 茶

冷めてもおいしい！
定番おかずの作り方をマスター

肉じゃが

ごはんが進む和風おかずの肉じゃがは、すこし煮崩れたじゃがいもの味わいにほっこり温かい気持ちにさせられますよね。にんじん、玉ねぎ、絹さやと、野菜もたっぷり入って、栄養価の高いおかずです。

1回量 245kcal ／ 冷蔵 2〜3日 ／ 冷凍 NG（じゃがいもの食感が変わるため）

少し甘くてやさしい味

材料（6回分）

- じゃがいも…5個
- 玉ねぎ…1個
- 豚バラかたまり肉（薄切り肉でもOK）…150g
- 菜種油…大さじ1
- A【水300mℓ、みりん・砂糖各大さじ2】
- しょうゆ…大さじ2½
- ゆでにんじん（花型）…適量
- ゆで絹さや…適量

これが1人分！

作り方

1 材料を切る
じゃがいもは半分に切り、水にさらす。玉ねぎはくし形切りにする。豚肉は、薄く切っておく。

2 じゃがいもを炒める
鍋に菜種油をひき、じゃがいもを入れて、透明感が出るまで炒める。

3 玉ねぎを炒め、Aを加える
玉ねぎを加えて軽く炒め、Aを加えて煮る。

4 豚肉を加えて煮る
③に①の豚肉を加えて落とし蓋をし、ときどき返しながら20分ほど弱めの中火で煮る。

5 しょうゆを加えて煮からめる
仕上げにしょうゆを加えて弱火で煮からめる。器に盛り、ゆでにんじんとゆで絹さやを添える。

調理のコツ
鍋に油をひいたあと、最初にお肉を炒めてしまう方が多いのですが、そうするとお肉がかたくなってしまいます。まず野菜を炒め、水や調味料を入れたあとに、お肉を投入しましょう。

具がいろいろ！

「肉じゃがバリエ」

冷凍 NG（じゃがいもの食感が変わるため）

● 茶の野菜のおかず

塩肉じゃが
しょうゆをほとんど使わない、さっぱり塩味

素材の味が引き立つ塩味

材料（6回分）
じゃがいも…3個
玉ねぎ…1個
豚バラかたまり肉
　…120g
A【水150㎖、
　酒100㎖、
　砂糖大さじ1と½
　塩小さじ1】
薄口しょうゆ
　…小さじ2

作り方
1 じゃがいもは皮をむき、水にさらしておく。玉ねぎはくし形切りにする。豚バラ肉は薄く切る。
2 鍋に1のじゃがいも、玉ねぎ、Aを入れて火にかけ、沸騰したら、豚バラ肉を加えて煮込む。
3 じゃがいもに竹串がすっと刺さるまでやわらかくなったら、薄口しょうゆをさっと加える。

1回量 160 kcal　冷蔵 2～3日

トマト肉じゃが
トマトの果肉から出た酸味がアクセントに！

トマトが入ると新鮮な味わい

材料（6回分）
じゃがいも…3個
玉ねぎ…1個
トマト…2個
牛こま切れ肉…200g
太白ごま油…大さじ1
A【だし300㎖、
　砂糖大さじ2、
　酒大さじ2、
　薄口しょうゆ大さじ4】
みりん　大さじ1½

作り方
1 じゃがいもは皮をむき、食べやすく切り、水にさらす。玉ねぎ、トマトはくし形切りにする。
2 鍋にごま油を熱し、1の玉ねぎ、じゃがいもを加え炒める。透明感が出てきたら、Aを加え煮込む。じゃがいもに火が通ったら、牛肉とトマトを加えて煮込み、最後にみりんを入れ、一煮立ちさせる。

1回量 210 kcal　冷蔵 2～3日

牛肉じゃが
ジューシーな牛肉とうずらの卵で食べごたえ満点

材料（6回分）
玉ねぎ…1個
じゃがいも…大3個
牛こま切れ肉…200g
うずらの卵…12個
太白ごま油…大さじ1
A【だし汁200㎖、
　酒・しょうゆ各50㎖、
　砂糖大さじ3、
　みりん大さじ1】
三つ葉（ざく切り）…適宜
七味唐辛子…お好みで

作り方
1 玉ねぎは半分に切って1cm幅に切り、じゃがいもは皮をむき、6等分に切る。
2 鍋にごま油を熱し、1を炒め、Aを入れて煮る。
3 じゃがいもに味が染みてきたら、牛肉とうずらの卵を入れ煮込む。最後にお好みで三つ葉、七味唐辛子をかけていただく。

1回量 215 kcal　冷蔵 2～3日

うずらが入ってよりまろやか！

153

スモークサーモンとじゃがいものチーズグラタン

生クリームのコクがおいしい、ほくほくグラタン

コクがあってこってり美味！

1回量 244 kcal／冷蔵 3日／冷凍 2週間

材料（6回分）
- スモークサーモン…130g
- じゃがいも…中4個
- 生クリーム…大さじ6
- 塩・こしょう…各少々
- ピザ用チーズ…60g
- オリーブオイル…小さじ2
- バター…10g

作り方
1. じゃがいもはゆでて（蒸すかレンジ加熱もOK）皮をむき、熱いうちにつぶし、生クリーム、塩、こしょうで味をつけておく。
2. 耐熱容器にオリーブオイルをぬり、1→スモークサーモン→ピザ用チーズ→1→スモークサーモン→ピザ用チーズ→1の順にのせ、最後にバターを細かく切ってのせ、250℃のオーブンで10分ほど焼く。

ごぼうと牛肉のきんぴら

ジューシーな牛肉の味わいがごぼうにからんで美味

ごはんによく合っておいしい

1回量 81 kcal／冷蔵 3〜4日／冷凍 2週間　これが1人分！

材料（6回分）
- ごぼう…90g
- 牛こま切れ肉…100g
- 太白ごま油…小さじ1
- 塩…ひとつまみ
- 砂糖…大さじ1
- しょうゆ・みりん…各大さじ2

作り方
1. ごぼうはたわしなどで皮をむいて斜めに5mm幅の薄切りにし、酢水に5分ほどつけておく。牛こま切れ肉は食べやすい大きさに切る。
2. フライパンにごま油を熱し、1のごぼうを炒める。透明感が出てきたら、塩をふる。牛肉を加えて炒めたら砂糖、しょうゆ、みりんを順に加えて炒め、煮からめながら仕上げる。

たたきごぼう

お酢のきいたごま酢がたっぷり！

ごぼうのうまみを堪能できる

1回量 124 kcal／冷蔵 1週間／冷凍 NG　これが1人分！

材料（6回分）
- ごぼう…2本
- タレ
- A【すりごま大さじ5、酢・しょうゆ・砂糖各大さじ2】

作り方
1. ごぼうはたわしなどで皮をむき、水にさらしてアクを取る。
2. 1を半分に切り、酢（分量外）を入れた湯でゆでる。ゆであがったら、叩いて食べやすく4cm幅に切る。
3. ボウルにAを合わせ、2をあえる。

調理のコツ　ごぼうはお酢を入れた熱湯で、15〜20分ほど、しっかりとゆでる。親指と人指し指でごぼうを押したとき、ぶよっと少し沈むくらいまでゆでる。ごまは炒りたて、すりたてのものを使って、よくあえること。

たけのこのおかか煮

噛むことにあふれる甘辛いだしのうまみが絶品

甘辛く煮たたけのことおかかが抜群の相性

材料（6回分）
- たけのこ（ゆで）…1個
- かつお節…1袋
- だし汁…200㎖
- A【しょうゆ大さじ2½、砂糖大さじ1½、みりん大さじ1】

作り方
1. たけのこは1㎝角に切る。
2. 鍋に入れ、だし汁、Aを加えて10～15分ほど煮込み、最後にかつお節をまぶす。

調理のコツ
たけのこは、上の尖っている部分を斜めに切り落とし、表面に切り込みを入れて皮をむけるところまでむき、米のとぎ汁に鷹の爪1本を入れて、約1時間ゆでる。粗熱を取ったらよく洗い、水につけて冷蔵保存を。

これが1人分！ / 茶の野菜のおかず

1回量 30kcal / 冷蔵 3～4日 / 冷凍 2週間

里いものゆずみそチーズ焼き

ゆずみその味が爽やかな、かわいい形のおかず

ゆずみそとチーズが合う

材料（6回分）
- 里いも…6個
- ゆずみそ（市販）…小さじ6
- ピザ用チーズ…適量
- 黒炒りごま…適量

作り方
1. 里いもの皮をむき、蒸気の上がった蒸し器で5～10分ほど蒸す。
2. 1にゆずみそをのせ、ピザ用チーズをかけてオーブントースターで焼く。黒炒りごまを散らす。

調理のコツ
里いもは表面をよく洗い、一度乾燥させてから皮をむくと、ぬるぬるしにくくなってむきやすい。お弁当箱に入れやすいサイズを選ぶこと。色よく仕上がるよう、加減を見ながらオーブンやトースターの調整を。

これが1人分！

1回量 63kcal / 冷蔵 3～4日 / 冷凍 NG

里いもと桜麩の煮物

具材に含まれただし汁の味わいがやさしい！

ピンクの桜麩で見た目も素敵！

材料（6回分）
- 里いも（小さめ）…12個
- 塩…適量
- 桜麩…6切れ
- A【だし汁300㎖、みりん大さじ2、砂糖・薄口しょうゆ・酒各大さじ1】

作り方
1. 里いもは皮をむき、塩でもんでよく洗い、ぬめりを取る。
2. 鍋にAを入れて煮立たせ、1を入れ竹串がスッと刺さるまで弱火でコトコト煮る。
3. 桜麩を加えて煮立てて火を止め、そのまま冷ます。

これが1人分！

1回量 123kcal / 冷蔵 2～3日 / 冷凍 NG

155

筑前煮

野菜をたっぷり食べたいときに最適のおかず

> 根菜たっぷりで栄養満点！

1回量 188kcal ／ 冷蔵 3〜4日 ／ 冷凍 2週間

これが1人分！

材料（6回分）
- A【ごぼう・にんじん各½本分、れんこん150g】
- こんにゃく…½枚
- 干ししいたけ…3枚
- 菜種油…少々
- 鶏もも肉（2cm角）…1枚分
- B【だし汁200ml、酒大さじ5、砂糖大さじ4】
- しょうゆ…大さじ5
- みりん…大さじ2

作り方
1. Aは食べやすく切り、ごぼうとれんこんは5分ほど水にさらす。
2. こんにゃくは食べやすく切り、さっと下ゆでする。干ししいたけは半日かけて水で戻し、4つに切る。
3. フライパンに菜種油を熱し、鶏肉を炒め、軽く塩（分量外）をふる。1、2を加えてさっと炒め、野菜に透明感が出てきたら、Bを加えてやわらかくなるまで煮込む。
4. しょうゆを加え5分ほど煮て、仕上げにみりんを加え煮からめる。

じゃがいものハーブ焼き

揚げたじゃがいもから漂う、ハーブの香りが絶品

> ポテトの素朴な味を楽しめる

1回量 91kcal ／ 冷蔵 2〜3日 ／ 冷凍 NG

これが1人分！

材料（6回分）
- じゃがいも…3個
- オリーブオイル・ハーブ塩…各適量

作り方
1. じゃがいもは皮をむき、食べやすく切る。電子レンジで3分ほど加熱する。
2. フライパンに多めのオリーブオイルを熱し、1を加えて揚げ焼きし、市販のハーブ塩をからめる。

> **食べ方のコツ** 普通の食塩しかない場合、パセリやバジル、タイム、オレガノ、ローズマリーなどのハーブ（粉末）を、お好みでふりかけてもおいしい。

マッシュポテト

生クリームたっぷりのなめらかな食感がおいしい

> しっとり食感でやみつきの味

1回量 203kcal ／ 冷蔵 2〜3日 ／ 冷凍 2週間

これが1人分！

材料（6回分）
- じゃがいも…中4個
- A【生クリーム100ml、バター50g、塩小さじ1、こしょう少々（お好みで多めに）】

作り方
1. じゃがいもは蒸気が上がった蒸し器に入れて20〜30分ほど蒸す。
2. 1の皮をむき、熱いうちに鍋に入れてなめらかにつぶし、Aを加え混ぜ、弱火でポテッとするまで木べらで焦がさないように混ぜながら火にかける。

> **調理のコツ** じゃがいもはしっかりとつぶすのがおいしさのポイント。熱いうちにつぶさないと、かたくなってしまい、なめらかに仕上がりにくいので注意。

156

たけのことわかめ炒め
しょうゆの上品な味つけで、さっぱり食べられる

素材のさっぱり味が引き立つ

材料（6回分）
- たけのこ(ゆで)…中½個
- わかめ(戻した状態)…100g
- ちりめんじゃこ…大さじ2
- ごま油…大さじ1
- しょうゆ…小さじ2

作り方
1. たけのこは長さを3等分にし薄切りにする。わかめは、食べやすく切る。
2. フライパンにごま油を熱し、たけのことわかめを炒め、油がからまったら、じゃこを加え、しょうゆで味をととのえて炒める。

＊じゃこの代わりに豚肉を入れてもボリュームが出ておすすめ。

これが1人分！

1回量 34 kcal ／ 冷蔵 2〜3日 ／ 冷凍 2週間

茶の野菜のおかず

じゃがいものクミン炒め
カレーの香りの元となるクミンが食欲をそそる

風味豊かであとを引く味

材料（6回分）
- じゃがいも…中3個
- オリーブオイル…大さじ3
- クミンシード…小さじ2
- 塩・こしょう…各少々

作り方
1. じゃがいもを食べやすい大きさに切り、電子レンジで6分ほど加熱する。
2. フライパンにオリーブオイルを熱し、クミンシードを香りが出るまで炒める。
3. 1を加え、おいしそうな焼き色がつくまでこんがり炒め、塩、こしょうで調味する。

調理のコツ：少し多めにオリーブオイルを入れることで、焼きながら揚げる「揚げ焼き」に。表面はカリカリ、内側はホクホクのじゃがいもに仕上がる。

これが1人分！

1回量 113 kcal ／ 冷蔵 2〜3日 ／ 冷凍 NG

ポテトコロッケ
じゃがいもと玉ねぎの味をシンプルに楽しむ一品

まろやかポテトがおいしい！

材料（6回分）
- じゃがいも…4個
- 玉ねぎ…1個
- バター…30g
- 生クリーム…100㎖
- 塩…小さじ1
- こしょう…少々
- A【薄力粉・溶き卵・パン粉各適量】
- 揚げ油…適量

作り方
1. じゃがいもは蒸気が上がった蒸し器に入れて30分ほど蒸し、皮をむく。玉ねぎはみじん切りにする。
2. フライパンにバター(15g)を溶かし、1の玉ねぎをきつね色になるまで炒める。
3. 1のじゃがいもはボウルに入れて潰し、2も加える。生クリームとバター(15g)を加えて木べらで混ぜ、塩、こしょうで調味する。6等分にして形をととのえ、Aを順につけて、170℃の揚げ油で揚げる。

1回量 287 kcal ／ 冷蔵 2〜3日 ／ 冷凍 2週間（揚げずに冷凍）

これが1人分！

157

野菜 サラダ

おいしく長持ち！ 定番おかずの作り方をマスター

ポテトサラダ

ざっくりつぶしたじゃがいもに、ゆで卵とマヨネーズが絡んでおいしい、ポテトサラダ。きゅうりと玉ねぎの食感も楽しいですよね。少し面倒でも、下ごしらえを丁寧におこなうことが、おいしさの秘密です！

1回量 252kcal ／ 冷蔵 3日 ／ 冷凍 2週間（きゅうりは入れない）

具のさまざまな味と食感が合う

● 材料（6回分）

- じゃがいも…中4個
- 玉ねぎ…¼個
- きゅうり…1本
- ハム…4枚
- 卵…3個
- マヨネーズ…大さじ山盛り7
- 塩…小さじ½
- 塩（きゅうり用）…ひとつまみ
- こしょう…少々

これが1人分！

● 作り方

1 じゃがいもを蒸す
じゃがいもはよく洗い、蒸気の上がった蒸し器に入れて30分ほど蒸す。

2 野菜とハムを切る
玉ねぎは薄切りにし、水にさらす。きゅうりは輪切りにし、塩でもみ水けをきる。ハムは短冊切りにする。

3 ゆで卵を作る
卵は沸騰した湯にそっと入れて10分ほどゆでて、すぐに水で冷やして殻をむき、ざっくりと切っておく。

4 蒸しじゃがいもをつぶす
蒸し上がったじゃがいもは熱いうちに皮をむき、粗くつぶす。

5 調味料を加えてあえる
じゃがいもの粗熱が取れたら、マヨネーズを加えて混ぜ、②、③、塩、こしょうを加えてざっくりとあえる。

調理のコツ
じゃがいもを蒸したり、玉ねぎを水にさらしたり、きゅうりを塩もみしたり、ゆで卵を作ったり……下ごしらえに手間がかかるが、これがおいしさの秘密。省略せずにやってみて。

具がいろいろ！
「ポテトサラダバリエ」

野菜サラダ

北欧風ポテトサラダ
サワークリームの味わいで爽やかな仕上がりに

すっきりと食べられるポテサラ

材料（6回分）
じゃがいも…2個
紫玉ねぎ…1/6個
サワークリーム
　…大さじ1
マヨネーズ…大さじ2
塩・こしょう…各少々
ディル…お好みで

作り方
1 じゃがいもは蒸気の上がった蒸し器に入れて30分ほど蒸して皮をむく。紫玉ねぎは薄切りにする。
2 ボウルに1のじゃがいもを入れてざっくりとつぶし、冷めたら、紫玉ねぎとサワークリーム、マヨネーズを加え塩、こしょうで調味する。

1回量 77kcal　3日　NG

タラモサラダ
たらことオリーブオイルであえた、ほくほくサラダ

たらこが入って濃厚な味に！

材料（6回分）
じゃがいも
　…中4個
玉ねぎ…1/6個分
たらこ
　…大きめ1腹
オリーブオイル
　…大さじ3
レモン汁
　…小さじ2
塩・こしょう
　…各少々

作り方
1 じゃがいもは蒸気の上がった蒸し器に入れて30分ほど蒸す。熱いうちに皮をむき、なめらかになるまでよくつぶす。
2 玉ねぎは細かいみじん切りにし、10分ほど冷水につけておき、水けをしっかりきっておく。たらこは皮からこそげ取る。
3 ボウルに1、2を入れ、オリーブオイル、レモン汁、塩、こしょうを加えてよく混ぜる。

1回量 160kcal　2日　2週間

たことじゃがいものサラダ
シンプルだけど、食べごたえある一品

材料（6回分）
ゆでだこ…足2本
じゃがいも（できればインカのめざめ）…中3個
紫たまねぎ…1/6個
オリーブオイル…大さじ3
塩・こしょう…各少々
ディル…お好みで

作り方
1 じゃがいもを蒸して皮をむく。ゆでだこは、薄く切る。紫たまねぎは、薄くスライスする。
2 ボウルに、手でざっくりと切ったじゃがいも、紫たまねぎを入れ、オリーブオイルと塩、こしょうで味をととのえる。

1回量 156kcal　3日　NG

たこがたっぷりで主役級サラダ

159

ミニトマトとチーズのイタリアンサラダ

黒オリーブの濃厚な味わいがアクセントに!

> 色合いもキレイでおしゃれ!

これが1人分!

1回量 59kcal / 冷蔵 3日 / 冷凍 NG

材料（6回分）
- ミニトマト…1パック
- イタリアンパセリの葉…6枚
- チーズ（8mm角のサイコロ状）…12個
- 黒オリーブ（輪切り）…適量
- オリーブオイル…大さじ1
- 塩・こしょう…各少々

作り方
1. ミニトマトはヘタを取り、横半分に切る。
2. ボウルに1、チーズ、黒オリーブを入れて、オリーブオイル、塩、こしょうで味をととのえる。

れんこん、いんげん、くるみの明太マヨサラダ

たっぷりの野菜が、明太マヨソースで食べやすい

> 歯ごたえのある具材がおいしい

これが1人分!

1回量 67kcal / 冷蔵 3〜4日 / 冷凍 NG

材料（6回分）
- さやいんげん…5本
- れんこん…約160g
- くるみ（粗く刻む）…大さじ2
- A【マヨネーズ大さじ2、明太子大さじ1】
- 塩・こしょう…各少々

作り方
1. さやいんげんは筋を取って塩ゆでし、1.5cm幅に切っておく。同じ湯に酢（分量外）を加え、薄くスライスしたれんこんをさっとゆで、水けをきっておく。くるみはローストしておく。
2. ボウルに1を入れ、Aを加えてあえ、塩、こしょうで味をととのえる。

りんごコールスローサラダ

食物繊維豊富なキャベツと紫キャベツがいっぱい

> りんご入りで食べやすい!

1回量 83kcal / 冷蔵 3日 / 冷凍 NG

材料（6回分）
- キャベツ…100g
- 紫キャベツ…20g
- 塩…小さじ1
- りんご…1/8個
- A【オリーブオイル・マヨネーズ各大さじ2、酢大さじ1、砂糖小さじ1、塩・こしょう各少々】

作り方
1. キャベツ、紫キャベツはせん切りにし、塩もみし、よく水けを絞る。
2. りんごはくし形切りにして種を取り除き、細切りにし、酢水（分量外）につけて水けをきる。
3. ボウルに1と2を入れ、Aを加えて味をととのえる。

ツナとみょうがのサラダ
細かく刻まれた青じその風味がおいしさを倍増

> シャキシャキの食感が楽しい

材料（6回分）
- ツナ缶…1個
- みょうが…3本
- 青じそ…5枚
- A【マヨネーズ大さじ1、しょうゆ小さじ2、塩・こしょう各少々】

作り方
1. ツナはしっかり油をきり、みょうがは縦半分に切って斜め細切りに、青じそは細切りにする。
2. ボウルに1を入れ、Aで味をととのえる。

調理のコツ　みょうがは切ってから氷水につけると、雑味が取り除けてシャキっとする。ツナの油や具材の水けはしっかりときること。水っぽさが残ってしまうと、サラダ全体の味がぼやけてしまい、おいしくなくなる。

これが1人分！
野菜サラダ
1回量 55kcal／冷蔵3日／冷凍NG

ひたし豆とひじきのツナサラダ
ほっこりとした豆の味わいが、後をひくサラダ

> しっかり味で栄養も満点！

材料（6回分）
- A【ひたし豆(P110)⅔カップ、ひじき煮(P168)½カップ、ツナ缶小1缶】
- B【オリーブオイル大さじ1½、しょうゆ小さじ2、塩・こしょう各少々】

作り方
1. ボウルにAを入れ、Bで調味する。

調理のコツ　とくにツナは水分を含みやすいため、水けが残っていると水っぽくなりがち。おいしく作るには、具材の水けをよくきってからあえること。

これが1人分！
1回量 105kcal／冷蔵3〜4日／冷凍NG

ツナと厚揚げ、きゅうりのサラダ
厚揚げにツナマヨがよくからみ、格別のおいしさ

> マヨソースが合っておいしい

1回量 97kcal／冷蔵2〜3日／冷凍NG

材料（6回分）
- きゅうり（2mm幅の輪切り）…1本
- 厚揚げ（1cm角）…½個分
- ツナ缶…1缶（80g）
- A【マヨネーズ大さじ2、しょうゆ小さじ1、塩・こしょう各少々】

作り方
1. きゅうりは塩（ひとつまみ・分量外）で塩もみして、水けをしっかり絞る。厚揚げはさっと湯通しし、水けをしっかりきる。
2. ボウルに油をしっかりきったツナ缶、1を入れ、Aで味をととのえる。

調理のコツ　水けを多く含んだきゅうりは、あまりに薄く切ってしまうと水分が出て、全体的に水っぽい仕上がりに。2〜4mm程度に抑えておくこと。

これが1人分！

クスクスとミントのサラダ

みじん切りにした野菜とクスクスがよく混ざる

さっぱり味でもお腹にたまる!

1回量 229kcal／冷蔵 2〜3日／冷凍 NG

材料（6回分）
- クスクス…150g
- 水…150ml
- 塩…少々
- オリーブオイル…大さじ1
- A【赤玉ねぎ（みじん切りにし、水にさらす）½個分、かためのトマト（みじん切り）1個分、きゅうり（みじん切り）1本分、イタリアンパセリ（みじん切り）1束分、ミントの葉（みじん切り）1パック分】
- B【オリーブオイル大さじ5、レモン汁大さじ4、塩・こしょう少々】

作り方
1. 鍋に分量の水と塩を入れ沸騰させ、クスクスを加えて蓋をして5分ほど蒸らし、オリーブオイルを加えてかたまりができないようによくかき混ぜる。
2. ボウルに1とAを入れて混ぜ合わせ、Bを加えて味をととのえる。

マカロニサラダ

少しだけ入ったカレー粉が味をまとめる!

定番のサラダがもっとおいしく

1回量 160kcal／冷蔵 3〜4日／冷凍 NG

材料（6回分）
- マカロニ…100g
- きゅうり…½本
- ハム…30g
- 玉ねぎ…⅙個
- A【マヨネーズ大さじ5、カレー粉小さじ¼、塩・こしょう各少々、砂糖小さじ1】

作り方
1. マカロニは表示より2分長くゆで、きゅうりは2mm幅の輪切りにし、塩もみしてからしっかり水けをきる。
2. ハムは1.5cm角に切り、玉ねぎは薄切りにし冷水にさらしてから水けをきる。
3. 1と2を水けをしっかりきってボウルに入れ、Aで味をととのえる。

ニース風サラダ

大きめの具材がごろごろ入って、食べごたえ満点

これだけでもお腹いっぱい!

1回量 209kcal／冷蔵 2〜3日／冷凍 NG

材料（6回分）
- じゃがいも…中3個
- トマト…中1個
- さやいんげん…細め8本
- 黒オリーブ…25g
- ツナ缶…1缶(155g)
- ゆで卵…3個
- A【オリーブオイル大さじ2、塩・こしょう各少々】

作り方
1. じゃがいもはゆでて皮をむき、4等分に切る。トマトはざく切りにする。さやいんげんは筋を取り、さっとゆでて3cm幅に切る。黒オリーブは輪切りにし、ツナ缶の油はしっかりきっておく。ゆで卵は半分に手で割る。
2. 1をボウルに入れ、Aで味をととのえる。

まぜまぜナムルサラダ
韓国のお惣菜、ナムルをたっぷりあえたサラダ

ごま油の風味が食欲をそそる

材料（6回分）
- 豆もやし…1袋
- ほうれん草…1束
- にんじん…½本
- A【ごま油大さじ3、しょうゆ大さじ1、にんにく（すりおろし）小さじ¼、塩小さじ⅛、砂糖2つまみ】

作り方
1. 豆もやしはひげ根を取ってさっとゆでる。ほうれん草はさっとゆでて4cm幅に切る。にんじんは4cm長さの細切りにしてゆでる。
2. ボウルによく水けを絞った1を入れ、Aで調味し、混ぜ合わせる。

調理のコツ：豆もやし、ほうれん草、にんじんそれぞれを別々にゆでること。面倒に感じるが、下ごしらえを丁寧におこなうだけで、おいしさが変わってくる。

野菜サラダ

これが1人分！

1回量 86 kcal／冷蔵 2日／冷凍 NG

紫キャベツと春菊のサラダ
秋から冬にかけてがとくにおいしい新鮮サラダ

春菊の独特な味わいを楽しんで

材料（6回分）
- 紫キャベツ…⅛個分
- 春菊（葉の柔らかい部分）…½束分
- くるみ（細かく砕く）…大さじ3
- オリーブオイル…大さじ2
- 塩…ひとつまみ
- こしょう…少々

作り方
1. 紫キャベツはせん切りに、春菊は細かく葉をちぎり、水にはなしてパリッとさせたら、水けをしっかりきる。くるみは炒る。
2. ボウルに1を入れてオリーブオイル、塩、こしょうで味をととのえ、くるみを混ぜる。

調理のコツ：春菊の独特の味わいを活かすために、オリーブオイルと塩、こしょうのシンプルな味つけに。できるだけ、葉のやわらかい部分だけを使うこと。余った茎の部分は、肉豆腐や焼きそばなど、加熱する料理で使うと◎。

これが1人分！

1回量 69 kcal／冷蔵 2～3日／冷凍 NG

スナップえんどうと ミニトマトのサラダ
オリーブオイルでシンプルに味つけた爽やかな一品

色鮮やかな野菜がころころ！

材料（6回分）
- スナップえんどう…12本
- ミニトマト…赤6個、黄6個（何色でも計12個くらいあればよい）
- オリーブオイル…大さじ1½
- 塩・こしょう…各少々

作り方
1. スナップえんどうは筋を取ってさっと塩ゆでし、3つに切る。ミニトマトは横半分に切る。
2. ボウルに1を入れ、オリーブオイルと塩、こしょうであえる。

これが1人分！

1回量 45 kcal／冷蔵 2～3日／冷凍 NG

きのこのおかず

冷めてもおいしい！
定番おかずの作り方をマスター

きのこの和風煮込み

3種類のきのこを、しょうゆとみりんでやわらかく煮込んだ、栄養満点のおかずです。そのままでもおいしいですが、ソースとしても使えます。しっかりした味つけなので、ごはんにかけてもおいしいですよ。

1回量 51kcal／冷蔵 4〜5日／冷凍 2週間

ソースとして使っても美味

これが1人分！

材料（6回分）

- しめじ…2パック
- えのきだけ…1袋
- しいたけ…1パック
- A【しょうゆ100ml、みりん大さじ2】

作り方

1 きのこの下処理をする
しめじは石づきを切り落とし、えのきだけは根元を切ってそれぞれほぐし、生しいたけは石づきを切り落として薄切りにする。

2 きのことAを入れて煮る
鍋に①のきのことAを入れて中火にかけ、煮立ったらアクをすくう。

3 煮詰める
弱火にして煮汁が最初の¼量になるまで、じっくりと煮詰める。

食べ方のコツ

和風ソースの一種としていろいろな料理にかけてみて

そのまま食べる以外に、料理のソースとして活用すると、和風テイストになります。ハンバーグやオムライスなど、さまざまな料理にかけてみてください。健康を気にする方にもおすすめです。

ソースがいろいろ！

「きのこの煮込みバリエ」

きのこのおかず

しっかり味で食べごたえ満点

きのこのデミグラス煮込み
濃厚なソースに、きのこのうまみが凝縮！

材料（6回分）
- マッシュルーム…2パック
- しめじ…1パック
- 玉ねぎ…½個
- バター…10g
- 塩・こしょう…各少々
- A【デミグラスソース缶1缶、赤ワイン100㎖、トマトケチャップ大さじ1、砂糖小さじ2】

作り方
1 マッシュルームとしめじは石づきを切り落とし、それぞれ食べやすい大きさにする。玉ねぎは薄切りにする。
2 フライパンにバターを溶かし、1の玉ねぎときのこを炒め、塩、こしょうをふり、Aを加えて煮込む。

1回量 96kcal　2〜3日　2週間

まろやかソースがきのこに絡む

きのこのホワイトソース煮込み
淡白なきのこにこってりソースがよく合う

材料（6回分）
- しめじ・マッシュルーム・エリンギ…各1パック
- 玉ねぎ（薄いスライス）…½個分
- バター…20g
- 塩・こしょう…各少々
- 白ワイン…50㎖
- A【生クリーム200㎖、牛乳50㎖、ローリエ（できるだけフレッシュなもの）1枚、チキンコンソメブイヨン1個】

作り方
1 しめじは石づきを切り落としてほぐす。マッシュルームは石づきを切り落として3㎜幅の薄切り、エリンギは縦3㎝横1㎝幅の短冊切りにする。
2 フライパンにバターを熱し、玉ねぎを炒め、しんなりしたら、1を加えてさっと炒め、塩、こしょうをする。
3 2に白ワインを加えアルコール分を飛ばすように炒めたら、Aを加えてとろみがつくまで煮込む。塩、こしょうで味をととのえる。

1回量 199kcal　2〜3日　2週間

きのことベーコンの煮込み
白ワインでさっぱりと煮込んだ、大人の味わい

ベーコンのうまみが煮込まれて◎

材料（6回分）
- しめじ・えのきだけ・マッシュルーム・エリンギ…各1パック
- ブロックベーコン…80g
- オリーブオイル…大さじ1
- にんにく…1かけ
- 白ワイン…50㎖
- 塩…小さじ½
- こしょう…少々

作り方
1 しめじは石づきを、えのきだけは根元を切り落としてほぐす。マッシュルームは石づきを切り落として薄切りに、エリンギは3㎝の長さに切ってから薄切りにする。ブロックベーコンは細切りにする。
2 フライパンにオリーブオイルと潰したにんにくを入れ、弱火にかける。香りが出てきたら、1のベーコン、きのこ類を加え炒め、少し火が通ったら、白ワインを加え、汁けがなくなるまで炒める。塩、こしょうで味をととのえて、冷ます。

1回量 99kcal　2〜3日　2週間

165

きのこのマリネサラダ
スモークサーモンときのこの相性抜群のマリネ

脂ののった
サーモンが美〔味〕

材料（6回分）
- ブロックベーコン（細切り）…80g
- A【しめじ（小房に分ける）・えのきだけ（ほぐす）・マッシュルーム（薄切り）・エリンギ（3cmの薄切り）各1パック分】
- オリーブオイル…大さじ1
- にんにく…1かけ
- 白ワイン…50ml
- B【塩小さじ½、こしょう少々、レモンの搾り汁½個分】
- スモークサーモン…12枚
- イタリアンパセリ（刻む）…2枝分

作り方
1. フライパンにオリーブオイルと潰したにんにくを入れ、弱火にかける。にんにくがふつふつとしてきたら、ベーコン、Aを加え炒め、少し火が通ったら、白ワインを加え、汁けがなくなるまで炒める。
2. Bで味をととのえて、粗熱をとる。冷めたら、スモークサーモンを添え、イタリアンパセリをふる。

1回量 133kcal ／ 冷蔵 2〜3日 ／ 冷凍 NG

しいたけのえびしんじょう詰め
えびのすり身を詰めた、主菜のおかず

肉厚しいたけと
えびの味が合う

材料（6回分）
- えび…250g
- A【卵白½個分、片栗粉大さじ2、酒大さじ½、塩・薄口しょうゆ各小さじ½、こしょう少々】
- しいたけ…小さめ12個
- 片栗粉・揚げ油…各適量

作り方
1. えびは殻をむき、背ワタを取って包丁でたたく（フードプロセッサーにかけてもOK）。Aを入れてよく混ぜる。
2. しいたけは軸を取り除き、傘の内側に片栗粉を適宜はたき、1を詰め、170℃の揚げ油で素揚げする。

1回量 134kcal ／ 冷蔵 2〜3日 ／ 冷凍 2週間

えのきの明太子炒め
明太子の辛みがえのきのうまみをさらに引き出す

すっきりした
味がおいしい

材料（6回分）
- えのきだけ…1袋
- ごま油…大さじ1
- 塩…少々
- A【明太子（ほぐしたもの）・酒各大さじ1、薄口しょうゆ小さじ1】
- 万能ねぎ（小口切り）…2本分

作り方
1. えのきだけは根元を切り落とし、長さを半分に切ってほぐしておく。
2. フライパンにごま油を熱し、1を炒め、塩をふる。えのきだけがしんなりしてきたら、Aを加えて炒め、水分を飛ばすように炒める。仕上げに塩で味をととのえる。
3. 2に万能ねぎを散らす。

1回量 32kcal ／ 冷蔵 2〜3日 ／ 冷凍 2週間

干ししいたけの含め煮

しいたけの戻し汁を使った、うまみたっぷりの煮物

食べごたえ十分な
しっかり濃い味

材料（6回分）
干ししいたけ…10枚
水…400㎖
しょうゆ…50㎖
A【干ししいたけの戻し汁200㎖、砂糖30g、みりん大さじ1と1/2】

作り方
1 干ししいたけは分量の水に浸し、半日かけて冷蔵庫でじっくり戻す（戻し汁は取っておく）。しいたけは軸を切り落とし、半分に切る。
2 鍋にAと1のしいたけを入れ、10分ほど弱火で煮て、しょうゆを加えて10分ほど煮詰める。

> **調理のコツ**
> 干ししいたけは、ぬるま湯や砂糖を水に入れて戻す方法もあるが、常温の水に一晩〜半日つけて、じっくり戻すのがおすすめ。肉厚なしいたけに戻せる。戻した水をだし汁として使用するので、捨てないこと。

きのこのおかず

これが1人分！

1回量 **25kcal**　冷蔵 1週間　冷凍 2週間

しめじとマッシュルームのキッシュ

卵液にきのこをたっぷり入れて、ボリューム満点

コクのある卵液が濃厚で美味！

材料（小さなココット6個分）
ベーコン（薄切り）…4枚
グリーンアスパラガス…1束
バター…10g
A【しめじ（小房に分ける）・マッシュルーム（薄切り）各1/2パック分、玉ねぎ（薄切り）1/4個分】
塩・こしょう…各少々
B【溶き卵3個分、牛乳・生クリーム各80㎖】
ピザ用チーズ…100g

作り方
1 ベーコンは細切りに、アスパラガスは下の固い部分を切り落とし、斜め切りにする。
2 フライパンにバターを溶かし、1、Aを加えて炒め、塩、こしょうをする。
3 ボウルにBを入れて混ぜ、2を加える。
4 型に3を流し入れ、ピザ用チーズをのせ、180℃に予熱したオーブンで20分焼く。

これが1人分！

1回量 **230kcal**　冷蔵 2〜3日　冷凍 2週間

えのきのベーコン巻き

ごま油の香りとベーコンの塩気がえのきにマッチ

ベーコンのうまみが合う

材料（6回分）
えのきだけ…1袋
ベーコン…6枚
太白ごま油…小さじ1

作り方
1 えのきだけは根元を切り落とし、ほぐしておく。ベーコンは半分の長さに切る。
2 1のえのきだけを12等分し、ベーコンで巻いて、楊枝で止める。
3 フライパンにごま油を熱し、2を焼いていく。最後に楊枝を取る。

1回量 **73kcal**　冷蔵 2〜3日　冷凍 2週間

これが1人分！

乾物のおかず

冷めてもおいしい！

定番おかずの作り方をマスター

ひじき煮

和風のお弁当に欠かせない、ひじき煮。ごはんにもよく合いますし、ほかのおかずと合わせても邪魔にならない味です。栄養価も高いので、すき間があったら少しでも詰めておきたいおかずです。

1回量 **75 kcal** ／ 冷蔵 3〜4日 ／ 冷凍 2週間

野菜もたっぷり入れて彩りよく

● 材料（6回分）

- ひじき…40g
- 油揚げ…1枚
- にんじん…100g
- 絹さや…15g

煮汁
A【だし汁½カップ、しょうゆ大さじ4、砂糖・みりん各大さじ3】

これが1人分！

● 作り方

1 ひじきを戻す
ひじきはキレイに洗ってから、15分ほど水につけて戻す。

2 油揚げは湯通しする
油揚げはザルにのせ、上から熱湯を回しかけ、湯通しする。

3 にんじん、絹さやなど材料を揃える
にんじんは3cmの長さのせん切り、絹さやはさっとゆでて斜め細切り、②の油揚げも細切りにする。

4 煮汁で具材を煮る
鍋にAを煮立て、①と絹さや以外の③を加えたら、時々混ぜながら汁けがなくなるまで煮含める。お弁当箱に入れるときに細切りにした絹さやを加える。

食材のコツ｜カルシウムと食物繊維が豊富で栄養満点

ひじきは丈夫な骨を作るカルシウム、腸内環境を整える食物繊維、全身に酸素を届ける鉄分の3つがとくに含まれています。また、ビタミンAも豊富で、美肌作りにも効果的。栄養満点な食材です。

乾物煮物バリエ

煮物がいろいろ！

切り干し大根の煮物

うまみがぎゅっと詰まって美味

さつま揚げの代わりにちくわや鶏肉でもOK！

1回量 94kcal / 3～4日 / 2週間

材料（作りやすい分量）
- 切り干し大根…1袋（約60g）
- 油揚げ…1枚
- さつま揚げ（直径10cm）…1枚
- にんじん…1/3本
- たけのこ…1/3本
- 菜種油…大さじ1
- A【だし汁・酒各100ml】
- 砂糖…大さじ3
- しょうゆ…大さじ3～4

作り方
1. 切り干し大根は水で洗い、30分ほどたっぷりの水に漬けて戻し、油揚げとさつま揚げは短冊切り、にんじんとたけのこは細切りにする。
2. 鍋に菜種油を熱し、水けをきった1の切り干し大根、にんじん、たけのこを入れてよく炒めてから、油揚げとさつま揚げを入れて炒める。
3. Aを2に加えて煮立たせ、アクをすくってから砂糖を加える。中火で10分ほど煮て甘みを含ませたら、しょうゆを加えて弱火で煮汁がなくなるまで、ときどき木べらなどでかき混ぜながらコトコト煮る。

五目豆煮

白いごはんによく合う！

干ししいたけのうまみが抜群においしい！

1回量 130kcal / 3～4日 / 2週間

材料（6回分）
- 大豆…1カップ
- にんじん…1/2本
- 干ししいたけ…3枚
- こんにゃく…1/2枚
- 昆布…10cm角1枚
- 塩…少々
- しょうゆ…大さじ2 1/2
- みりん…大さじ1 1/2

作り方
1. 大豆はさっと水で洗い、塩少々加えた水600ml（分量外）に漬けて半日ほどおく。
2. 1をつけ汁ごと厚手の鍋に入れ、中火にかけ沸騰したら弱火にし、しっかり泡とアクを取る。水が減ったら足して1時間ほど煮る。
3. にんじんは皮をむき8mm角に、干ししいたけは水で戻し軸を取り除いて8mm角に、こんにゃくも8mm角にして下ゆでする。昆布も水で戻し、12等分する。
4. 2の鍋に3を入れ、しょうゆ、みりんを加え、にんじんがやわらかくなり、汁けがなくなるまで煮る。火を止めて、そのまま冷まし味を含める。

高野豆腐と野菜煮

煮汁がしっとりしておいしい

高野豆腐にしみこんだダシを味わい尽くす

1回量 86kcal / 2日 / NG

材料（6回分）
- 高野豆腐…3個
- にんじん…1/3本
- さやいんげん…12本
- A【だし汁500ml、砂糖大さじ3、みりん・酒各大さじ1 1/2、薄口しょうゆ大さじ1、塩小さじ1/2】

作り方
1. 高野豆腐は水で戻し、よく水けをきり、4つに切っておく。にんじんは5mm幅の輪切りにして型で抜く。さやいんげんはさっと塩ゆでし、小口切りにする。
2. 鍋にAを入れて沸騰させ、1の高野豆腐を入れ、15分ほどコトコトと煮含め、最後ににんじんを加えてやわらかくなったら火を止める。さやいんげんを加えて、そのまま冷ます。

割り干し大根と豚肉の炒め煮

豚肉のうまみがよく染みて絶品

太めの割り干し大根で食べごたえ満点の煮物

これが1人分!

1回量 94 kcal / 冷蔵 3〜4日 / 冷凍 2週間

材料（6回分）
割り干し大根…1袋
豚肩ロースかたまり肉…100g
太白ごま油…小さじ2
塩…少々
酒…50㎖
しょうゆ…大さじ1

作り方
1 割り干し大根は水で戻し、水けをよく絞っておく。豚肩ロース肉は、薄く切る。
2 フライパンにごま油を熱し、1を入れて炒め塩をふる。酒、しょうゆを加えて汁けが飛ぶまで炒め煮にする。

割り干し大根とじゃこのフレンチサラダ

酸味の効いた爽やかな味!

大根の甘みにドレッシングの爽やかな酸味が合う

これが1人分!

1回量 123 kcal / 冷蔵 4〜5日 / 冷凍 NG

材料（6回分）
割り干し大根…1袋
ちりめんじゃこ…大さじ3
イタリアンパセリ（刻む）…少々
A【菜種油大さじ2、白ワインビネガー小さじ2、フレンチマスタード小さじ1、はちみつ小さじ1/4、塩・こしょう各少々】

作り方
1 割り干し大根は水で戻し、水けをよく絞っておく。
2 ボウルに1、ちりめんじゃこ、イタリアンパセリを入れ、混ぜ合わせたAであえる。

＊Aのドレッシングは、市販のフレンチドレッシングを使用してもOK。

牛肉と糸昆布のしょうが酢炒め

こっくりと深みのある味

牛こま切れ肉と糸昆布にタレが絡んで濃厚な味わい

1回量 136 kcal / 冷蔵 3〜4日 / 冷凍 2週間

材料（6回分）
牛こま切れ肉…300g
しょうが…1かけ
太白ごま油…小さじ1
糸昆布（生）…10g
A【しょうゆ大さじ2、酢大さじ1】

作り方
1 牛こま切れ肉は食べやすい大きさに切る。しょうがは皮をむき、せん切りにする。
2 フライパンにごま油を熱し、1の牛肉を炒める。
3 牛肉の色が変わってきたら、糸昆布、1のしょうがを入れてさっと炒め、Aで味をととのえる。

これが1人分!

ひじきとベーコンのペペロンチーノ

唐辛子とにんにく、オリーブオイルが効いた絶品

ヤングコーンの甘みが合う

材料（6回分）
- ひじき…50g
- ベーコン…4枚
- ヤングコーン…4本
- 長ねぎ…½本
- オリーブオイル・にんにく（みじん切り）…各小さじ2
- 赤唐辛子（輪切り）…小さじ½
- A【酒・しょうゆ各小さじ2、塩・こしょう少々】

作り方
1. ひじきは水で戻し、よく洗って水けをきっておく。ベーコンは細切りにし、ヤングコーンは3等分の長さに切る。長ねぎは斜め薄切りにする。
2. フライパンにオリーブオイルとにんにくを弱火でじっくり熱し、1のベーコン、赤唐辛子を炒める。残りの1を加えよく炒め、Aで味をととのえる。

これが1人分！

1回量 74kcal　冷蔵 2〜3日　冷凍 2週間

かに春雨炒め

かにの身と一緒にごま油で炒めた香り高い一品

春雨のシンプルな味を楽しむ

材料（6回分）
- 春雨・かにの身…各50g
- 太白ごま油…小さじ4
- A【長ねぎ（みじん切り）½本分、にんにく・しょうが（みじん切り）各小さじ1】
- B【水100ml、酒大さじ1、しょうゆ小さじ1、中華スープの素（練りタイプ）小さじ¼】
- 水溶き片栗粉…大さじ1

作り方
1. 春雨は熱湯で戻し、水けをきり、食べやすく切っておく。
2. フライパンにごま油小さじ2とAを入れて火にかけ、ふつふつと弱火で炒め、香りを出す。
3. 2にかにの身、1、Bを加え煮込む。
4. 仕上げに水溶き片栗粉でとろみをつけ、残りのごま油を回しかける。

これが1人分！

1回量 72kcal　冷蔵 3日　冷凍 2週間

ちりめんじゃことなすのきんぴら

味が染みたなすとカリカリのじゃこが相性抜群

2種類の食感が楽しい一品

材料（6回分）
- なす（半月切り）…2本分
- 太白ごま油…大さじ2〜3
- 塩…少々
- ちりめんじゃこ…15g
- A【薄口しょうゆ・みりん各小さじ2】

作り方
1. フライパンにごま油を熱し、なすを焦がさないように、色よく炒める。油が足りなければ、大さじ1増やして焼く。なすに火が通ったら、塩少々をふる。
2. 1にちりめんじゃこを加えてカリカリになるまで炒め、Aで味をととのえる。

これが1人分！

1回量 56kcal　冷蔵 2〜3日　冷凍 2週間

乾物のおかず

column_5
"5分"でできるスピードおかず

時間がないとき、ぱぱっと手軽に5分程度で作れるレシピをご紹介します。こってり食べごたえのあるものから、箸休めに合うさっぱりしたものまで、お弁当の内容とスペースに合わせて使い回して。

なると状の断面がインパクト大

1回量 101 kcal / 冷蔵 2日

ハムの青じそチーズ巻き
青じその味わいがアクセントの簡単チーズ巻き

材料（6回分）
ハム・青じそ・チーズ各6枚

作り方
ハム、青じそ、チーズの順に重ね巻き、ラップで包む。半分に切り、楊枝などで刺す。

定番だけどやっぱりおいしい！

1回量 5 kcal / 冷蔵 2日

ちくわきゅうり
詰めるだけで、見た目もかわいいおかずが完成

材料（6回分）
ちくわ2本、きゅうり1/8本

作り方
きゅうりは縦半分にし、さらに縦に1/4等分に切り、ちくわの穴に入れる。3等分に切る。

しっかり味のプチ揚げ物

1回量 50 kcal / 冷蔵 2日

魚肉ソーセージのフリッター
お弁当に少し入れるだけで、味のアクセントに

材料（6回分）
魚肉ソーセージ1本、天ぷら粉大さじ2、水大さじ2弱、揚げ油適量

作り方
1 魚肉ソーセージを1.5cm幅に切る。ボウルに天ぷら粉、水を加えて混ぜ衣を作る。
2 衣に魚肉ソーセージをからめて揚げる。衣に火が通ればOK。

ひと口食べるだけでスッキリ

1回量 40 kcal / 冷蔵 3～4日

こんにゃくのおかか炒め
さっぱりした味つけで、揚げ物の箸休めに最適

材料（6回分）
こんにゃく1枚、太白ごま油大さじ1、A【しょうゆ大さじ1、みりん大さじ2】、かつお節1袋

作り方
1 こんにゃくはスプーンでちぎり、5分ほど下ゆでする。
2 フライパンにごま油を熱し、1を炒め、Aを加え炒め、かつお節をまぶす。水分がなくなるまで炒める。

きゅうり、かまぼこのマヨあえ
細切りをマヨネーズであえるだけの簡単レシピ

> ピンク色の彩りがキレイ

材料（6回分）
きゅうり1本、かまぼこ30g、**A**【マヨネーズ大さじ1½、塩・こしょう各少々】

作り方
1 きゅうりは縦に3等分にし細切りにし、かまぼこも細切りにする。
2 ボウルに1を入れ、**A**であえる。お好みで、こしょうはしっかりふるとおいしい。

1回量 **32** kcal　冷蔵 2日

えびとディルのレモンマヨあえ
ディルとレモンの爽やかな風味で食べやすい!

> マヨ味なのにさっぱり!

材料（6回分）
むきえび200g、ディル3枝、**A**【マヨネーズ大さじ3、レモンの搾り汁小さじ2、塩・こしょう各少々】

作り方
1 むきえびは背ワタを取り、酒と塩少量（分量外）を入れた熱湯でえびをゆでる。
2 粗熱が取れたら、**A**で味ををととのえ、刻んだディルを混ぜる。

1回量 **78** kcal　冷蔵 2日

ウインナーのパイ包み焼き
パイシートで包むだけで、食べごたえがアップ

> さくさくのパイがうれしい!

材料（6回分）
ウインナー6本、冷凍パイシート1枚、卵黄適量

作り方
1 冷凍パイシートを底辺8cmくらいの三角形を作り、フォークで穴を開け、ウインナーを巻く。
2 1の表面に卵黄を塗り、200℃のオーブンで10分ほど焼く。

1回量 **115** kcal　冷蔵 2日

コロコロハムカツ
ジューシーなブロックハムをさくっと揚げて

> ひと口サイズのかわいいカツ

材料（6回分）
ブロックハム・薄力粉・溶き卵・パン粉・揚げ油…各適量

作り方
ハムを1.5cm角くらいのサイコロ状に切り、薄力粉、溶き卵、パン粉で衣をつけ、170℃の揚げ油でさっと揚げる。

1回量 **104** kcal　冷蔵 2日

小松菜としらすのあえ物
さっと作れる、ヘルシーで体にいい緑のおかず

> しらすの味がアクセントに

材料（6回分）
小松菜1束、しらす干し大さじ3、だししょうゆ大さじ1½～大さじ2

作り方
1 小松菜はさっと塩ゆでし、冷水にさらす。水けをよくきり、4cm幅に切る。
2 ボウルに1、しらす干しを入れ、だししょうゆであえる。

1回量 **10** kcal　冷蔵 2日

ブロッコリーとアーモンドのサラダ
砕いたアーモンドの味わいが、全体にコクをプラス

> アーモンドのコクがおいしい

材料（6回分）
ブロッコリー1個、アーモンド大さじ2、オリーブオイル大さじ1½、塩・こしょう各少々、米酢小さじ1

作り方
1 ブロッコリーは小房に分け、ゆでる。アーモンドは砕く。
2 ボウルに1を入れ、オリーブオイル、塩、こしょう、酢を加えて混ぜる。

1回量 **59** kcal　冷蔵 2日

column_6

> すき間埋めに
> おすすめ！

カンタンスイーツ

お弁当のすき間を埋めるのに、甘いデザートはいかがですか？ 果物をたっぷり使ったフルーツデザートなら、お弁当を食べたあとに清涼感を味わえます。濃い味のおかずが多いときに、おすすめです。

マシュマロとドライマンゴーの ヨーグルトクリームあえ

材料と作り方（6回分）
ボウルにマシュマロ30g、ドライマンゴー3～4枚、水きりヨーグルト（コーヒーフィルターなどで3時間以上水きりをしたもの）½カップを入れて混ぜ、冷蔵庫で冷やす。

ドライプルーンの オレンジ赤ワイン煮

材料と作り方（6回分）
鍋にドライプルーン200g、オレンジジュース100㎖、赤ワイン200㎖、グラニュー糖大さじ3、シナモンスティック½本を入れて火にかけ、一度沸騰させたら、弱火でコトコト20分ほど静かに煮る。

いちごピスタチオ

材料と作り方（6回分）
ボウルに4等分に切ったいちご½パック分、グラニュー糖大さじ1、細かく刻んだピスタチオ大さじ2を入れ、全体を混ぜる。

> **memo**
> **お弁当にもうれしい 甘いお楽しみを入れて**
>
> お弁当にちょこっと甘いものが入っていると、とてもうれしい気分になるものです。何かしら、甘いお楽しみを一つ入れてあげると喜ばれると思います。一番手軽なのは、季節の果物をそのまま入れること。そのときは、甘酸っぱい香りと味が他のおかずの味を損ねないよう別容器入れたり、時間がたっても変色しないようにレモン汁をふっておくなどの工夫をしましょう。また、少し時間があるときは、ドライフルーツなどを使って簡単に作れて日持ちもするようなデザートを作りおくのもおすすめです。

PART 5

＼ お弁当に欠かせない！ ／

ごはん、パン、麺 レシピ

お弁当の中心となる、主食のごはんやパン、
麺類はいつもシンプルなものでは飽きてしまいます。
おかずに合わせ、さまざまなバリエーションを覚えましょう。

具だくさんのごはん&おにぎり弁当 ①

たけのこと鯛の炊き込みごはん弁当

シャキシャキの食感がおいしいたけのこと、淡白ながらうまみが詰まった鯛を使った炊き込みごはんがメインのお弁当です。さっぱりしたごはんに合わせ、おかずは食べごたえのあるものを選びました。

鯛のうまみが効いておいしい

総エネルギー **504 kcal**

木の芽つくね ▶ P65
[コツ] つくねは小ぶりなので、たくさん食べられるようなら3つくらい入れてもOK。木の芽は詰める段階でのせること。
194 kcal

とうもろこしとえびのオリーブオイル炒め ▶ P137
[コツ] 甘みのある味わいが、炊き込みごはんにも合う。ばらばらとこぼれやすいので、カップに入れたほうがよい。
65 kcal

かぶの塩昆布漬け ▶ P167
[コツ] しっかりめの味のおかずが多いので、箸休めとなるお漬物。ほかのおかずと味が混ざらないように、カップなどに入れて詰めて。
26 kcal

たけのこと鯛の炊き込みごはん ▶ P190
[コツ] 詰めやすいように、たけのこは小さめに切る。鯛の代わりに鶏肉を使って炊いてもOK。秋は豪華にマツタケと鯛で炊いても。
219 kcal

memo
旬の食材をふんだんに使ってたまには季節感を味わって

たけのこやそら豆など、一年に一度しか出回らない旬のおかずで、たまには季節感を味わいましょう。たけのこと木の芽はまさに春の香り。毎日のランチタイムも、とても豊かな気持ちで過ごせます。

具だくさんのごはん&おにぎり弁当❷

海鮮あんかけチャーハン弁当

海鮮チャーハンに、白菜の五目煮をかけることで、あんかけチャーハンのできあがり！チャーハン自体がかなり具だくさんなので、五目煮以外のおかずは持たなくても、お腹いっぱいになれるはず。

具だくさん弁当でお腹いっぱい
総エネルギー
570 kcal

白菜の五目煮 (2回分) ▶▶P149
[コツ] 五目煮はごはんにかけても、別々に食べても。煮込むことで野菜のカサが減るので、少量でもたっぷり野菜が摂れる。
180 kcal

海鮮チャーハン
▶▶P187
[コツ] 冷凍保存しておいたチャーハンを使うときは、冷蔵庫で一晩かけて解凍し、レンジで加熱して冷ましてから詰める。
390 kcal

memo
おかずとごはんをしっかりと分けたいときは二段弁当で
ステンレスのお弁当箱は、油やにおいを気にせず持ち運べるのが便利。あんかけチャーハンのように、おかずとごはんをしっかり分けたいときは、二段重ねのお弁当箱がおすすめです。

具だくさんのごはん&おにぎり弁当 ❸

カリカリ梅と炒り卵のおにぎり弁当

カリッと酸っぱい梅と甘い錦糸卵を入れた食べごたえのあるおにぎりを中心に、野菜もたっぷり入ったおかずを合わせた、ボリューム満点のお弁当です。食べごたえがあるので、行楽シーズンにもおすすめ。

大きなおにぎりがうれしい！

総エネルギー **806 kcal**

野菜の肉巻きフライ ▶▶P45
[コツ] サクッとした食感を残すために、しっかり粗熱を取ってからお弁当に詰めること。断面を見せたほうが彩りがキレイ。
250 kcal

小松菜としらすのあえ物 ▶▶P173
[コツ] 水けがこぼれないよう、あえる前に小松菜はよく水きりを。紙カップは弱い場合があるので、厚めのものに入れて。
10 kcal

厚揚げと高菜の卵炒め ▶▶P106
[コツ] 高菜は塩分を多く含むため、調理のときは塩加減に注意。おにぎりやほかのおかずの塩けが強いので、薄味を心がけて。
105 kcal

プチトマト2個
さらに彩り豊かなお弁当にするために、2色のミニトマトを。塩けの強い料理が多いので、甘いものを選んで。
6 kcal

カリカリ梅と炒り卵のおにぎり ▶▶P199
[コツ] このように具がまぶしてあるおにぎりは、サランラップにごはんをのせ、包みながら成形したほうがきれいに握れる。
435 kcal

> **memo**
> **おにぎりをおいしく握るコツは**
> おにぎりをおいしくにぎるコツは、手にたっぷりと塩をまぶして、炊きたてのアツアツごはんを握ること！握りたては少し塩辛く感じるけれど、冷めたときにはちょうどよくおいしく食べられます。

具だくさんのごはん&おにぎり弁当 ❹
彩りちらし寿司弁当

酢飯の上に、本書で紹介している3つのおかず＋ゆでえび＋しょうがの甘酢漬けを細かく切ってのせるだけで、彩りの美しいちらし寿司が完成します！　前日は各おかずをお弁当に詰めて使い、翌日同じものでちらし寿司にしても。

彩りが美しくて豪華なお弁当！

総エネルギー **588 kcal**

干ししいたけの含め煮 ▶▶P167
[コツ] 1cm角くらいのサイズに切ってふりかける。ふっくらとした食感を残すために、細かく切りすぎないほうがよい。　**25 kcal**

油揚げの含め煮 ▶▶P107
[コツ] 1cm四方くらいに切って盛りつける。含めた煮汁を味わうために、包丁を入れるときに押しつぶさないこと。　**136 kcal**

市販のしょうがの甘酢漬け
[コツ] 食べやすく切って盛りつける。味のアクセントに。　**5 kcal**

酢飯180g Recipe
3合程度を炊く場合、といだ白米3合にみりん大さじ1、酒大さじ1、だし昆布10cm角を入れ、少なめの水加減で30分おいてから炊く。寿司酢(米酢大さじ5、きび砂糖大さじ2、塩少々)を煮立ててきび砂糖を溶かしておく。ごはんが炊けたら、寿司酢をからめて切るように軽く混ぜる。うちわなどで冷まし、濡れた手ぬぐいをかけておく。　**335 kcal**

甘い卵焼き ▶▶P94
[コツ] 1cm角くらいのサイズに切って振りかける。好みに合わせて、P96・97の卵焼きバリエから選んでもおいしい。　**69 kcal**

ゆでえび
沸騰した湯に酒と塩を少々入れ、えびを殻ごとゆでる。色が変わったら、鍋に入れたまま冷めるまで放置して粗熱を取り、そのあと殻をむく。　**18 kcal**

memo
ちらし寿司は好みに合わせ好きな具材をのせて
このお弁当では定番のちらし寿司を作りましたが、好きな和風おかずをいろいろ混ぜてみると新しい発見があります。たとえば、切り干し大根やきんぴらごぼうなどを混ぜるとおいしいですよ。手軽に混ぜ寿司が作れます。

サンドイッチ＆バーガー弁当 ①

ハンバーグサンド弁当

チーズをのせたハンバーグに、アクセントとなるドライトマトをのせて挟んだ、ボリュームのあるサンドイッチです。付け合わせには、爽やかなハーブの香りが効いたポテトフライがよく合います。

チーズも入ってボリューム満点

エネルギー
775 kcal

ハンバーグサンド Recipe

20cm程度のバゲットを用意し、横に切り込みを入れる。サニーレタスを敷き、その上にハンバーグ、スライスチーズ、ドライトマトをのせる。チーズをとろけさせたい場合は、ドライトマトをのせる前に軽くオーブントースターで温める。トマトケチャップやマスタードなどのソースは別添えし、食べる前にかけること。　**684 kcal**

じゃがいものハーブ焼き ▶▶P156

[コツ] カリッとした食感のポテトフライを作るには、少な目の油でじっくり焼きながら揚げる「揚げ焼き」をするとベター。　**91 kcal**

ドライトマトのハーブマリネ ▶▶P129

[コツ] ハーブでマリネしたドライトマトをたっぷりのせる。こぼれて食べにくい場合は、チーズとハンバーグの間に挟んで。　**103 kcal**

memo
挟むハンバーグの種類はいろいろなものを試して

ハンバーグは、P63のマスタードクリームハンバーグやP62のスパイシーハンバーグトマト煮込みなど、いろいろな種類を挟んでもおいしいです。また、やわらかいパンがお好きなら、ロールパンに挟むのもおすすめです。

定番のハンバーグ ▶▶P60

[コツ] ハンバーグのソースをかけたまま持ち歩くと、パンに染みてしっとりしてしまうので、食べる直前にかけた方がよい。　**193 kcal**
（ソースを除く）

サンドイッチ&バーガー弁当❷

ロールパンサンド弁当

えびとディルのレモンマヨネーズあえを挟んだサンドと、かぼちゃとレーズンのヨーグルトサラダを挟んだサンドを入れたお弁当。さっぱり系とほっこり系の2種類を入れて、味のバランスを取りました。

2種類の味で飽きがこない!

総エネルギー 531 kcal

えびとディルのレモンマヨあえ ▶▶P173

[コツ] えびはぷりぷりと大きなものを3つほど入れる。ソースがパンにつくのが嫌な場合は、サニーレタスを下に敷いて。

78 kcal

かぼちゃとレーズンのヨーグルトサラダ ▶▶P136

[コツ] たっぷりとパンに挟み、最後にローストしたアーモンドスライスをのせる。味の決め手になるので、必ずのせること。

167 kcal

ロールパンサンド Recipe

10cm程度のロールパンに、縦に切り込みを入れて、具材を挟みこむ。お好みで内側に薄くバターを塗って、軽くトーストしておいてもよい。

435 kcal

揚げさつまいもの蜜がらめ ▶▶P137

[コツ] サラダ仕立てのおかずをパンに挟んでいるので、付け合わせは食べごたえのあるカリカリのさつまいもをチョイス。

96 kcal

memo デザートとなるおかずを組み合わせると新鮮に

今回入れた「揚げさつまいもの蜜がらめ」やP139の甘栗のフリットのように、甘みのあるおかずはデザート代わりにもなって便利。またはP174の小さなデザートレシピも活用すると、食後の楽しみが増えます。

サンドイッチ＆バーガー弁当 ❸

トルティーヤサンド弁当

オーロラソースをかけた濃厚な味わいのから揚げを、レタスと一緒にトルティーヤで巻いたラップサンドです。口の中をさっぱりさせるために、キャロットラペとベリーを付け合わせに添えました。

ブルーベリー＆ブラックベリー
[コツ] 濃厚な味わいのトルティーヤには、口の中をさっぱりとさせるベリー類を。デザートとしてもおいしい。
49 kcal

濃厚なソースがたっぷりで美味

総エネルギー
641 kcal

トルティーヤサンド Recipe
市販のトルティーヤの皮（タコス用生地）を広げ、中央にサニーレタスを置く。細長く切ったから揚げをのせ、オーロラソースをかけたら、具材を包みながら細長い筒状に巻く。長い場合は2等分にし、オイルペーパーなどで包む。
523 kcal

キャロットラペ ▶▶ P131
[コツ] トルティーヤだけでは野菜不足。免疫力を高めるカロテンなど、栄養価の高いにんじんをたっぷりと添えて。
69 kcal

オーロラソースのから揚げ ▶▶ P35
[コツ] トルティーヤはあまり太いと食べにくいので、細めに巻くために、から揚げは縦に3等分して細長く切る。
285 kcal

memo
トルティーヤ皮がない時は薄くのばした食パンで代用
トルティーヤとは、小麦粉を使ったメキシコ生まれのパンで、薄くてやや甘いのが特徴です。タコス用生地として購入できますが、ない場合は耳を落とした食パンの生地をめん棒などで薄くのばして代用もできます。

182

サンドイッチ＆バーガー弁当 ❹

中華風花巻サンド弁当

花巻は中華料理の点心のひとつで、具が入っていない蒸しパンのようなもの。ふかふかの花巻の中に、マヨネーズを添えたジューシーな鶏もも肉のチャーシューを挟みました。ほっこり甘い栗も付け合わせに。

ふかふかの花巻とお肉がよく合う

総エネルギー
838 kcal

花巻きサンド Recipe
花巻の横に切り込みを入れ、サニーレタスを敷いてから鶏もも肉のチャーシューを2枚ほど入れ、マヨネーズをのせる。
744 kcal

鶏もも肉のチャーシュー ▶▶P38
[コツ] 花巻に厚みがあるので、たっぷり入れて。肉汁が出やすいので、サニーレタスを敷いてからのせ、マヨネーズを添える。

甘栗のフリット ▶▶P139
[コツ] ほんのり甘い栗のフリットは、デザート代わりにもなる一品。お腹にたまりやすいので、少量だけ詰めること。
47 kcal

きんかん
酸味があるかんきつ類は、濃厚な料理のあとに食べるデザートに最適。
24 kcal

memo
市販の花巻を温めてもっとおいしく食べるには
ふかふかとした生地が魅力の花巻は、お弁当に入れる前に軽く蒸すとよりおいしく食べられます。蒸し器がない場合は、表面を少し水で濡らし、ふんわりとラップをかけて、電子レンジで1分ほど温めます。 

ラディッシュの レモンマリネ ▶▶P129
[コツ] 食べごたえ満点の花巻サンドの付け合わせに最適。レモン風味は口の中をさっぱりさせ、胃もたれを防ぐ。
23 kcal

野菜たっぷり麺弁当 ①

上海焼きそば弁当

タコと野菜が入った、上海風焼きそばをメインにしたお弁当です。同じ中華の五目春巻きに、さっぱりしたセロリのサラダを添えました。ボリューム満点ですが、野菜をたっぷり食べられるお弁当です。

野菜もしっかり食べられる!

総エネルギー
765 kcal

豚の五目春巻き
▶▶P49

[コツ] カリッとした食感を残すために、よく油をきり、粗熱を取ってから食べやすいサイズに切り、お弁当箱に入れること。
265 kcal

上海風たこ焼きそば
▶▶P193

[コツ] 野菜がたっぷり食べられるのが焼きそばの魅力。具材が均等に入るように盛りつけ、最後に炒りごまをふる。
422 kcal

セロリとちくわのサラダ ▶▶P148

[コツ] 水分が出ないように、セロリはよく水けをきって調理を。ごま油がこぼれないよう、カップなどに入れたほうがよい。
78 kcal

memo
たまにはオイスターソース味の焼きそばで目先を変えて

たまには、いつものソース焼きそばではなく、オイスターソースを使った中華風の焼きそばもおいしいのでおすすめ。残り物の野菜をたっぷり入れたり、たこの代わりにいかやえび、お肉でもOKです。

野菜たっぷり麺弁当❷

目玉焼きのせナポリタン弁当

野菜をたっぷり入れてトマトケチャップで味つけをしたナポリタンと、まろやかな味の目玉焼きがよく合うお弁当です。ブロッコリーとズッキーニを添えて、野菜たっぷり。お子さんのお弁当にもピッタリです。

卵が入るから栄養も満点！

総エネルギー
382 kcal

イエローズッキーニの オリーブオイル焼き ▶▶ P138

[コツ] ナポリタンは味が濃いので、ズッキーニの甘みを楽しむために、あまり塩を多く入れずに調理するとよい。
25 kcal

ブロッコリーの チーズ焼き ▶▶ P143

[コツ] ブロッコリーは食べやすいサイズの小房にカット。チーズは、ピザ用のモッツァレラチーズがよく合う。
50 kcal

memo
プラスチックの お弁当箱は煮沸消毒をして

プラスチックのお弁当箱は傷がつきやすいため、衛生面で問題があることも。プラスチック容器は洗剤で洗っても油分が取れないことがあるので、こまめに殺菌しましょう。熱湯に5分ほどつけて煮沸消毒するのがベター。

目玉焼き

[コツ] お弁当箱に入るよう、白身の量を調節しながら焼く。傷みやすい夏場は半熟は避け、しっかり焼いたほうがよい。
76 kcal

ナポリタン ▶▶ P195

[コツ] ピーマンや玉ねぎ、マッシュルームなどの野菜を均等に入れる。野菜が苦手なお子さんには、小さくカットして。
231 kcal

ごはんの定番料理

ごはん料理の作り方をマスター

冷めてもおいしい！

五目チャーハン

パラパラとしたごはんに、豚肉や卵、かまぼこ、ねぎなどがたっぷり入った五目チャーハンは、冷めてもおいしい一品。豚肉を漬けこんだタレを使って味つけするので、コクがある味わいに仕上がります。

1回量 231kcal ／ 冷蔵 3日 ／ 冷凍 2週間

パラパラごはんがあとを引く！

● 材料（4回分）

- 豚バラかたまり肉…80g
- 漬けこみ用タレ
  - A【しょうゆ・みりん各小さじ1、砂糖ひとつまみ】
- 太白ごま油…大さじ2
- 長ねぎ…1本
- かまぼこ…4枚
- 卵…3個
- あたたかいごはん…茶碗3杯分
- しょうゆ…大さじ1弱
- 塩…ひとつまみ
- 黒炒りごま…大さじ1

● 作り方

1 豚肉を切ってAをもみ込む
豚肉を7mm角に切ってボウルに入れ、Aをもみ込んでおく。

2 長ねぎ、かまぼこを切り、卵を溶く
長ねぎは粗みじん切り、かまぼこは5mm角に切り、卵は溶きほぐしておく。

3 卵を炒める
フライパンにごま油大さじ1を熱し、溶きほぐした卵を入れ、10秒おき、さっと混ぜてまたボウルに取り出す。

4 豚肉、かまぼこ、ごはんを炒める
③のフライパンに残りのごま油を加え、①の豚肉を炒め、かまぼこ、粗熱を取ったごはんを加えて炒める。

5 長ねぎを加えて炒める。
④に長ねぎを加えて炒め、しょうゆと塩で味をととのえる。

6 炒り卵、黒ごまを加えて仕上げる
⑤に③の炒り卵を戻して炒め合わせ、仕上げに黒ごまを散らす。

チャーハンバリエ

具材がいろいろ！

鮭フレークとねぎのチャーハン
ねぎを散らして、鮭チャーハンをさっぱりと

材料（4回分）
- 卵…2個
- 塩…ふたつまみ
- こしょう…少々
- 太白ごま油…大さじ3
- あたたかいごはん…茶碗3杯分
- A【鮭フレーク大さじ3、酒大さじ1】
- 万能ねぎ（小口切り）…4本分
- 塩・こしょう…少々
- しょうゆ…大さじ1

作り方
1. 卵は割りほぐし、塩、こしょうを加え、混ぜ合わせる。
2. フライパンにごま油大さじ2を熱し、1を流し入れ、さっと炒めて取り出す。
3. 残りのごま油を2のフライパンに足し、粗熱を取ったごはん、Aを加えしっかり炒める。
4. 2を3に戻し入れ、万能ねぎを加え、塩、こしょうをふる。仕上げにしょうゆを加え炒める。

鮭の塩けが食欲をそそる

1回量 354 kcal ／ 3日 ／ 2週間

レタスとかにのチャーハン
シャキシャキのレタスの甘みでやさしい味わいに

材料（4回分）
- 卵…2個
- 塩・こしょう…各少々
- 太白ごま油…大さじ3
- あたたかいごはん…茶碗3杯分
- かに（ほぐしておく）…50g
- 酒…大さじ1
- A【しょうゆ大さじ1、塩ひとつまみ、こしょう少々】
- レタス（ざく切り）…1/4個分

作り方
1. 卵を割りほぐし、塩、こしょうを加えて混ぜ合わせる。
2. フライパンにごま油大さじ1 1/2を熱し、1を流し入れ、ふんわり炒めて取り出しておく。
3. 同じフライパンに残りのごま油を加え、粗熱を取ったごはん、かに、酒を加えて炒める。
4. ごはんがパラパラになってきたら、Aで味をととのえて、最後に卵を戻し入れ、レタスを加えさっと炒める。

かにの味わいがまろやか！

1回量 335 kcal ／ 3日 ／ 2週間

たらこと野菜のチャーハン
にんじんやさやいんげんを入れて野菜たっぷり！

材料（4回分）
- たらこ…小2腹
- 太白ごま油…大さじ2
- A【玉ねぎ（みじん切り）1/2個分、にんじん（みじん切り）1/3本分、さやいんげん（小口切り）6本分】
- あたたかいごはん…茶碗3杯分
- B【酒小さじ2、塩2つまみ】
- 薄口しょうゆ…大さじ1

作り方
1. たらこは皮をこそげ取る。
2. フライパンにごま油を熱し、Aを炒める。粗熱を取ったごはんと1、Bを入れ炒め、薄口しょうゆで味をととのえる。

ピンクの色合いもキレイ

1回量 302 kcal ／ 3日 ／ 2週間

海鮮チャーハン
ぷりぷりのえびのうまみを味わう大満足メニュー

材料（4回分）
- 卵…2個
- ごま油…大さじ3
- A【むきえび（背ワタを取る）・紋甲いか（胴体/1cm角）各100g、ほたて貝柱（1cm角）3個分】
- 酒…大さじ1
- 塩・こしょう…各少々
- あたたかいごはん…茶碗3杯分
- 万能ねぎ（小口切り）…3本分
- しょうゆ…大さじ1

作り方
1. 深めのフライパンにごま油大さじ2熱し、溶きほぐした卵を流し入れ、ふんわり炒めて取り出す。
2. 1に残りのごま油を入れ、Aを炒め、酒と塩をふる。
3. 2に粗熱を取ったごはんと万能ねぎを加えてよく炒め、塩、こしょうをふる。仕上げにしょうゆを回しかける。

食べごたえ満点！

1回量 390 kcal ／ 3日 ／ 2週間

ごはんの定番料理

> トマトライスとチキンが合う!

炊き込みチキンライス
炊き込むことで、たっぷりの量を一度に作れます

材料（6回分）
- 米…2合
- A【トマト（ざく切り）中1個分、トマトジュース小1缶、トマトケチャップ大さじ3、赤ワイン大さじ2、塩小さじ1、こしょう少々、しょうゆ大さじ1】
- 玉ねぎ…中1/2個
- スライスベーコン…4枚
- 鶏もも肉…小1枚
- 塩…ひとつまみ
- ローリエ…1枚
- バター…10g
- グリーンピース…適量

作り方
1. 米はといで炊飯器に入れ、Aと水を2合の目盛りまで入れて30分おく。
2. 玉ねぎはみじん切り、ベーコンは細切りにする。鶏もも肉は1cm角に切り、塩ひとつまみをもみ込んで15分ほどおき、すべてを1に入れ、ローリエを加えて普通に炊く。炊きあがったらバターを加えて混ぜ、グリーンピースを飾る。

1回量 451kcal　冷蔵2〜3日　冷凍1ヶ月

炊き込みパエリア
肉も魚も野菜もたっぷり入った、スペイン名物

> 炊き込むことで香りも味も◎

材料（6回分）
- 鶏もも肉（1.5cm角）…1/2枚
- 塩・こしょう…各少々
- むきえび（背わたを取る）…12尾
- 塩ゆでさやいんげん（3cm幅）…100g
- 米…2合（洗わない）
- 水…360ml（えびの蒸し汁を足して）
- A【パプリカパウダー大さじ1、サフラン（細かく刻む）ひとつまみ、塩・こしょう各適量】
- B【にんにく（みじん切り）1かけ分、玉ねぎ（みじん切り）1/2個分、トマト（種を取り、細かく刻む）中1個分】
- オリーブオイル…適量
- 白ワイン…50ml
- レモン…1個（6等分に串切り）

作り方
1. 鶏肉は塩、こしょうをする。
2. フライパンにオリーブオイル小さじ1を熱し、えびをさっと炒め、白ワインを加え蓋をして蒸して取り出す（蒸し汁は小鍋に加えておく）。
3. 2の蒸し汁と水を足して360mlにして小鍋に入れ、Aを加えてしばらく置いておく。
4. 2のフライパンにオリーブオイル大さじ1を加え、1を炒めて取り出す。オリーブオイル大さじ1を足してBを順に加えて炒め、米を加えて透き通るまで炒める。
5. 4を炊飯器に入れ、3を注ぎ、普通に炊く。炊きあがったら2のえびといんげんを加え、10分ほど蒸らす。お好みでレモンを添えて。

1回量 325kcal　冷蔵2〜3日　冷凍1ヶ月

炊き込みえびピラフ
バターの香りが食欲をそそる、えび尽くしの一品

> えびとバターの
> コクが相性抜群

材料（6回分）
米…2合
チキンコンソメ…1個
玉ねぎ（みじん切り）…中1個分
A【むきえび（しっかりと水けをきる）300g
　マッシュルーム（缶詰）小1缶、白ワイン50㎖】
塩…ひとつまみ
バター…30g

作り方
1. 米はといでザルにあげて30分おく。
2. 炊飯器の釜に1の米を入れ、水を2合の目盛りまで入れ、チキンコンソメを潰しながら入れて、普通に炊く。
3. フライパンにバター半分を溶かし、焦がさないように玉ねぎを炒め、しんなりしたらAを加えて炒める。汁けがなくなってきたら塩をふる。
4. タイマーで残り10分という表示が出たら、3と残りのバターを加えて蓋をして、そのまま10分おく。炊きあがったら10分そのままおき、かき混ぜる。

> **食べ方のコツ**
> 豪華に仕上げたいときは、お刺身用のほたてや紋甲いかを切って加えると、シーフードピラフに。上にオムレツをのせ、ホワイトソースをかけてもおいしい。

1回量 **393kcal** ／ 冷蔵 2～3日 ／ 冷凍 1ヶ月

ごはんの定番料理

塩鮭とコーンの混ぜごはん
鮭の塩けにコーンの甘みが絶妙にマッチする

> さっぱりした
> 酢飯が美味

材料（4回分）
きゅうり…½本　　　ホールコーン…大さじ2
塩…少々　　　　　青じそ…5枚
鮭フレーク（P199）　酢飯（P179）…茶碗3杯分
　…大さじ3

作り方
1. きゅうりは輪切りにして塩でもみ、水けを絞っておく。ホールコーンも水けをよくきる。青じそは細切りにする。
2. ボウルに酢飯を入れ、1、鮭フレークを混ぜ合わせる。

> **保存のコツ**
> 酢飯に鮭とコーンを混ぜた状態で小分けにし、ラップで包んで保存袋に入れれば冷凍保存も可能。きゅうりだけは冷凍せず、都度新しいものを混ぜること。

1回量 **237kcal** ／ 冷蔵 2～3日 ／ 冷凍 2週間（きゅうりを除いて）

ひじきごはん

具だくさんひじきをたっぷりと！

ひじきの煮物をたっぷり混ぜた、栄養満点ごはん

材料（4回分）
ごはん…茶碗3杯分
ひじき煮(P168)…大さじ4
紅しょうが…適量

作り方
1 ごはんに「ひじき煮」を混ぜ、紅しょうがを添える。

＊おすすめ！小さなおかず＊

鶏の親子煮 →P36
豆腐ナゲット →P69

食べ方のコツ　油揚げの含め煮(P107)に詰めて、おいなりさんにしてもおいしい。また、ふんわりと仕上げた炒り卵をトッピングすると、ボリュームも出て、子どもでも食べやすくなります。鶏肉、ちくわ、大豆などを入れても。

1回量 291kcal
冷蔵 2〜3日
冷凍 1ヶ月

たけのこと鯛の炊き込みごはん

鯛のうまみが染みだして◎

鯛のエキスが染み込んだ、やさしい味の絶品ごはん

材料（6回分）
たけのこ(水煮)…小1個
鯛(切り身)…大1切れ（または小2切れ）
米…2合
A【酒大さじ2、薄口しょうゆ大さじ1】
だし昆布(10cm角)…1枚
木の芽…適量

作り方
1 たけのこは食べやすく薄切りにする。鯛は塩をふり、15分ほどおいて余分な水分をふく。
2 米はといで炊飯器に入れる。Aを加え、2合の目盛りまで水(分量外)を入れ、昆布を加えて30分ほどおく。
3 1のたけのこと鯛を入れ、普通に炊く。炊きあがったら、鯛を取り出し、骨を取り除いてほぐす。
4 鯛の身を炊飯器に戻し、さっと混ぜる。木の芽を添える。

＊おすすめ！小さなおかず＊

あおさといかの揚げ団子 →P81
ほたてののり巻き →P82

1回量 219kcal
冷蔵 2〜3日
冷凍 1ヶ月

鶏五目炊き込みごはん

じっくり炊き込んで、具材のだしが効いた一品

もち米だから食べごたえ満点

材料（6回分）
- A【かつおだし汁100㎖、酒・しょうゆ各大さじ½、砂糖大さじ¼、塩ふたつまみ】
- B【鶏もも肉（1㎝角）½枚分、にんじん（3㎝幅の細切り）中½本分、油揚げ（横半分に切って細切り）½枚分、しめじ（横半分に切ってほぐす）½パック、こんにゃく（4㎝の細切り）¼枚分】
- 白米…1と½合
- もち米…½合
- C【酒50㎖、しょうゆ大さじ1（水を合わせて2合の目盛りになるように）、塩小さじ1】
- 昆布…5㎝四方

作り方
1. 鍋にAを入れて火にかけ、沸騰したらBを入れ煮汁がなくなるまで煮る。
2. 白米ともち米を合わせてといで炊飯器に入れ、Cと昆布を入れて30分おいてから炊く。蒸らしの段階になったら1を加えて時間通り蒸らし、さっとかき混ぜる。

調理のコツ　先に煮込んだ具材を、ごはんが炊きあがる10分前くらいの「蒸らし」のタイミングで炊飯器に加える。最初から一緒に炊き込むより、お米がふっくら仕上がる。

1回量 365kcal ／ 冷蔵 2〜3日 ／ 冷凍 1ヶ月

トマトとしらすの炊き込みごはん

トマトの甘酸っぱさがおいしい！

ミニトマトの甘みと松の実の食感がよく合う！

材料（6回分）
- 米…2合
- 昆布…5㎝角
- ミニトマト…10〜12個
- 松の実…大さじ2
- A【酒大さじ2、エキストラバージンオリーブオイル大さじ1、塩小さじ1】
- しらす干し…適量

作り方
1. 米はといで炊飯器に入れる。2合の目盛りまで水（分量外）と昆布を加え30分おく。ミニトマトはヘタを取り、横半分に切る。
2. 米を浸した水から大さじ2杯分の水を取り除き、Aと1のミニトマトと松の実を加えて普通に炊く。
3. 炊きあがったらさっと混ぜる。お弁当に詰めるときにしらす干しをたっぷりのせる。

＊おすすめ！小さなおかず＊
- ピーマンの肉詰め→P62
- とうもろこしとえびのオリーブオイル炒め→P137

1回量 228kcal ／ 冷蔵 2〜3日 ／ 冷凍 2週間

ごはんの定番料理

麺・パスタの定番料理

麺料理の作り方をマスター

焼きそば

冷めてもおいしい！

ソースの味が効いた焼きそばは、疲れているときにお弁当にあるとうれしいですよね。豚バラ肉とキャベツ、もやしが焼きそばによく絡みます。冷めてもないベタつかないよう、さっと短時間で炒めましょう。

1回量 558kcal ／ 冷蔵 3日 ／ 冷凍 2週間

こってりした味つけで冷めてもおいしい

材料（3回分）

- 豚バラ薄切り肉（2cm幅）…5枚分
- 塩・こしょう…各少々
- キャベツ（ざく切り）…3枚分
- もやし…½袋
- 中華そば（焼きそば用蒸し麺）…2玉
- 酒…大さじ1
- 揚げ玉…大さじ3
- 紅しょうが…適量
- サラダ油…小さじ1

作り方

1　豚肉、キャベツ、もやしを炒める
フライパンにサラダ油を熱し、豚肉を炒め、塩、こしょうをする。キャベツ、もやしをさっと炒める。

2　蒸し中華麺を加えて炒める
蒸し中華麺は袋ごと電子レンジ（600W）で2分加熱して、①に加えて酒を加えてさっと炒める。

3　ソースを加える
②に付属のソースを加えて混ぜ合わせる。

4　揚げ玉を加える
揚げ玉を③に加える。

5　全体を炒め合わせる
揚げ玉が全体になじむように炒め合わせる。お好みで紅しょうがを添えても。

> **調理のコツ**
> 焼きそばは、そばに付属されているソースを使うのが楽です。もしついていない場合は、分量はまったく同じまま、ウスターソース大さじ3を加えて混ぜてください。

具がいろいろ！ 「焼きそばバリエ」

麺・パスタの定番料理

春菊と卵の塩焼きそば
さっぱり塩味でヘルシーにいただく焼きそば

材料（3回分）
- 春菊（4cm幅）…½束分
- 卵…2個（塩・こしょう各々を加えて溶きほぐしておく）
- 蒸し中華麺…2袋
- 塩…小さじ¼
- XO醤…大さじ1
- A【酒大さじ2、薄口しょうゆ小さじ2、中華スープの素（練りタイプ）小さじ¼】
- ごま油…大さじ2
- しょうゆ…小さじ2

作り方
1. フライパンにごま油大さじ1を熱し、溶きほぐした卵を加えてさっと炒め、取り出す。
2. 1のフライパンに残りのごま油を加え、春菊の茎の部分を炒め、塩をふる。レンジで温めた蒸し中華麺とXO醤を加えて炒める。
3. A、春菊の葉を加えて炒め、1の卵を加えてさっと炒める。仕上げにしょうゆで味をととのえる。

塩味だから重くならない！

1回量 420 kcal / 3日 / 2週間

上海風たこ焼きそば
やわらかいたこがたっぷりで食べごたえ満点！

材料（3回分）
- にんじん（4cm長さの短冊切り）…⅓本分
- 塩…少々
- ゆでたこ足（薄い輪切り）…2本分
- ニラ（4cm長さ）…⅓束分
- 蒸し中華麺…2袋
- ごま油・酒…各大さじ1
- A【オイスターソース大さじ1、しょうゆ小さじ2、塩・こしょう各少々】
- 白炒りごま…大さじ2

作り方
1. 深めのフライパンにごま油を熱し、にんじんを炒め、塩をふる。にんじんに透明感が出てきたら、たことニラを加えて炒める。
2. レンジで温めた蒸し中華麺と酒を加え、塩を加えよく炒める。
3. 2にAを加えて味をととのえ、白炒りごまをふる。

たこのうまみを味わい尽くせる

1回量 422 kcal / 3日 / 2週間

そばめし
焼きそばとごはんを一度に味わえるのが嬉しい！

材料（3回分）
- A【牛こま切れ肉（細かく切る）130g、こんにゃく（みじん切り）⅓枚分、酒50ml、しょうゆ大さじ2、砂糖大さじ1】
- 万能ねぎ（小口切り）…⅓束分
- 蒸し中華麺…1袋
- 菜種油…小さじ2
- あたたかいごはん…茶碗1杯分
- 塩…少々
- 酒…大さじ1
- B【お好み焼きソース・しょうゆ大さじ各½】

作り方
1. Aを鍋に入れ、汁けがなくなるまで煮詰め、万能ねぎを加える。
2. 蒸し中華麺は細かく切る。
3. フライパンに菜種油を熱し、2とごはんを炒め、塩をふる。1と酒を加えよく炒める。仕上げにBで味をととのえる。

両方食べられて贅沢な一品！

1回量 388 kcal / 3日 / 2週間

アジア風焼きそば
ライムの酸味がアクセント！ タイ名物の焼きそば

材料（3回分）
- 卵…2個
- 菜種油…大さじ3
- 米麺（ぬるま湯で戻す）…150g
- A【干しえび（みじん切り）大さじ2、えび（背ワタをとる）200g】
- もやし…½袋
- ニラ（4cm幅）…⅓束
- B【ナンプラー大さじ2、オイスターソース大さじ1、砂糖小さじ2】
- C【ピーナッツ大さじ4、ライム（搾り汁）大さじ2、パクチー適量、粗びきチリペッパー少々】

作り方
1. フライパンに菜種油大さじ1と½を熱し、溶きほぐした卵を流し入れ、さっと火を入れ、取り出す。
2. 1のフライパンに残りの菜種油を足して熱し、Aを入れて炒め、もやし、ニラを加えてさっと炒める。戻した米麺を加え炒め、Bで味をととのえ、1を戻し、仕上げにCを加える。

お弁当に珍しいタイ料理！

1回量 510 kcal / 3日 / 2週間

たけのことえびの しょうゆ焼きうどん

> えびとしょうゆの うまみが◎

しょうゆの風味豊かで、さっぱりと食べられる！

材料（4回分）
- たけのこ（ゆで）…100g
- えび…200g
- 三つ葉…1束
- ゆでうどん…2玉
- 太白ごま油…大さじ1～2
- 塩…少々
- A【酒大さじ2、しょうゆ大さじ1½、塩少々、砂糖2つまみ】

作り方
1. たけのこは半分に切って薄切りにし、えびは下処理し、三つ葉は4cm幅に切る。
2. うどんは、さっと下ゆでしておく。
3. フライパンにごま油を熱し、1のたけのことえびを炒め、塩をふる。2を加え、Aで味をととのえ、最後に三つ葉を加える。

調理のコツ：電子レンジで温められる冷凍うどんもあるが、面倒でも必ず一度、鍋で湯がいてから加えると、雑味が消える。もっちりとしたタイプのうどんがよく合う。

1回量 **209 kcal** ／ 冷蔵 2～3日 ／ 冷凍 2週間

卵とトマトの ひやむぎチャンプルー

> トマトの果肉が 広がって美味

ハムのコクが決め手！ やさしい味のひやむぎ炒め

材料（4回分）
- ミニトマトとハムの卵炒め（P133）…6回分
- ひやむぎ…2束
- 万能ねぎ（小口切り）…少々
- A【めんつゆ大さじ2、しょうゆ小さじ2、塩・こしょう各少々】
- 太白ごま油…大さじ1

作り方
1. ひやむぎは袋の表示通りゆでてしっかり冷水で洗いぬめりを取り、ザルにあげる。
2. フライパンに「ミニトマトとハムの卵炒め」を温め、1を加え炒める。
3. Aで味をととのえ、仕上げにごま油を回しかけ、万能ねぎを散らす。

＊おすすめ！小さなおかず＊
- ゴーヤチャンプル →P145
- にんじんしりしり →P131

1回量 **254 kcal** ／ 冷蔵 2～3日 ／ 冷凍 2週間

ナポリタン

玉ねぎやピーマンなど、野菜満載の定番パスタ

> 野菜をたくさん食べたいときに

材料（4回分）
- スパゲティ…100g
- 菜種油…小さじ2
- A【玉ねぎ（薄切り）¼個分、ウインナー（斜め切り）4本分、ピーマン（細切り）1個分、マッシュルーム（薄切り）4個分、トマト（1㎝角）½個分】
- B【トマトケチャップ大さじ2、塩・こしょう各少々】
- 生クリーム…大さじ2

作り方
1. スパゲティを表示通りにゆでる。
2. フライパンに菜種油を熱し、Aを焦がさないように中弱火で炒める。
3. 2にゆであがったスパゲティを入れ、Bで調味する。仕上げに生クリームを入れ、さっと炒める。

＊目玉焼きを添えるのもおすすめ。

調理のコツ　ゆで時間が10分以上の太めのパスタを使うとよい。また、少量でも生クリームを加えるのがポイント。冷めても、しっとりとした仕上がりをキープできる。

1回量 **231 kcal** ｜ 冷蔵 2〜3日 ｜ 冷凍 2週間

麺・パスタの定番料理

マカロニグラタン

まろやかなホワイトソースを存分に味わって

> バターの風味があとを引く！

材料（4回分）
- 玉ねぎ（薄切り）…大1個分
- A【バター大さじ1、ベーコン（2〜3㎝幅）100g、マカロニ200g、マッシュルーム（薄切り）5個、むきえび（背ワタを取る）中20尾】
- 小麦粉…大さじ3
- 牛乳…600㎖
- 生クリーム…200㎖
- 白ワイン…大さじ2
- ピザ用チーズ…100g
- 塩・こしょう・パン粉・パセリ（粉末）…各少々

作り方
1. 厚手の鍋に玉ねぎを敷き詰め、Aを順に重ねる。
2. 小麦粉に牛乳を少量ずつ加えて、溶いておく。
3. 1に2と生クリーム、白ワインを混ぜたものを流し入れ、蓋をして中火にかける。蒸気が出たら軽く混ぜ、マカロニの表示時間だけ弱火で煮る。塩、こしょうで味をととのえ、ピザ用チーズとパン粉をふる。
4. 250℃に予熱したオーブンで、7〜8分こんがりと焼き色がつくまで焼き、パセリをふる。

1回量 **827 kcal** ｜ 冷蔵 3日 ｜ 冷凍 2週間

バジルソースパスタ
スクリュー形のパスタがバジルソースによく絡む

爽やかバジルが口に広がる！

これが1人分！

1回量 272kcal
冷蔵 2日
冷凍 NG
（ソースのみ 瓶を開封しなければ1ケ月）

材料（4回分）
フィジッリ…200g
バジルソース*…大さじ4

＊バジルソース（作りやすい分量）
A【バジル60g、にんにく½個、塩小さじ1】
B【松の実・くるみ各15g】
オリーブオイル…100㎖
粉チーズ…大さじ6

作り方
1 バジルソースを作る。フードプロセッサーにAを加えてさっと混ぜ、ローストしたBを加えてざっと混ぜ、少しずつオリーブオイルを加えて、最後にパルミジャーノレッジャーノチーズを加える。
2 フィジッリを袋の表示通りにゆでる。ゆであがったらボウルに入れ、1のバジルソースを加えてさっと混ぜ合わせる。

保存のコツ
パスタをまとめてゆでて、オリーブオイル少量とからめておく。1人分ずつラップで包み、冷蔵庫で3～4日持つ。お弁当に入れるとき、都度ソースとあえる。ソースは瓶に入れ、開封しなければ1カ月程度保存可能。

クリームきのこペンネ
チーズたっぷりの濃厚クリームソースが絶品！

こってりパスタだけどヘルシー！

これが1人分！

1回量 408kcal
冷蔵 2～3日
冷凍 2週間

材料（4回分）
ペンネ…100g
きのこのホワイトソース煮込み（P165）…6回分
粉チーズ…大さじ2

作り方
1 ペンネは袋の表示通りにゆでる。
2 きのこのホワイトソース煮込みを温め、1のペンネを加えてからめる。
3 粉チーズを加えてからめる。

＊おすすめ！小さなおかず＊

かぼちゃのハーブチーズコロッケ→P136

ビーフカツレツ→P59

冷やしたぬきうどん

お弁当に入っていたらうれしいお手軽うどん

お弁当を開けたらビックリ！

麺・パスタの定番料理

材料（6回分）
- ゆでうどん…3玉
- きゅうり…½本
- 揚げ玉…大さじ6
- めんつゆ…適量

作り方
1. うどんを袋の表示通りにゆで、しっかりとぬめりを取って洗う。きゅうりは細切りにする。
2. きゅうりと揚げ玉は小分けにして保存する。めんつゆは小瓶に入れて、別に持って行き、食べるときにかける。

＊おすすめ！小さなおかず＊

さつまいものレモン煮→P135

甘い卵焼き→P94

食べ方のコツ：トッピングを増やしたいときは、甘い卵焼き、かにかまぼこ、わかめを切って持っていくのがおすすめ。めんつゆは瓶に詰め、袋を二重にして持ち運ぶ。

1回量 161kcal ／ 冷蔵 2〜3日 ／ 冷凍 NG

焼きたらこスパゲッティ

炒めることで、たらこの香ばしい味が引き立つ

たらこの塩気がちょうどいい

これが1人分！

材料（4回分）
- スパゲティ…200g
- たらこ…小2腹
- オリーブオイル…大さじ1
- A【しめじ（小房に分ける）½パック分、ピーマン（半分の長さの細切り）2個分、玉ねぎ（薄切り）…¼個分】
- 塩・こしょう…各少々
- 生クリーム…大さじ2

作り方
1. スパゲティは酒50mlと塩大さじ1弱（分量外）を加えた湯で表示時間より1分短くゆでる。ゆで汁を少し取っておく。
2. たらこは身をこそぎ取る。
3. フライパンにオリーブオイルを熱し、Aを炒め、塩、こしょうをする。
4. ゆであがった1を3に加え、2とゆで汁小さじ2〜3を加え炒め、塩で味をととのえ、仕上げに生クリームを加えさっと炒める。

＊おすすめ！小さなおかず＊

かぼちゃとレーズンのヨーグルトサラダ→P136

パプリカのマリネ→P128

1回量 345kcal ／ 冷蔵 2〜3日 ／ 冷凍 2週間

column_7

おいしいおにぎりRecipe

普段のお弁当でも、行楽シーズンに持っていくお弁当でも、必要不可欠なのはやっぱりおにぎり！さまざまな具を入れて、ボリューム満点のおにぎりを作ることも可能です。自分なりのアレンジを加えてみて。

― 具材の甘みと酢飯がぴったり

1回量 **361** kcal

おかかと卵の酢飯おにぎり
酢飯と甘い卵の味わいがよく合う

材料（1回分）＊炒り卵とBは作りやすい分量です
酢飯（P179参照）茶碗1杯分、卵2個、A【だしじょうゆ小さじ1、しょうゆ小さじ½、きび砂糖大さじ1、塩ひとつまみ】、サラダ油大さじ1、B【かつお節1袋、しょうゆ小さじ1】

作り方
1 卵2個を割り入れ、Aを混ぜ合わせる。サラダ油を熱したフライパンに流し入れて炒り卵を作る。Bは混ぜる。
2 ボウルに酢飯と1を適量混ぜ合わせ、三角に握る。

― チーズのコクで食べごたえ満点

1回量 **328** kcal

塩昆布とプロセスチーズのおにぎり
塩辛い昆布とチーズの意外な組み合わせが絶品

材料（1回分）
塩昆布大さじ1、プロセスチーズ20g、あたたかいごはん茶碗1杯分

作り方
1 プロセスチーズは細かく切る。
2 ボウルにあたたかいごはん、塩昆布、1を入れて混ぜ、三角に握る。

― コリコリした食感が楽しい

1回量 **274** kcal

ザーサイ、ハムのおにぎり
塩けの強いザーサイをハムの味がやわらげる

材料（1回分）
あたたかいごはん茶碗1杯分、A【ザーサイ（みじん切り）大さじ1、ハム（みじん切り）½枚分、ごま油小さじ½】

作り方
ボウルにあたたかいごはん、Aを混ぜ合わせ、三角に握る。

― 定番ツナマヨをもっとおいしく

1回量 **358** kcal

ツナしそマヨおにぎり
刻んで入れたしその風味で、さっぱり食べられる

材料（1回分）＊Aは作りやすい分量です
あたたかいごはん茶碗1杯分、ツナ小1缶（80g）、青じそ（5mm幅）5枚分、A【マヨネーズ大さじ1、しょうゆ小さじ1、塩・こしょう各少々】

作り方
1 ボウルに油をきったツナ缶、青じそ、Aを入れて混ぜ合わせる。
2 あたたかいごはんに1を大さじ1のせて、三角に握る。

しらすとおかかのおにぎり

しらすのうまみにおかかが合う

1回量 **302 kcal**

素材のうまみを十分に楽しめる、シンプルな一品

材料（1回分）
あたたかいごはん茶碗1杯分、A【しらす干し・かつお節各大さじ1、白炒りごま小さじ2、しょうゆ小さじ1】

作り方
1. ボウルにAを入れて混ぜ合わせる。
2. あたたかいごはん、1を混ぜ合わせ、三角に握る。

カリカリ梅と炒り卵のおにぎり

梅の歯ごたえでおいしさUP！

1回量 **435 kcal**

梅の酸味に炒り卵の甘みが絶妙にマッチする！

材料（1回分）＊炒り卵は作りやすい分量です
あたたかいごはん茶碗1杯分、カリカリ梅（刻む）2個分、A【卵2個、だししょうゆ・砂糖各小さじ2】

作り方
1. ボウルにAを溶きほぐし、熱したフライパンに流し入れて炒り卵を作る。
2. あたたかいごはん、カリカリ梅、1を大さじ山盛り1混ぜ合わせ、三角に握る。

えびそぼろのおにぎり

ぼろぼろ大きなえびがうれしい

1回量 **283 kcal**

えびをそぼろ状にして、うまみたっぷり

材料（1回分）
あたたかいごはん茶碗1杯分、えびそぼろ大さじ2

作り方
1. あたたかいごはんにえびそぼろを混ぜ合わせ、三角に握る。

えびそぼろ
材料（作りやすい分量）
むきえび160g、ごま油・酒・薄口しょうゆ各小さじ1、塩ひとつまみ

作り方
1. むきえびは下処理し、細かく叩く。フライパンにすべての材料を入れて火にかけ、水分を飛ばすように炒める。粗熱がしっかり取れてから保存容器に入れ、2日ほどで食べきる。

鮭フレークおにぎり

しっかり塩味が効いておいしい

1回量 **309 kcal**

ごまの風味が効いた手製フレーク

材料（1回分）
あたたかいごはん茶碗1杯分、鮭フレーク大さじ2

作り方
1. あたたかいごはんに鮭フレークを混ぜ合わせ、三角に握る。

鮭フレーク
材料（作りやすい分量）
焼き鮭（中辛）3切れ、A【酒小さじ1、塩少々】、白炒りごま大さじ1½

作り方
1. フライパンにほぐした焼き鮭、Aを加えて水分を飛ばすように炒め、白炒りごまをふる。粗熱を取ってから保存容器に入れ、冷蔵する。できるだけ早く食べきる。

干物フレークおにぎり

噛みごたえある干物で大満足

1回量 **311 kcal**

あじの干物×青じその和風ふりかけ

材料（1回分）
あたたかいごはん茶碗1杯分、干物フレーク大さじ2　青じそ1枚

作り方
1. あたたかいごはんに干物フレーク、刻んだ青じそを混ぜ合わせ、三角に握る。

干物フレーク
材料（作りやすい分量）
あじの干物3尾、A【酒小さじ1、塩少々】、B【青じそ（刻む）5枚分、白炒りごま大さじ1½】

作り方
1. あじの干物を焼き、身をほぐす。フライパンに入れて、Aを加えて水分を飛ばすように炒め、粗熱を取る。Bをまぶし、保存容器に入れて保存。できるだけ早く食べきる。

column_8

おいしいサンドイッチ Recipe

パンに好きな具材を挟み込むサンドイッチは、アレンジしやすいのが嬉しいところ。多めに野菜を挟んだり、お肉を追加してみたり……。パンも好きなものを自由に使って、特別な一品に仕上げましょう。

ハーブの力で すっきり美味

1回量 **829** kcal

卵サンドイッチ
定番の卵サンドにディルを入れて爽やかに!

材料（1回分） ＊フイリングは作りやすい分量です
ゆで卵3個、A【紫玉ねぎ（みじん切り）¼個分、マヨネーズ大さじ5、塩・こしょう各少々、ディル（みじん切り）3枝分】、パン適量

作り方
1. ゆで卵は白身と黄身に分け、白身は包丁で細かくし、黄身はボウルに入れ、スプーンで崩し、Aを混ぜる。
2. パンに1を大さじ6挟んでラップで包む。バッドなどを上にのせ15分ほど冷蔵庫で寝かせて食べやすい大きさに切る。

しっかり味で ボリューム満点

1回量 **537** kcal

コンビーフサンドイッチ
隠し味はケチャップ! 食べごたえ満点のサンド

材料（1回分） ＊フイリングは作りやすい分量です
A【コンビーフ95g、マヨネーズ大さじ2、トマトケチャップ大さじ1】、塩・こしょう各少々、サラダ菜・パン・バター各適量

作り方
1. ボウルにAを入れて混ぜ、塩、こしょうで調味する。
2. パンにバターを塗り、よく水けをきったサラダ菜、1を大さじ6挟んでラップで包む。バッドを上にのせ、冷蔵庫で15分ほどおいてから切る。

栄養満点バナナを デザートに!

1回量 **662** kcal

バナナシナモンクリームサンド
シナモンの風味が効いた、濃厚フルーツサンド

材料（1回分）
A【生クリーム100㎖、グラニュー糖大さじ1】、バナナ1本、レモン汁小さじ1、シナモン少々、胚芽ごまパン適量

作り方
1. ボウルにAを入れ、泡立てる。
2. バナナを輪切りにし、レモン汁をふりかけておく。
3. パンに1をぬり、2をのせてシナモンをふり、挟んでラップで包む。バッドなどをのせ、冷蔵庫で15分ほどおいてから切る。

お豆たっぷりの ヘルシーサンド

1回量 **559** kcal

ツナ、コーン、枝豆サンド
ごろごろ入ったコーンと豆でボリュームある一品

材料（1回分） ＊フイリングは作りやすい分量です
A【ツナ（よく油をきったもの）小1缶、ホールコーン・枝豆（さやから豆を取り出したもの）各大さじ2】、B【マヨネーズ大さじ2、塩・こしょう各少々】、サラダ菜・ロールパン各適量

作り方
1. ボウルにAを入れ、Bで味をととのえる。
2. パンにサラダ菜を挟み、1を大さじ山盛り3のせる。

かに入りポテトサラダサンド
ポテサラにかにが入っただけでコクのある味わい

材料（1回分）
ミニコッペパン1個、バター・サラダ菜各適量、北欧風ポテトサラダ（P159）大さじ3、かにのほぐし身大さじ1

かにの身がジューシー！

1回量 363kcal

作り方
1 ミニコッペパンに少量バターを塗り、サラダ菜をのせる。
2 北欧風ポテトサラダをはさみ、かにのほぐし身をのせる。

スモークサーモンとクリームチーズのベーグルサンド
チーズの酸味とサーモンの濃厚な味わいが絶妙

材料（1回分）
クリームチーズ大さじ2、A【オリーブオイル小さじ2、塩・こしょう各少々】、ベーグル1個、B【紫玉ねぎ（薄切り）少々、ディル1枝、スモークサーモン2枚】

脂ののったサーモンが◎

1回量 475kcal

作り方
1 ボウルにクリームチーズを入れ、Aを加え混ぜる。
2 ベーグルに1を塗り、Bを順にのせて挟む。

煮りんごとあんぽ柿のヨーグルトクリームサンド
甘みを凝縮したフルーツにヨーグルトの酸味が合う

材料（1回分）
コッペパン1個
煮りんご（作りやすい分量）
紅玉1個、レモン汁大さじ1、グラニュー糖大さじ2
煮りんごあんぽ柿ヨーグルトクリーム（作りやすい分量）
A【煮りんご・あんぽ柿（刻む）各大さじ2、水きりヨーグルト200g、キルシュ小さじ¼、グラニュー糖小さじ2】

1回量 498kcal

甘酸っぱいクリームが美味

作り方
1 煮りんごを作る。紅玉を8等分のくし切りにし、種を取り、3等分に切り、レモン汁、グラニュー糖をまぶし、15分ほど置く。電子レンジ（600W）で3分加熱する。
2 ボウルにAを混ぜ合わせ、パンに大さじ山盛り4挟む。

ハムオムレツマフィンサンド
ふかふかのマフィンを使った、おしゃれメニュー

材料（1回分）
卵1個、A【牛乳大さじ1、塩・こしょう各少々】、バター小さじ2、イングリッシュマフィン1個、マヨネーズ小さじ2、サラダ菜適量、ロースハム（2〜3mm厚さ）1枚

朝も昼も食べたくなる

1回量 311kcal

作り方
1 ボウルに卵を割りほぐし、Aを加え混ぜる。バターを溶かしたフライパンに流し入れ、ふんわり炒める。
2 イングリッシュマフィンにマヨネーズを塗り、サラダ菜、ロースハムをのせ1を挟む。

ベトナム風バゲットサンド
野菜たっぷり！ ベトナム名物「バインミー」

材料（4回分）
きゅうり・大根・にんじん（せん切り）各100g、A【砂糖大さじ1½、レモン汁大さじ1½、水小さじ1、塩小さじ¼】、豚肩ロース薄切り肉260g、B【紫玉ねぎ（みじん切り）⅙個分、にんにく（みじん切り）大さじ1弱、ナンプラー小さじ2、砂糖小さじ1、レモングラス（みじん切り）少々】、バゲット・マヨネーズ・パクチー各適量

すっきりした食べごたえ！

1回量 249kcal

作り方
1 きゅうり、大根、にんじんは塩小さじ½で塩もみし、混ぜ合わせたAに漬ける。
2 豚肉は食べやすい大きさに切り、Bでもみ込み15分ほどおき、熱したフライパンで炒める。
3 バゲットにマヨネーズをぬり、2と1をはさみ、パクチーをお好み量加える。

しらす、大葉、ハムサンド
しらすとパンが絶妙にマッチする、珍しい一品

材料（1回分）
ミニコッペパン1個、青じそ2枚、ロースハム1½枚、しらす干し大さじ1、マヨネーズ少々

1回量 337kcal

作り方
1 ミニコッペパンに青じそ、ハム、しらす干しをのせ、マヨネーズを少しかけ食べる。

爽やかな苦みがおいしい

お弁当のおかずさくいん

肉類・肉加工品

◆牛肉
プルコギ …………………… 29、56
サイコロステーキ …………… 30、57
焼き肉 …………………………… 52
ねぎ塩ダレ ……………………… 54
玉ねぎじょうゆ ………………… 54
ディルヨーグルトソース ……… 54
ピリ辛みそダレ ………………… 54
サルサソース …………………… 54
焼き肉とアスパラの黒こしょう炒め
…………………………………… 55
すき焼き ……………………… 56、86
チンジャオロースー …………… 57
牛肉とわかめのしょうゆ炒め … 58
牛肉と玉ねぎのオイスター炒め … 58
野菜たっぷりチャプチェ ……… 59
ビーフカツレツ ………………… 59
トマト肉じゃが ……………… 122、153
牛肉じゃが …………………… 153
ごぼうと牛肉のきんぴら ……… 154
牛肉と糸昆布のしょうが酢炒め
………………………………… 170
そばめし ……………………… 193

◆豚肉
豚のしょうが焼き …………… 31、46
いんげんとにんじんの肉巻き … 42
みょうがの肉巻き ……………… 44
オクラの肉巻き ………………… 44
ヤングコーンの肉巻き ………… 44
トマトの肉巻き ………………… 44
アスパラの肉巻き ……………… 44
野菜の肉巻き 甘辛ダレ添え …… 45
野菜の肉巻き蒸し 梅ソース …… 45
野菜の肉巻きフライ ………… 45、178
豚肉とたけのこ、ザーサイの炒め物
…………………………………… 46
オクラと豚しゃぶのサラダ …… 47
豚肉といんげんのXO醤炒め … 47
揚げ豚の黒酢がらめ …………… 48
豚肉と紅しょうがのかき揚げ … 49
豚の五目春巻き ……………… 49、184
豚きのこ炒め …………………… 50
豚肉とキャベツの甘みそ炒め … 50
トンテキ ………………………… 51
えびのしそ肉巻きフライ ……… 79
厚揚げ麻婆豆腐 ……………… 104
ゴーヤチャンプルー ………… 123、145
白ねぎと干し貝柱、豚肉のとろみ炒め ……………………………… 148
白菜の五目煮 ……………… 149、177

肉じゃが ……………………… 152
塩肉じゃが …………………… 153
割り干し大根と豚肉の炒め煮 … 170
五目チャーハン ……………… 186
焼きそば ……………………… 192
ベトナム風バゲットサンド …… 201

◆鶏肉
鶏ハム ……………………… 24、38
ごま衣から揚げ ……………… 28、34
鶏のから揚げ …………………… 32
塩から揚げ ……………………… 34
ハーブから揚げ ………………… 34
フライドチキン風味 …………… 34
やわらか塩麹から揚げ ………… 34
鶏のねぎダレがらめ …………… 35
チキン南蛮 ……………………… 35
オーロラソースのから揚げ …… 35
鶏手羽中のスイートチリソースがらめ ………………………………… 36
鶏の親子煮 ……………………… 36
アスパラのチキンロール ……… 37
マスタードとはちみつのマリネチキン …………………………… 37、125
鶏もも肉のチャーシュー …… 38、183
鶏もも肉のごま照り焼き ……… 39
鶏肉とピーマンのカシューナッツ炒め …………………………………… 39
鶏ささみとわかめのすりごまあえ
…………………………………… 40
鶏の赤ワイン煮 ……………… 40、127
鶏のハムチーズフライ ………… 41
鶏ささみとそら豆のかき揚げ … 41
炊き込みチキンライス ……… 88、188
筑前煮 ……………………… 120、156
炊き込みパエリア …………… 188
鶏五目炊き込みごはん ……… 191

◆ひき肉
豆腐ハンバーグ ……………… 26、62
ジャンボ豚肉シュウマイ …… 51、92
定番のハンバーグ ……………… 60
ピーマンの肉詰め ……………… 62
スパイシーハンバーグトマト煮込み
……………………………… 62、91
れんこんメンチカツ …………… 62
中華風甘酢のミートボール …… 64
鶏そぼろ ………………………… 64
木の芽つくね ………………… 65、176
しそ巻きつくね ………………… 65
牛そぼろ ………………………… 66
チリコンカン …………………… 66
ガパオ炒め ……………………… 67
豚ひき肉ともやしのエスニック春巻き …………………………………… 67
ミートソースオムレツ ………… 68
自家製簡単ソーセージ風 ……… 68
豆腐ナゲット …………………… 69
れんこんと鶏団子のとろみ煮 … 69
麻婆豆腐 ……………………… 102
塩麻婆豆腐 …………………… 104

きのこの麻婆豆腐 …………… 105
お豆腐シュウマイ …………… 109

肉加工品
ポテトサラダ ……………… 31、158
鶏の赤ワイン煮 ……………… 40、127
鶏のハムチーズフライ ………… 41
白ねぎとチャーシューのあえ物 … 48
チリコンカン …………………… 66
炊き込みチキンライス ……… 88、188
とうもろこしとハムの卵焼き … 96
卵茶巾 ………………………… 100
枝豆とベーコンと小えびのパスタ
………………………………… 113
そら豆とハムのスペイン風オムレツ
………………………………… 113
ひよこのイタリアンサラダ … 115
ちりめんじゃこと小松菜のチャーハン ………………………………… 122
きのこのマリネサラダ …… 124、166
しめじとマッシュルームのキッシュ
…………………………… 125、167
ラタトゥイユ ………………… 133
ミニトマトとハムの卵炒め … 133
さつまいもとセロリとハムのサラダ
………………………………… 138
もやしとベーコンの卵炒め … 150
マカロニサラダ ……………… 162
きのことベーコンの煮込み … 165
えのきのベーコン巻き ……… 167
ひじきとベーコンのペペロンチーノ
………………………………… 171
ハムの青じそチーズ巻き …… 172
ウインナーのパイ包み焼き … 173
コロコロハムカツ …………… 173
ナポリタン …………………… 185、195
マカロニグラタン …………… 195
ザーサイ、ハムのおにぎり … 198
コンビーフサンドイッチ …… 200
ハムオムレツマフィンサンド … 201
しらす、大葉、ハムサンド … 201

魚介類・貝類・海藻類・魚加工品

◆あじの干物
干物フレークおにぎり ……… 199

◆いか
あおさといかの揚げ団子 ……… 81
いかの照り焼き ………………… 83
海鮮チャーハン …………… 177、187

◆えび
えびフライ ……………………… 78
えびのしそ肉巻きフライ ……… 79
えびとパプリカのペッパーマヨ
…………………………………… 81
わかめとえびの卵焼き ………… 96
えびと卵のチリソース ………… 98
夏野菜とえびの麻婆豆腐 …… 105

お豆腐シュウマイ …………… 109
枝豆とベーコンと小えびのパスタ
………………………………… 113
炊き込みえびピラフ ……… 124、189
とうもろこしとえびのオリーブオイル炒め ……………………… 137、176
黄にらともやしの春巻き …… 137
しいたけのえびしんじょう詰め … 166
えびとディルのレモンマヨあえ
…………………………… 173、181
海鮮チャーハン …………… 177、187
彩りちらし寿司 ……………… 179
炊き込みパエリア …………… 188
アジア風焼きそば …………… 193
たけのことえびのしょうゆ焼きうどん …………………………………… 194
マカロニグラタン …………… 195
えびそぼろおにぎり ………… 199

◆かじき
かじき煮 ………………………… 74
かじきのタンドール …………… 74
かじきのトマト煮込みパスタ … 75

◆かつお
かつおのしょうが煮 …………… 77

◆かに
ジャンボ豚肉シュウマイ …… 51、92
かに玉 …………………………… 98
かに春雨炒め ………………… 171
レタスとかにのチャーハン … 187
かに入りポテトサラダサンド … 201

◆鮭
鮭の照り焼き ………………… 27、70
鮭の白みそ漬け ………………… 72
和風サーモンバーグ …………… 73
そら豆とスモークサーモンのマリネ
………………………………… 115
きのこのマリネサラダ …… 124、166
スモークサーモンとじゃがいものチーズグラタン …………… 154
鮭フレークとねぎのチャーハン
………………………………… 187
塩鮭とコーンの混ぜごはん … 189
鮭フレークおにぎり ………… 199
スモークサーモンとクリームチーズのベーグルサンド ………… 201

◆さんま
さんまの甘辛煮 ………………… 76

◆しらす・ちりめんじゃこ
韓国風卵焼き ……………… 29、96
ピーマンとじゃこの炒め物
…………………………… 92、144
ちりめんじゃこと小松菜のチャーハン ………………………………… 122
割り干し大根とじゃこのフレンチサラダ …………………… 126、170

たけのことわかめ炒め……… 157
割り干し大根と豚肉の炒め煮 … 170
ちりめんじゃことなすのきんぴら
 ……… 171
小松菜としらすのあえ物
 ……… 173、178
トマトとしらすの炊き込みごはん
 ……… 191
しらす、大葉、ハムサンド……… 201

◆白身魚
あおさといかの揚げ団子……… 81

◆鯛・金目鯛
鯛のレモン焼き……… 25、73
金目鯛と焼き豆腐、ごぼうの煮物
 ……… 76
たけのこと鯛の炊き込みごはん
 ……… 176、190

◆たこ
たこの酢の物……… 24、83
たことトマトの煮込み……… 80
たことキャベツの一口お好み焼き
 ……… 143
たことじゃがいものサラダ … 159
上海風たこ焼きそば…… 184、193

◆たら
たらのフライ ……… 72

◆たらこ・明太子
いんげんのたらこあえ……… 28、141
青豆のたらこカッテージあえ … 114
ゆりねのたらこ炒め ……… 151
タラモサラダ ……… 159
れんこん、いんげん、くるみの明太マ
ヨサラダ ……… 160
えのきの明太子炒め ……… 166
たらこと野菜のチャーハン … 187
焼きたらこスパゲッティ ……… 197

◆帆立・干し貝柱
ジャンボ豚肉シュウマイ … 51、92
ほたてのハーブ揚げ ……… 80
ほたてとじゃがいものお焼き … 82
ほたてののり巻き ……… 82
みょうがとほたての卵焼き … 97
塩麻婆豆腐 ……… 104
海鮮チャーハン ……… 177、187
白ねぎと干し貝柱、豚肉のとろみ炒
 め ……… 148

◆ぶり
ぶりのから揚げ ……… 77、93

◆まぐろ
ねぎとまぐろの煮物 ……… 75

* 魚介加工品 *

◆かつお節
ゴーヤと玉ねぎの梅おかかあえ
 ……… 26、142
たけのこのおかか煮 ……… 92、155
ほうれん草のおひたし … 121、144
パプリカのおかかまぶし … 123、133
いんげんのおかかじょうゆ … 141
こんにゃくのおかか炒め ……… 172
おかかと卵の酢飯おにぎり … 198

◆かまぼこ
きゅうり、かまぼこのマヨあえ
 ……… 173

◆魚肉ソーセージ
魚肉ソーセージのフリッター … 172

◆ちくわ
セロリとちくわのサラダ
 ……… 148、184
ちくわきゅうり ……… 172

◆ツナ缶
にんじんしりしり ……… 24、131
ミニトマトのツナサラダ詰め
 ……… 25、132
ひたし豆とひじきのツナサラダ
 ……… 93、161
ツナとみょうがのサラダ … 161
ツナと厚揚げ、きゅうりのサラダ
 ……… 161
ニース風サラダ ……… 162
ツナしそマヨおにぎり ……… 198
ツナ、コーン、枝豆サンド … 200

* 海藻類 *

◆あおさ
あおさといかの揚げ団子……… 81

◆昆布
大豆の酢じょうゆ漬け ……… 112
水菜の昆布〆 ……… 120、145
白菜の彩り漬け ……… 146
かぶの塩昆布漬け ……… 147、176
五目豆煮 ……… 169
牛肉と糸昆布のしょうが酢炒め
 ……… 170
塩昆布とプロセスチーズのおにぎり
 ……… 198

◆ひじき
ひたし豆とひじきのツナサラダ
 ……… 93、161
ひじき煮入り卵焼き ……… 97
ひじき煮 ……… 168
ひじきとベーコンのペペロンチーノ
 ……… 171

◆もずく
にんじんともずくのかき揚げ … 130

◆焼きのり
焼き肉のり巻き ……… 55
ほたてののり巻き ……… 82
おかかと卵の酢飯おにぎり … 198

◆わかめ
鶏ささみとわかめのすりごまあえ
 ……… 40
牛肉とわかめのしょうゆ炒め … 58
わかめとえびの卵焼き ……… 96
たけのことわかめ炒め ……… 157

* 野菜類 *

◆青じそ
鶏のハムチーズフライ ……… 41
しそ巻きつくね ……… 65
えびのしそ肉巻きフライ ……… 79
さつまいもの紫たまねぎと青じその
 ドレッシングあえ ……… 139
キャベツときゅうりの浅漬け … 143
ツナとみょうがのサラダ … 161
ハムの青じそチーズ巻き ……… 172
彩りちらし寿司 ……… 179
塩鮭とコーンの混ぜごはん … 189
ツナしそマヨおにぎり ……… 198
干物フレークおにぎり ……… 199
しらす、大葉、ハムサンド … 201

◆オクラ
オクラの肉巻き ……… 44
オクラと豚しゃぶのサラダ … 47
トマトとオクラの卵焼き … 96、120

◆かぶ
赤かぶの千枚漬け風 ……… 30、130
かぶの塩昆布漬け ……… 147、176

◆かぼちゃ
かぼちゃ煮 ……… 93、134
かぼちゃのハーブチーズコロッケ
 ……… 126、136
かぼちゃのムサカ ……… 136
かぼちゃとレーズンのヨーグルトサ
 ラダ ……… 136、181

◆カリフラワー
カリフラワーのスパイシー炒め
 ……… 91、151

◆絹さや
絹さやと車麩の煮物 ……… 145
白菜の五目煮 ……… 149、177
肉じゃが ……… 152
ひじき煮 ……… 168

◆キャベツ・芽キャベツ・
紫キャベツ
芽キャベツのオリーブオイル焼き
 ……… 30、142
豚肉とキャベツの甘みそ炒め … 50
紫キャベツと春菊のサラダ
 ……… 126、163
紫キャベツとあんぽ柿、くるみのサ
ラダ ……… 132
たことキャベツの一口お好み焼き
 ……… 143
キャベツときゅうりの浅漬け … 143
りんごコールスローサラダ … 160
焼きそば ……… 192

◆きゅうり
たこの酢の物 ……… 24、83
ポテトサラダ ……… 31、158
キャベツときゅうりの浅漬け … 143
白菜の彩り漬け ……… 146
ツナと厚揚げ、きゅうりのサラダ
 ……… 161
クスクスとミントのサラダ … 162
マカロニサラダ ……… 162
ちくわきゅうり ……… 172
きゅうり、かまぼこのマヨあえ
 ……… 173
塩鮭とコーンの混ぜごはん … 189
冷やしたぬきうどん ……… 197
ベトナム風バゲットサンド … 201

◆栗
栗の渋皮煮 ……… 135
甘栗のフリット ……… 139

◆グリーンアスパラガス
アスパラのチキンロール ……… 37
アスパラの肉巻き ……… 44
焼き肉とアスパラの黒こしょう炒め
 ……… 55
アスパラのパルメザンチーズあえ
 ……… 90、144
しめじとマッシュルームのキッシュ
 ……… 125、167

◆香菜
豚ひき肉ともやしのエスニック春巻
 き ……… 67
アジア風焼きそば ……… 193
ベトナム風バゲットサンド … 201

◆ゴーヤ
ゴーヤと玉ねぎの梅おかかあえ
 ……… 26、142
ゴーヤチャンプルー ……… 123、145

◆コーン・ヤングコーン
ミニトマトのツナサラダ詰め
 ……… 25、132
ヤングコーンの肉巻き ……… 44

203

とうもろこしとハムの卵焼き……96
卵茶巾……………………………100
ヤングコーンといんげんのナンプラー炒め…………………122、139
とうもろこしの塩バター煮……135
とうもろこしとえびのオリーブオイル炒め………………137、176
とうもろこしとパプリカのかき揚げ…………………………………138
ひじきとベーコンのペペロンチーノ…………………………………171
塩鮭とコーンの混ぜごはん……189
ツナコーン、枝豆サンド………200

◆ごぼう
たたきごぼう……………27、154
金目鯛と焼き豆腐、ごぼうの煮物…………………………………76
筑前煮……………………120、156
ごぼうと牛肉のきんぴら………154

◆小松菜
ちりめんじゃこと小松菜のチャーハン…………………………122
小松菜としらすのあえ物…………………………173、178

◆さやいんげん
豆腐ハンバーグ……………26、62
いんげんのたらこあえ……28、141
いんげんとにんじんの肉巻き…………………………………42
野菜の肉巻き 甘辛ダレ添え……45
野菜の肉巻き蒸し 梅ソース……45
野菜の肉巻きフライ………45、178
豚肉といんげんのXO醤炒め……47
ヤングコーンといんげんのナンプラー炒め…………122、139
いんげんのごまあえ……………140
いんげんのおかかじょうゆ……141
いんげんのみそマヨあえ………141
れんこん、いんげん、くるみの明太マヨサラダ……………………160
ニース風サラダ…………………162
高野豆腐と野菜煮………………169
たらこと野菜のチャーハン……187
炊き込みパエリア………………188

◆春菊
すき焼き……………………56、86
紫キャベツと春菊のサラダ 126、163
春菊と卵の塩焼きそば…………193

◆ズッキーニ・イエローズッキーニ
野菜たっぷり焼き肉丼…………55
ズッキーニとチーズの卵焼き……97
にんじんとズッキーニのガレット…………………………127、131
ラタトゥイユ……………………133

イエローズッキーニのオリーブオイル焼き……………………138、185

◆スナップえんどう
スナップえんどうとミニトマトのサラダ…………………………163

◆セロリ
鶏の赤ワイン煮……………40、127
さつまいもとセロリとハムのサラダ…………………………………138
セロリとちくわのサラダ…………………………148、184

◆大根・切り干し大根・割り干し大根
大根の梅酢漬け……………31、147
厚揚げと大根の煮物……………107
大根のゆず漬け……………122、147
割り干し大根とじゃこのフレンチサラダ………………………126、170
切り干し大根の煮物……………169
割り干し大根と豚肉の炒め煮…170
ベトナム風バゲットサンド……201

◆たけのこ
豚とたけのこ、ザーサイの炒め物…………………………………46
豚の五目春巻き……………49、184
チンジャオロース―………………57
たけのこのおかか煮…………92、155
たけのことわかめ炒め…………157
たけのこと鯛の炊き込みごはん…………………………176、190
たけのことえびのしょうゆ焼きうどん………………………………194

◆玉ねぎ・ペコロス・紫玉ねぎ
鶏ハム………………………24、38
ミニトマトのツナサラダ詰め…………………………25、132
豆腐ハンバーグ……………26、62
ゴーヤと玉ねぎの梅おかかあえ…………………………26、142
プルコギ……………………29、56
ポテトサラダ………………31、158
ゆで卵とディルのサラダ…………………………35、90、101
鶏の親子煮………………………36
鶏の赤ワイン煮……………40、127
ジャンボ豚肉シュウマイ……51、92
玉ねぎじょうゆ…………………54
サルサソース……………………54
牛肉と玉ねぎのオイスター炒め…58
定番のハンバーグ………………60
スパイシートマトハンバーグ…………………………62、91
チリコンカン………………66、87
ガパオ炒め………………………67
ミートソースオムレツ…………68
和風サーモンバーグ……………73

かじきのトマト煮込みパスタ……75
炊き込みチキンライス……88、188
きのこのデミグラス煮込み…………………………88、165
ポテトコロッケ……………89、157
ポテトコロッケの卵とじ…………89
ひよこ豆のイタリアンサラダ…115
トマト肉じゃが……………122、153
炊き込みえびピラフ………124、189
しめじとマッシュルームのキッシュ…………………………125、167
北欧風ポテトサラダ………125、159
ラタトゥイユ……………………133
さつまいもの紫たまねぎと青じそのドレッシングあえ……………139
肉じゃが…………………………152
塩肉じゃが………………………153
牛肉じゃが………………………153
タラモサラダ……………………159
たことじゃがいものサラダ……159
クスクスとミントのサラダ……162
マカロニサラダ…………………162
きのこのホワイトソース煮込み…………………………………165
ナポリタン…………………185、195
たらこと野菜のチャーハン……187
炊き込みパエリア………………188
マカロニグラタン………………195
焼きたらこスパゲッティ………197
卵サンドイッチ…………………200
スモークサーモンとクリームチーズのベーグルサンド………………201
ベトナム風バゲットサンド……201

◆トマト・ミニトマト
ミニトマトのツナサラダ詰め…………………………25、132
トマトの肉巻き…………………44
オクラと豚しゃぶのサラダ……47
サルサソース……………………54
野菜たっぷり焼き肉丼…………55
スパイシートマトハンバーグ…………………………62、91
チリコンカン………………66、87
ミートソースオムレツ…………68
かじきのトマト煮込みパスタ……75
たことトマトの煮込み……………80
炊き込みチキンライス……88、188
トマトとオクラの卵焼き……96、120
夏野菜とえびの麻婆豆腐………105
ひよこ豆のイタリアンサラダ…115
ドライトマトのハーブマリネ…………………………129、180
トマト肉じゃが……………122、153
ミニトマトの梅はちみつマリネ…………………………………132
ラタトゥイユ……………………133
ミニトマトとハムの卵炒め……133
ミニトマトとチーズのイタリアンサラダ…………………………160
クスクスとミントのサラダ……162

ニース風サラダ…………………162
スナップえんどうとミニトマトのサラダ…………………………163
ナポリタン…………………185、195
炊き込みパエリア………………188
トマトとしらすの炊き込みごはん…………………………………191

◆長ねぎ・万能ねぎ
にんじんしりしり…………24、131
ごま衣から揚げ……………28、34
プルコギ……………………29、56
韓国風卵焼き………………29、96
鶏のから揚げ……………………32
鶏のねぎダレがらめ……………35
鶏もも肉のチャーシュー……38、183
豚肉とたけのこ、ザーサイの炒め物…………………………………46
白ねぎとチャーシューのあえ物…48
豚肉と紅しょうがのかき揚げ……49
焼き肉……………………………52
ねぎ塩ダレ………………………54
ピリ辛みそダレ…………………54
野菜たっぷりチャプチェ…………59
木の芽つくね………………65、176
しそ巻きつくね…………………65
豚ひき肉ともやしのエスニック春巻………………………………67
れんこんと鶏団子のとろみ煮……69
ねぎとまぐろの煮物……………75
かに玉……………………………98
えびと卵のチリソース……………98
麻婆豆腐…………………………102
塩麻婆豆腐………………………104
厚揚げ麻婆豆腐…………………104
夏野菜とえびの麻婆豆腐………105
きのこの麻婆豆腐………………105
にんじんともずくのかき揚げ…130
白ねぎと干し貝柱、豚肉のとろみ炒め…………………………………148
牛肉じゃが………………………153
えのきの明太子炒め……………166
ひじきとベーコンのペペロンチーノ…………………………………171
かに春雨炒め……………………171
海鮮チャーハン……………177、187
五目チャーハン…………………186
鮭フレークとねぎのチャーハン…………………………………187
そばめし…………………………193

◆なす
野菜たっぷり焼き肉丼…………55
夏野菜とえびの麻婆豆腐………105
赤パプリカとなすのポン酢漬け…………………………………130
ラタトゥイユ……………………133
ちりめんじゃことなすのきんぴら…………………………………171

◆にら・黄にら
きのこの麻婆豆腐 …………… 105
黄にらともやしの春巻き …… 137
上海風たこ焼きそば …… 184、193
アジア風焼きそば ……………… 193

◆にんじん
にんじんしりしり …………… 24、131
韓国風卵焼き ………………… 29、96
まぜまぜナムルサラダ ……… 29、163
いんげんとにんじんの肉巻き … 42
野菜の肉巻き 甘辛ダレ添え …… 45
野菜の肉巻き蒸し 梅ソース …… 45
野菜の肉巻きフライ ………… 45、178
豚の五目春巻き ……………… 49、184
すき焼き ……………………… 56、86
野菜たっぷりチャプチェ ……… 59
豚ひき肉ともやしのエスニック春巻き ……………………………… 67
筑前煮 ………………………… 120、156
にんじんとズッキーニのガレット
　…………………………… 127、131
にんじんともずくのかき揚げ … 130
キャロットラペ ……………… 131、182
白菜の彩り漬け ……………… 146
肉じゃが ……………………… 152
ひじき煮 ……………………… 168
五目豆煮 ……………………… 169
高野豆腐と野菜煮 ……………… 169
たらこと野菜のチャーハン …… 187
鶏五目炊き込みごはん ………… 191
上海風たこ焼きそば ……… 184、193
ベトナム風バゲットサンド …… 201

◆白菜
塩麻婆豆腐 …………………… 104
白菜の彩り漬け ……………… 146
白菜の五目煮 ……………… 149、177

◆ピーマン・パプリカ
プルコギ ……………………… 29、56
鶏肉とピーマンのカシューナッツ炒め ………………………………… 39
豚の五目春巻き ……………… 49、184
サルサソース …………………… 54
チンジャオロースー ……………… 57
ピーマンの肉詰め ……………… 62
ガパオ炒め ……………………… 67
えびとパプリカのペッパーマヨ
　………………………………… 81
ピーマンとじゃこの炒め物
　…………………………… 92、144
パプリカのマリネ ……………… 128
パプリカのおかかまぶし … 123、133
赤パプリカとなすのポン酢漬け
　………………………………… 130
ラタトゥイユ …………………… 133
とうもろこしとパプリカのかき揚げ
　………………………………… 138
ナポリタン …………………… 185、195
焼きたらこスパゲッティ ……… 197

◆ふき
油揚げとふきの煮物 …………… 109

◆ブロッコリー
ブロッコリーのチーズ焼き
　…………………………… 143、185
ブロッコリーとアーモンドのサラダ
　………………………………… 173

◆ほうれん草
ほうれん草の梅マヨあえ …… 27、142
まぜまぜナムルサラダ ……… 29、163
ほうれん草のおひたし …… 121、144

◆水菜
焼き油揚げ、水菜のごまみそダレ
　………………………………… 108
水菜の昆布〆 ………………… 120、145

◆三つ葉
鶏の親子煮 ……………………… 36
牛そぼろと三つ葉の卵焼き …… 97
かに玉 …………………………… 98
たけのことえびのしょうゆ焼きうどん ……………………………… 194

◆みょうが
みょうがの肉巻き ……………… 44
みょうがとほたての卵焼き …… 97
みょうがの甘酢マリネ ………… 129
キャベツときゅうりの浅漬け … 143
ツナとみょうがのサラダ ……… 161

◆もやし・豆もやし
まぜまぜナムルサラダ ……… 29、163
豚の五目春巻き ……………… 49、184
豚ひき肉ともやしのエスニック春巻き ……………………………… 67
黄にらともやしの春巻き ……… 137
もやしとベーコンの卵炒め …… 150
豆もやしと糸こんにゃくのあえ物
　………………………………… 150
焼きそば ……………………… 192
アジア風焼きそば ……………… 193

◆ゆりね
ゆりねの梅あえ ……………… 92、148
ゆりねのたらこ炒め ………… 151

◆ラディッシュ
ラディッシュのレモンマリネ
　…………………………… 129、183

◆レタス・サラダ菜
焼き肉のサラダのり巻き ……… 55
ロコモコ丼 ……………………… 63
タコライス ……………………… 87
レタスとかにのチャーハン …… 187
コンビーフサンドイッチ ……… 200
ツナコーン、枝豆サンド ……… 200
かに入りポテトサラダサンド … 201

ハムオムレツマフィンサンド … 201

◆れんこん
れんこんメンチカツ …………… 62
れんこんと鶏団子のとろみ煮 … 69
筑前煮 ………………………… 120、156
れんこんのえび挟み焼き
　…………………………… 121、149
れんこんの天ぷら …………… 123、150
れんこんの甘酢漬け ………… 149
れんこんのごまきんぴら …… 151
れんこん、いんげん、くるみの明太マヨサラダ …………………………… 160

＊きのこ類＊

◆えのきだけ
豚きのこ炒め …………………… 50
きのこのマリネサラダ …… 124、166
きのこの和風煮込み ………… 164
きのことベーコンの煮込み … 165
えのきの明太子炒め ………… 166
えのきのベーコン巻き ……… 167

◆エリンギ
豚きのこ炒め …………………… 50
きのこのマリネサラダ …… 124、166
きのこのホワイトソース煮込み
　………………………………… 165
きのことベーコンの煮込み … 165

◆しいたけ・干ししいたけ
豚の五目春巻き ……………… 49、184
すき焼き ……………………… 56、86
野菜たっぷりチャプチェ ……… 59
和風サーモンバーグ …………… 73
かに玉 …………………………… 98
きのこの麻婆豆腐 …………… 105
きのこの和風煮込み ………… 164
しいたけのえびしんじょう詰め
　………………………………… 166
干ししいたけの含め煮 … 167、179
五目豆煮 ……………………… 169

◆しめじ
豚きのこ炒め …………………… 50
きのこのデミグラス煮込み
　……………………………… 88、165
きのこの麻婆豆腐 …………… 105
きのこのマリネサラダ …… 124、166
しめじとマッシュルームのキッシュ
　…………………………… 125、167
白菜の五目煮 ……………… 149、177
きのこの和風煮込み ………… 164
きのこのホワイトソース煮込み
　………………………………… 165
きのことベーコンの煮込み … 165
鶏五目炊き込みごはん ………… 191
焼きたらこスパゲッティ ……… 197

◆マッシュルーム
鶏の赤ワイン煮 ……………… 40、127
マッシュルームのオムレツ
　……………………………… 88、99
きのこのデミグラス煮込み
　……………………………… 88、165
炊き込みえびピラフ ………… 124、189
しめじとマッシュルームのキッシュ
　…………………………… 125、167
きのこのマリネサラダ …… 124、166
きのこのホワイトソース煮込み
　………………………………… 165
きのことベーコンの煮込み …… 165
ナポリタン …………………… 185、195
マカロニグラタン ……………… 195

＊いも類＊

◆さつまいも
さつまいものレモン煮 …… 121、135
揚げさつまいもの蜜がらめ
　…………………………… 137、181
さつまいもとセロリとハムのサラダ
　………………………………… 138
さつまいもの紫たまねぎと青じそのドレッシングあえ …………… 139

◆里いも
里いものゆずみそチーズ焼き
　……………………………… 28、155
里いもと桜麩の煮物 …………… 155

◆じゃがいも
ポテトサラダ ………………… 31、158
ほたてとじゃがいものお焼き … 82
ポテトコロッケ ……………… 89、157
じゃがいものクミン炒め …… 91、157
そら豆とハムのスペイン風オムレツ
　………………………………… 113
トマト肉じゃが ……………… 122、153
北欧風ポテトサラダ ………… 125、159
マッシュポテト ……………… 127、156
肉じゃが ……………………… 152
塩肉じゃが ……………………… 153
牛肉じゃが ……………………… 153
スモークサーモンとじゃがいものチーズグラタン …………………… 154
じゃがいものハーブ焼き
　…………………………… 156、100
タラモサラダ ………………… 159
たことじゃがいものサラダ … 159
ニース風サラダ ……………… 162

◆山いも
たことキャベツの一口お好み焼き
　………………………………… 143

205

＊こんにゃく・しらたき類＊

◆こんにゃく
筑前煮 …………………… 120、156
豆もやしと糸こんにゃくのあえ物
　………………………………… 150
五目豆煮 ………………………… 169
こんにゃくのおかか炒め ……… 172
そばめし ………………………… 193

◆しらたき
すき焼き …………………… 56、86

＊卵類＊

◆卵・うずらの卵
にんじんしりしり ………… 24、131
豆腐ハンバーグ …………… 26、62
ごま衣から揚げ …………… 28、34
韓国風卵焼き ……………… 29、96
ポテトサラダ ……………… 31、158
鶏のから揚げ …………………… 32
塩から揚げ ……………………… 34
ハーブから揚げ ………………… 34
フライドチキン風味 …………… 34
やわらか塩麹から揚げ ………… 34
ゆで卵とディルのサラダ
　………………………… 35、90、101
鶏の親子煮 ……………………… 36
鶏のハムチーズフライ ………… 41
ジャンボ豚肉シュウマイ … 51、92
野菜たっぷりチャプチェ ……… 59
定番のハンバーグ ……………… 60
スパイシートマトハンバーグ
　…………………………… 62、91
ロコモコ丼 ……………………… 63
中華風甘酢のミートボール …… 64
鶏そぼろ ………………………… 64
木の芽つくね ……………… 65、176
しそ巻きつくね ………………… 65
ミートソースオムレツ ………… 68
豆腐ナゲット …………………… 69
たらのフライ …………………… 72
和風サーモンバーグ …………… 73
えびフライ ……………………… 78
えびのしそ肉巻きフライ ……… 79
ほたてのハーブ揚げ …………… 80
えびとパプリカのペッパーマヨ
　………………………………… 81
あおさといかの揚げ団子 ……… 81
塩ゆで卵 …………………… 86、100
ポテトコロッケ …………… 89、157
ポテトコロッケの卵とじ ……… 89
甘い卵焼き ………………… 94、179
わかめとえびの卵焼き ………… 96
トマトとオクラの卵焼き … 96、120
とうもろこしとハムの卵焼き … 96
牛そぼろと三つ葉の卵焼き …… 97
ズッキーニとチーズの卵焼き … 97
ひじき煮入り卵焼き …………… 97
みょうがとほたての卵焼き …… 97
かに玉 …………………………… 98
えびと卵のチリソース ………… 98
うずらの漬け玉子 ……………… 99
マッシュルームのオムレツ
　…………………………… 88、99
卵茶巾 …………………………… 100
バジル風味のオムレツ ………… 101
厚揚げと高菜の卵炒め … 106、178
お豆腐シュウマイ ……………… 109
そら豆とハムのスペイン風オムレツ
　………………………………… 113
ゴーヤチャンプルー …… 123、145
しめじとマッシュルームのキッシュ
　……………………………… 125、167
にんじんとズッキーニのガレット
　……………………………… 127、131
ミニトマトとハムの卵炒め …… 133
たことキャベツの一口お好み焼き
　………………………………… 143
絹さやと車麩の煮物 …………… 145
もやしとベーコンの卵炒め …… 150
牛肉じゃが ……………………… 153
ニース風サラダ ………………… 162
しいたけのえびしんじょう詰め
　………………………………… 166
ウインナーのパイ包み焼き …… 173
コロコロハムカツ ……………… 173
海鮮チャーハン ………… 177、187
カリカリ梅と炒り卵のおにぎり
　……………………………… 178、199
ナポリタン ……………… 185、195
五目チャーハン ………………… 186
鮭フレークとねぎのチャーハン
　………………………………… 187
レタスとかにのチャーハン …… 187
春菊と卵の塩焼きそば ………… 193
アジア風焼きそば ……………… 193
おかかと卵の酢飯おにぎり …… 198
卵サンドイッチ ………………… 200
ハムオムレツマフィンサンド … 201

＊豆類＊

◆青大豆
ひたし豆 ………………………… 110
青豆のたらこカッテージあえ … 114

◆枝豆
卵茶巾 …………………………… 100
枝豆とベーコンと小えびのパスタ
　………………………………… 113
ツナコーン、枝豆サンド ……… 200

◆キドニービーンズ
チリコンカン …………………… 66

◆金時豆
金時豆の甘煮 …………………… 114

◆グリーンピース
ポテトコロッケの卵とじ ……… 89
グリーンピースごはん ………… 93
炊き込みチキンライス … 88、188

◆黒豆
黒豆のメープルしょうゆ漬け … 112

◆そら豆
鶏ささみとそら豆のかき揚げ … 41
そら豆とハムのスペイン風オムレツ
　………………………………… 113
そら豆とスモークサーモンのマリネ
　………………………………… 115

◆白いんげん豆
白いんげん豆とオレンジのはちみつ
漬け ……………………… 26、112

◆大豆
大豆の酢じょうゆ漬け ………… 112
五目豆煮 ………………………… 169

◆ひよこ豆
ひよこ豆のイタリアンサラダ … 115

＊大豆加工品＊

◆油揚げ・厚揚げ
厚揚げ麻婆豆腐 ………………… 104
厚揚げと高菜の卵炒め … 106、178
厚揚げと大根の煮物 …………… 107
油揚げの含め煮 ………… 107、179
焼き油揚げ、水菜のごまみそダレ
　………………………………… 108
油揚げとふきの煮物 …………… 109
ツナと厚揚げ、きゅうりのサラダ
　………………………………… 161
ひじき煮 ………………………… 168
鶏五目炊き込みごはん ………… 191

◆がんもどき
がんも煮 ………………………… 108

◆高野豆腐
高野豆腐と野菜煮 ……………… 169

◆ごま豆腐
ごま豆腐のフライ ……………… 106

◆豆腐・焼き豆腐
豆腐ハンバーグ …………… 26、62
すき焼き …………………… 56、86
豆腐ナゲット …………………… 69
金目鯛と焼き豆腐、ごぼうの煮物
　………………………………… 76
麻婆豆腐 ………………………… 102
塩麻婆豆腐 ……………………… 104
夏野菜とえびの麻婆豆腐 ……… 105
きのこの麻婆豆腐 ……………… 105
お豆腐シュウマイ ……………… 109
ゴーヤチャンプルー …… 123、145

＊乳製品＊

◆牛乳
しめじとマッシュルームのキッシュ
　……………………………… 125、167
かぼちゃのムサカ ……………… 136
きのこのホワイトソース煮込み
　………………………………… 165
マカロニグラタン ……………… 195

◆チーズ
バジルソースパスタ ……… 25、196
里いものゆずみそチーズ焼き
　…………………………… 28、155
ハムチーズフライ ……………… 41
チーズハンバーグ ……………… 63
たことトマトの煮込み ………… 80
ほたてとじゃがいものお焼き … 82
タコライス ……………………… 87
アスパラのパルメザンチーズあえ
　…………………………… 90、144
ズッキーニとチーズの卵焼き … 97
枝豆とベーコンと小えびのパスタ
　………………………………… 113
そら豆とハムのスペイン風オムレツ
　………………………………… 113
青豆のたらこカッテージあえ … 114
カレーチーズホットサンド …… 117
グラタントースト ……………… 117
ホワイトシチュードリア ……… 117
しめじとマッシュルームのキッシュ
　……………………………… 125、167
かぼちゃのハーブチーズコロッケ
　……………………………… 126、136
かぼちゃのムサカ ……………… 136
ブロッコリーのチーズ焼き
　……………………………… 143、185
スモークサーモンとじゃがいもの
チーズグラタン ……………… 154
ミニトマトとチーズのイタリアンサ
ラダ …………………………… 160
ハムの青じそチーズ巻き ……… 172
マカロニグラタン ……………… 195
クリームきのこペンネ ………… 196
塩昆布とプロセスチーズのおにぎり
　………………………………… 198
スモークサーモンとクリームチーズ
のベーグルサンド …………… 201

◆生クリーム・サワークリーム
マスタードクリームハンバーグ
　…………………………… 63、124
ほたてとじゃがいものお焼き … 82
ポテトコロッケ …………… 89、157
しめじとマッシュルームのキッシュ
　……………………………… 125、167
北欧風ポテトサラダ …… 125、159
マッシュポテト ………… 127、156

スモークサーモンとじゃがいもの
　チーズグラタン ………… 154
きのこのホワイトソース煮込み
　…………………………… 165
ナポリタン ………… 185、195
マカロニグラタン ………… 195
焼きたらこスパゲッティ … 197
バナナシナモンクリームサンド
　…………………………… 200

◆ヨーグルト
ディルヨーグルトソース …… 54
かじきのタンドール ………… 74
かぼちゃとレーズンのヨーグルトサ
　ラダ …………… 136、181
さつまいもとセロリとハムのサラダ
　…………………………… 138
マシュマロとドライマンゴーのヨー
　グルトクリームあえ ……… 174
煮りんごとあんぽ柿のヨーグルトク
　リームサンド ……………… 201

＊ 果実類 ＊

◆あんぽ柿
紫キャベツとあんぽ柿、くるみの
　サラダ ……………………… 132
煮りんごとあんぽ柿のヨーグルトク
　リームサンド ……………… 201

◆いちご
いちごピスタチオ ………… 174

◆黒オリーブ
ミニトマトとチーズのイタリアンサ
　ラダ ………………………… 160
ニース風サラダ …………… 162

◆オレンジ
白いんげん豆とオレンジのはちみつ
　漬け …………………… 26、112

◆すだち
れんこんのえび挟み焼き … 121、149

◆ドライレーズン
キャロットラペ ……… 131、182
かぼちゃとレーズンのヨーグルトサ
　ラダ …………… 136、181
マシュマロとドライマンゴーのヨー
　グルトクリームあえ ……… 174
ドライプルーンのオレンジ赤ワイン
　煮 ………………………… 174

◆バナナ
バナナシナモンクリームサンド
　…………………………… 200

◆ブルーベリー
トルティーヤサンド弁当 … 182

◆ゆず
鮭の照り焼き ………… 27、70
大根のゆず漬け ……… 122、147
白菜の彩り漬け …………… 146

◆ライム
アジア風焼きそば ………… 193

◆りんご
りんごコールスローサラダ … 160
煮りんごとあんぽ柿のヨーグルトク
　リームサンド ……………… 201

＊ 漬け物類 ＊

◆梅干し・カリカリ梅
ゴーヤと玉ねぎの梅おかかあえ
　……………………… 26、142
ほうれん草の梅マヨあえ … 27、142
野菜の肉巻き蒸し 梅ソース … 45
ゆりねの梅あえ ……… 92、148
ミニトマトの梅はちみつマリネ
　…………………………… 132
カリカリ梅と炒り卵のおにぎり
　……………………… 178、199

◆ザーサイ
豚とたけのこ、ザーサイの炒め物
　…………………………… 46
ザーサイ、ハムのおにぎり … 198

◆高菜
厚揚げと高菜の卵炒め … 106、178

◆紅しょうが
豚肉と紅しょうがのかき揚げ … 49
ひじきごはん ……………… 190
焼きそば …………………… 192

◆しょうがの甘酢漬け（ガリ）
彩りちらし寿司 …………… 179

＊ ごはん・麺・パン類・粉 ＊

◆うどん
すき焼きうどん …………… 116
たけのことえびのしょうゆ焼きうど
　ん ………………………… 194
冷やしたぬきうどん ……… 197

◆クスクス
クスクスとミントのサラダ … 162

◆ごはん
もちきびごはん …………… 24
雑穀ごはん ………………… 27
黒米ごはん …………… 29、123
とうもろこしごはん ……… 31
焼き肉のサラダのり巻き …… 55
ロコモコ丼 ………………… 63
炊き込みチキンライス … 88、188
サフランライス …………… 91

グリーンピースごはん ……… 93
ぎんなんごはん …………… 121
ちりめんじゃこと小松菜のチャーハ
　ン ………………………… 122
炊き込みえびピラフ … 124、189
たけのこと鯛の炊き込みごはん
　……………………… 176、190
海鮮チャーハン ……… 177、187
カリカリ梅と炒り卵のおにぎり
　……………………… 178、199
五目チャーハン …………… 186
鮭フレークとねぎのチャーハン
　…………………………… 187
たらこと野菜のチャーハン … 187
レタスとかにのチャーハン … 187
炊き込みパエリヤ ………… 188
塩鮭とコーンの混ぜごはん … 189
ひじきごはん ……………… 190
鶏五目炊き込みごはん …… 191
トマトとしらすの炊き込みごはん
　…………………………… 191
そばめし …………………… 193
おかかと卵の酢飯おにぎり … 198
ザーサイ、ハムのおにぎり … 198
塩昆布とプロセスチーズのおにぎり
　…………………………… 198
ツナしそマヨおにぎり …… 198
しらすとおかかのおにぎり … 199
えびそぼろおにぎり ……… 199
鮭フレークおにぎり ……… 199
干物フレークおにぎり …… 199

◆シュウマイの皮・春巻きの皮
豚の五目春巻き ……… 49、184
ジャンボ豚肉シュウマイ … 51、92
豚ひき肉ともやしのエスニック春巻
　き ………………………… 67
お豆腐シュウマイ ………… 109
黄にらともやしの春巻き … 137

◆中華そば・米麺
焼きそば …………………… 192
春菊と卵の塩焼きそば …… 193
そばめし …………………… 193
上海風たこ焼きそば … 184、193
アジア風焼きそば ………… 193

◆パスタ
バジルソースパスタ … 25、196
かじきのトマト煮込みパスタ … 75
枝豆とベーコンと小えびのパスタ
　…………………………… 113
マカロニサラダ …………… 162
ナポリタン ………… 185、195
マカロニグラタン ………… 195
クリームきのこペンネ …… 196
焼きたらこスパゲッティ … 197

◆春雨
豚の五目春巻き ……… 49、184
野菜たっぷりチャプチェ …… 59

豚ひき肉ともやしのエスニック春巻
　き ………………………… 67
かに春雨炒め ……………… 171

◆パン・花巻
カレーチーズホットサンド … 117
グラタントースト ………… 117
ハンバーグサンド ………… 180
ロールパンサンド ………… 181
中華風花巻サンド ………… 182
卵サンドイッチ …………… 200
バナナシナモンクリームサンド
　…………………………… 200
コンビーフサンドイッチ … 200
ツナ、コーン、枝豆サンド … 200
かに入りポテトサラダサンド … 201
スモークサーモンとクリームチーズ
　のベーグルサンド ……… 201
煮りんごとあんぽ柿のヨーグルトク
　リームサンド ……………… 201
ハムオムレツマフィンサンド … 201
ベトナム風バゲットサンド … 201
しらす、大葉、ハムサンド … 201

◆パイ生地
ビーフシチューの簡単パイ包み
　…………………………… 116
ウインナーのパイ包み焼き … 173

◆ひやむぎ
卵とトマトのひやむぎチャンプルー
　…………………………… 194

◆麩
絹さやと車麩の煮物 ……… 145
里いもと桜麩の煮物 ……… 155

◆もち米
鶏五目炊き込みごはん …… 191

レシピ作成・調理・スタイリング

平岡淳子（ひらおかじゅんこ）

フードコーディネーター。東京下町暮らし。お米マイスター、野菜ソムリエとしても活躍。雑誌や書籍、Webサイトでレシピの提案、調理、スタイリングをおこなっている。また、毎月主宰している料理教室が人気。日本ならではの四季を感じながら、旬の食材をふんだんに使った「作りやすいおうちごはん」にこだわって、ジャンルにこだわらないシンプルで美味しいレシピを提案している。
平岡淳子毎日のおかず教室
HP:http://www.hiraokajunko.com

Staff

撮影	田中宏幸
デザイン	矢﨑進　前田啓文（yahhos）
イラスト	高旗将雄
調理アシスタント	佐藤雅子
編集協力／執筆協力	丸山みき（SORA企画）
	富永明子
編集アシスタント	根津礼美（SORA企画）
	仁和宮子
編集担当	齋藤友里（ナツメ出版企画）

ナツメ社Webサイト
http://www.natsume.co.jp
書籍の最新情報（正誤情報を含む）はナツメ社Webサイトをご覧ください。

決定版！朝つめるだけで簡単！作りおきのラクうま弁当350

2014年5月8日　初版発行
2019年6月1日　第29刷発行

著　者　平岡淳子（ひらおかじゅんこ）
発行者　田村正隆

©Hiraoka Junko, 2014

発行所　株式会社ナツメ社
　　　　東京都千代田区神田神保町1-52　ナツメ社ビル1F（〒101-0051）
　　　　電話　03-3291-1257（代表）　FAX　03-3291-5761
　　　　振替　00130-1-58661

制　作　ナツメ出版企画株式会社
　　　　東京都千代田区神田神保町1-52　ナツメ社ビル3F（〒101-0051）
　　　　電話　03-3295-3921（代表）

印刷所　図書印刷株式会社

ISBN978-4-8163-5617-9　　　　　　　　　　　　　　　Printed in Japan

〈定価はカバーに表示してあります〉
〈乱丁・落丁本はお取り替えします〉
本書の一部または全部を著作権法で定められている範囲を超え、
ナツメ出版企画株式会社に無断で複写、複製、転載、データファイル化することを禁じます。